新NISA完全対応！

ゼロから学ぶ

投資の教科書

グローバルファイナンシャル
スクール（GFS）
代表講師 市川 雄一郎 著

秀和システム

はじめに

NISA制度を賢く利用する

2024年初頭、あるニュースが大きく注目を集めました。それは「日経平均バブル超えの可能性」です。その約半年後となる6月には、「日経平均株価が34年ぶりに史上最高値を更新!」というニュースがメディアを席巻しました。

約30年ぶりとなるその事態は、なぜ起きたのでしょうか？ 一つ目の要因は、日本株の割安感と考えられています。つまり、コスパが良い日本株を海外諸国が買い漁った結果ということになります。

そして二つ目の要因は、新NISA制度の開始と言われています。

NISA制度は、家庭の安定的な資産形成の支援に加え、成長資金の供給拡大を目的に設けられた制度です。投資で得た利益に税金がかからないことから、投資人口の底上げを促す起爆剤として2014年に施行されました。

そして2024年1月、より参加者を増やすべく、制度の粗《あら》を見直した新NISA制度が新たに施行され、開始して間もなく爆発的に口座開設数を伸ばしました。結果、2024年上半期のトレンドとしてより広く知れ渡り、これまで投資に関心がなかった層も取り込んで、口座が積極的に開設されるという流れが続いたのです。

しかし、その行動の多くは「口座開設」で止まってしまい、実際に取引するまでには至っていません。なぜ、現時点（2024年8月時点）で「活用されている」新NISA口座は全体の約4割と言われており、つまり半数以上は「口座を持っているだけ」の状態なのです。ということは、今からNISA口座を開設して運用を開始したとしても、まだ遅くないということになります。

とは言え、なにも流行っているうちに手を出そうということではありません。私が言いたいのは、「限られた時間の中で投資をしていくなら、少しでも早い方が良い」ということです。シミュレーションすれば一目瞭然ですが、積み立て投資における「一年間」は非常に大きく、選ぶ商品や積み立てる金額によっては、一年で数十万円もの利益を生む可能性があるのです。

とは言え、やみくもに始めるのは危険で、やはり確固たる知識を蓄える必要があります。本書を執筆した理由は、NISA制度の利用を機に投資を始めようと考えているビギナーの方に、「より多くの資産を築いて欲しい」という気持ちからにほかなりません。

年金すら十分に出るかどうかわからない保証制度の乏しい現代において、自分の身を守ることができるのは、自分自身でしかありません。1円でも多くの資金を老後に残すためにも、やはり投資は必要なものであり、NISAは有利な制度であると断言できます。

なぜ投資が必要なのか？

さて、皆さんは、これまで学校教育の中で、お金にまつわる教育を受けてきたでしょうか？　この質問に対して、おそらく多くの方は「受けていない」と回答すると思います。

日本は海外諸国と比べて、金融教育が遅れていると言われています。欧米では小学生くらいからお金にまつわる学習を始めているのに対し、わが国では昨今ようやく一部の高校で金融にまつわる授業を取り入れたレベルです。

ちなみに、投資教育家の一人である私ですら、これまで金融教育を受けた経験はありません。強いて言えば、金融系の資格を取得する際に自己流で学んだぐらいで、誰かから教わったわけではありません。


しかし前述したように、日本では2022年4月から、高校の家庭科のカリキュラムの中で、金融教育（お金や資産形成・投資に関する授業）が義務化されました。これはとても素晴らしい試みだと思います。しかしその内容は、日常におけるお金の基本的な知識にすぎません。経済から金融に至る総合的な金融学習とは言えず、資産運用について理解するのも難しいと思います。

とは言え、そのカリキュラムを体験することによって、投資や金融について興味や関心を持つ層が増えることは期待できます。私たちのような投資教育家からすれば、少しでもこの流れが広まって欲しいと願うばかりです。


そこで気になるのは、なぜこのタイミングで金融教育が開始されたのかということです。おそらく、資産を運用するという認識が他国と比べても小さいことや、少子高齢化で年金財源が減り、自分で自分の資産を形成できるレベルを求められ出したことなどが理由でしょう。

日本人の多くは、預貯金や保険などで将来のお金を作ろうとする傾向があります。そのため、欧米諸国に比べると圧倒的に資産形成のボリュームが小さく、これを懸念した政府がようやく重い腰を上げたのではないでしょうか。

日本人の多くは、投資に対してどこかネガティブなイメージを持っています。「投資経験はありますか？」という問いに対し、多くの人は「銀行預金だけで、投資経験はない」と答えるでしょう。「預貯金も純然たる投資である」という事実ですら、知らない方が多いと思います。

投資の仕組みはとても単純!?

少し難しい話になりますが、金融投資には「直接金融」と「間接金融」という2つのスタイルがあります。たとえば、トヨタ自動車の株や社債を購入することは、直接トヨタ自動車に投資をしているので「直接金融」です。一方、銀行にお金を預け、その銀行がトヨタ自動車にお金を貸し出すのは「間接金融」となります。銀行はトヨタ自動車に金利を付けて貸し出し、その金利の一部を、預金者に利子として支払うという仕組みです。

両者の特徴を見ると、直接金融は「投資」で、間接金融は「預貯金」と言えます。直接金融はリスクこそ伴うものの、間接金融よりも圧倒的に高いリターンが期待できることがわかると思います。

さらに、このリスクも中長期で見れば、時間効果で軽減することが可能です。やり方によっては、リスクを大きく軽減しながら、利益を獲得し続けることが叶うのです。

ただし、それは知識があるからこそわかることです。「預貯金こそ、資産を守る最適の手段である」と思い込んでしまっていると、有益な情報を得ることができず、機会を損失することになりかねません。

預貯金をしたことがある人、現在進行形でしている人は、知らず知らずのうちに投資をしている——。このような説明を聞いてどう思いますか？　おそらく多くの方が直接金融、つまり投資を使って資産を運用する方法について、もう少し詳しく知りたいと思うのではないでしょうか？

ノンリスクの投資など皆無！

投資のメリットをどれだけ説いても、「投資よりも預貯金の方が安全！」と頑なに投資を否定する方もいらっしゃるでしょう。リスクを背負うことに対する嫌悪感や恐怖感から、1000万円とその利息まで保証される預貯金の方が安全だし、確実であると思い込んでいるからです。

確かにおっしゃる通りです。しかし、大事なことは「持っている資産をそのままの状態で守ること」でしょうか？　金利目当てで預ける意味は、「増やすため」のはずです。資産を運用するということは、すなわちお金に働いてもらうことであり、微増でも増やし続けることこそが目的だと思います。

確かに預金すれば、金利分は加算されていくでしょう。しかし、昨今の金利を見ると、「増やしている」「お金に働いてもらっている」と言えるかどうかは、甚だ疑問です。昨今（2024年8月時点）の預金金利の中で最も高いのは、オリックス銀行の0・60％です。つまり、1％にすら届いていないのです。

一方、金融投資における年利はどうかというと、投資信託における昨今の平均利回りは3～10％に上り、預金金利との差は歴然です。リスクこそあるものの、それを抑える手段を講じることで、安定的に運用し、効率よく資産を築いていくことは可能だと言えます。

それに、預貯金にも倒産リスクをはらんでいる以上、絶対に安全とは言い切れないでしょう。つまり、リスクのない資産運用・投資など、あり得ないということです。

最後に、本書はＮＩＳＡをきっかけに投資を始める方への入門書です。「預貯金よりも投資を選ぶ意義と方法論」、何より「蓄えておくべき基礎的な知識」について、広く網羅できると思います。

ぜひ最後までお読みいただき、人生を彩る特別な「手段」を身につけてください。

2024年9月吉日

ＧＦＳ校長　市川雄一郎
ＧＦＳ専任講師　寺井友基

CONTENTS

第4章 株式投資──投資商品の基礎知識①

第5章 債券投資──投資商品の基礎知識②

第6章 投資信託——投資商品の基礎知識③

第7章 FX（外国為替証拠金取引）——投資商品の基礎知識④

第8章 不動産投資——投資商品の基礎知識⑤

第9章 金投資——投資商品の基礎知識⑥

第10章 ケース別 運用スタイル

第11章 市川校長おすすめ！マル秘運用テクニック

●注意

(1) 本書は著者が独自に調査した結果を出版したものです。
(2) 本書は内容について万全を期して作成いたしましたが、万一、ご不審な点や誤り、記載漏れなどお気付きの点がありましたら、出版元まで書面にてご連絡ください。
(3) 本書の内容に関して運用した結果の影響については、上記(2)項にかかわらず責任を負いかねます。あらかじめご了承ください。
(4) 本書の全部または一部について、出版元から文書による承諾を得ずに複製することは禁じられています。
(5) 商標
本書に記載されている会社名、商品名などは一般に各社の商標または登録商標です。

第1章

生きていくために必要なお金はいくら？

1

1 人生に必要な資金を洗い出そう

生活していくためには3億円必要

生活していくためには、お金がかかります。結婚して家庭を持てば、出産やマイホームの購入、子供の教育資金など、出費がかさみます。

そこで、皆さんがやらなければならないことは、この先を生活していくための試算です。これから訪れるイベントに対して、どのくらいお金がかかるのか、総額でどのくらいの資産を準備しておくべきかを正しく把握することです。

では質問です。一生に必要なお金は、いくらくらいでしょうか？　結婚、出産、マイホームの購入から、ゆとりある老後を送るまでに必要な金額のトータルです。それは約3億円と言われています。なかなか現実味のない金額です。

大卒から定年までフルタイムで働き続けたとして、得られる総額は男性で2・7億円、女性で2・2億円と言われています*。専業主婦（夫）世帯だと、平均必要額には届きません。

ではどうすればよいのでしょうか。転職？　投資？　どちらもNGで、まずは、生活費にムダがないか、節約できるところはないかをしっかり見きわめることです。

イベントごとの費用を知ろう

たとえば、結婚費用の平均総額は400万円です。子供が一人いたとして、大学まで進学させた場合は1000万円弱かかります。

最大の出費は住居費で、マンションを購入した場合の全国平均は4500万円、戸建ての場合は3500万円と、その時点で5000万円を余裕で超えてしまいます。

さらに、その他の固定費は当然かかる上に老後資金も必須です。定年後から30年間の年金収入は約5000万円です。

ゆとりある老後を過ごすために必要な額を1億円であるとすると、5000万円ショートしていることになります。そうなると、平均総額3億円という額は現実的な額だと言えます。

大切な家族として、ペットを飼っている方もその費用について知っておきましょう。たとえば犬猫を飼っていて、15年間生きた場合にかかる費用は、犬は約500万円、猫は約260万円です。なかでも医療費がかさむので、ペット保険の加入は必須です。

＊ 独立行政法人労働政策研究・研修機構『ユースフル労働統計2019－労働統計加工指標集－』より

図1 ライフイベントとかかる費用のイメージ図

注目すべきは子供の教育費と居住費です。教育費の場合は公立か私立か、居住費の場合はマンションか戸建てかで、かかる費用は大きく異なります。収入に応じて無理のない選択をすべきでしょう。

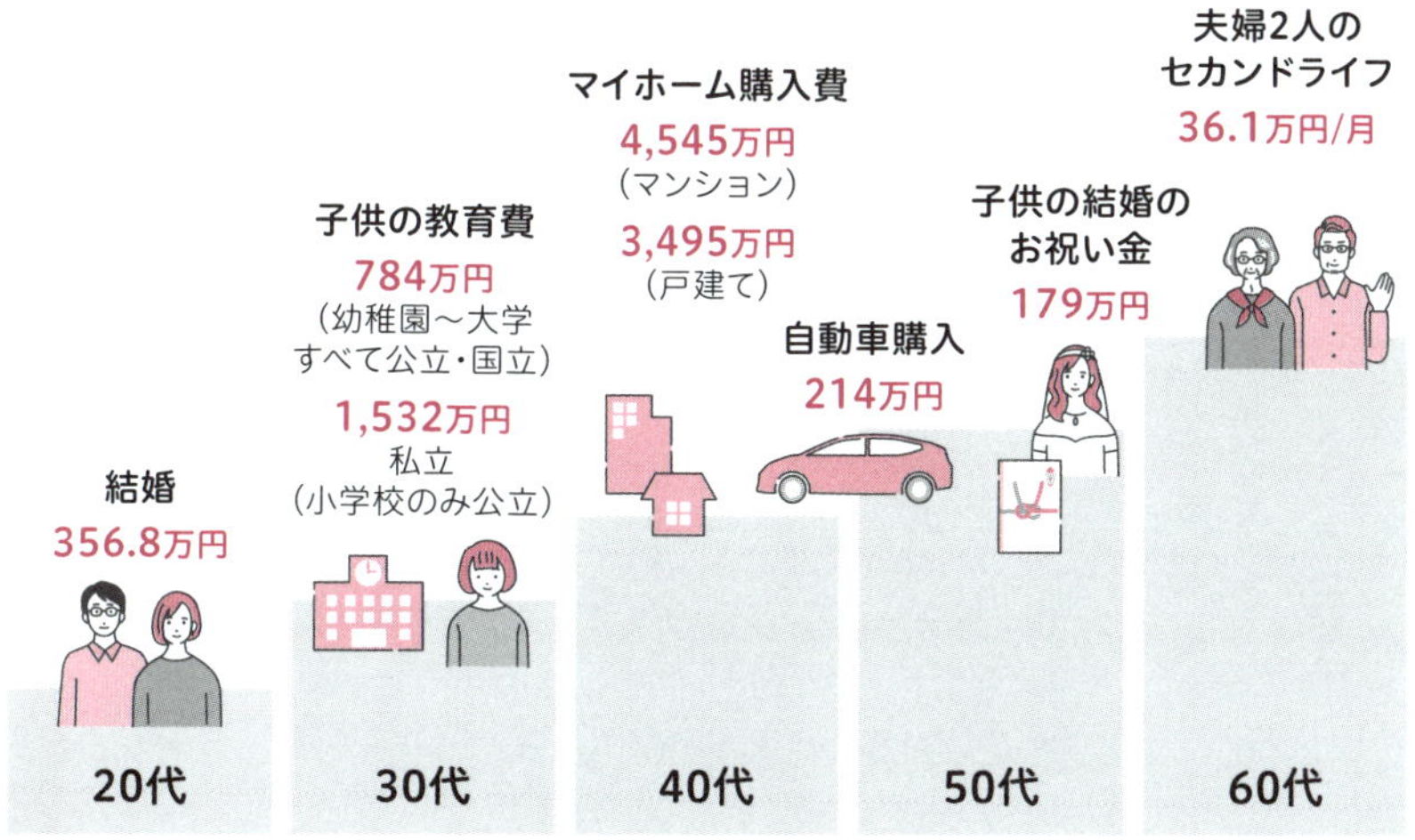

図2 自宅の購入価格と自己資金額の平均

価格差はマンションか戸建てか、首都圏か地方かによって異なるだけでなく、新築か中古かによっても変わります。また、ローン審査への影響も考え、頭金としてある程度の自己資金を用意する必要もあるでしょう。

		全国平均	首都圏平均
購入価格	マンション	4,545万円	4,993万円
	戸建て	3,495万円	3,923万円
自己資金額	マンション	758万円	830万円
	戸建て	247万円	298万円

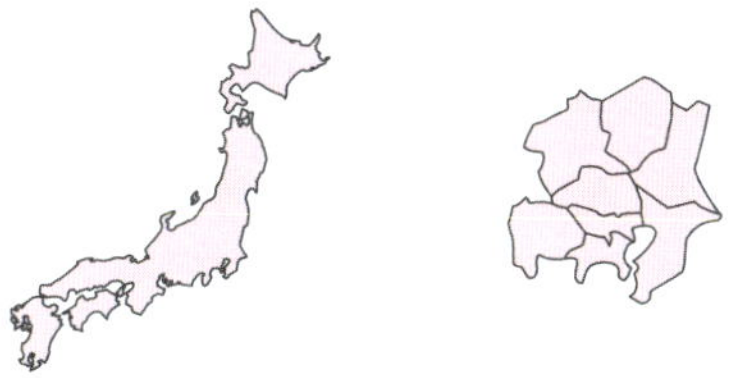

1 2 増やす前に家計の節約を考えよう

固定費と変動費の内訳を把握

収入に見合った生活を送らなければ、家計は破綻すると言われます。収入を毎月フルに使ってしまえば、老後の蓄えなど作ることができるはずはありません。

大事なことは、毎月どの科目にどれだけかかっているのかを正確に把握し、その中からムダを見つけて無理なく省いていくことです。

家計を見直す際にまず重要なことは、何にいくらかかっているのかをしっかりと把握することです。そのためには、面倒かもしれませんが、もれなく家計簿をつけるようにしましょう。

居住費、保険料、通信費、自動車費用、水道光熱費などの固定費はもちろん、食費、被服費、娯楽費などの変動費の差額についても、しっかりと把握するようにします。

そして、明確にわかっているムダ、たとえばギャンブルなどによる使途不明金などに関しては、何よりも先に洗い出して、無くすことを考えるべきです。

家計簿は、ノートに書き込むオールドスタイルのものでも良いですし、昨今ではさまざまな家計簿アプリが登場しています。中には節約すべき使途不明金を洗い出してくれるものもあります。

無料でダウンロードできるアプリも多いので、お金をかけることなく、手軽に使うことができます。

世帯別の節約ポイント

生活費は世帯によって大きく異なりますが、節約するポイントは共通しているものが多くあります。

たとえば、支出の中で最も大きな割合を占める居住費は、賃貸に住んでいるなら、より賃料の低いところに住み替える、持ち家で住宅ローンを組んでいるなら、ローンを見直して金利を下げる、もしくは借入先を変更するなどの工夫ができます。

もし投資や賞与などで預貯金があり、ある程度の出費に問題がなければ、可能な範囲で返済にあて、月々の支払いを軽くすることを考えてみても良いでしょう。

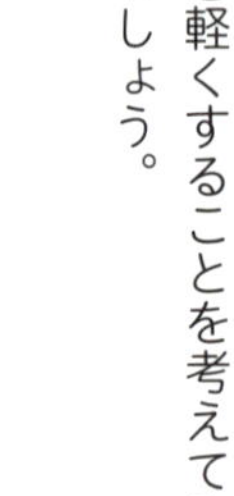

居住費や雑費以外にも、保険料はムダの盲点であるケースが多くあります。保険料は年齢や健康状態など、状況に応じて保障内容が異なるからです。プランを見直し、少しでも保険料を減らす工夫をしましょう。

図1　固定費・変動費の一例

固定費はなかなか変更できないからこそ固定費です。節約する余地があるのは流動費の方です。習い事をやめる、居住費を減らすなどの工夫はできますが、まずはムダな流動費を洗い出し、省いていくのが効率的です。

固定費	変動費
● 住居費（家賃、住宅ローンなど）	● 食費
● 水道光熱費（基本料金部分）	● 医療費
● 通信費（インターネット代、スマホ代など）	● 交際費
● 保険料（生命保険、損害保険など）	● 交通費
● 教育費（授業料、学習塾の月謝など）	● 被服費・理美容費
● 自動車維持費（自動車ローン、駐車場代など）	● 日用品の購入費
● 習い事や趣味（英会話スクール、その他）	● その他
● サブスクリプション（月額課金サービス）	

図2　ライフイベントごとの節約ポイント

様々あるライフイベントの中でも、最も費用がかかるのは、住宅購入や賃貸などの居住費です。利便性を考えた上で、少しでも安いところに引っ越したり、借り換えや一部返済などで支払総額を下げることは、大きな節約につながります。

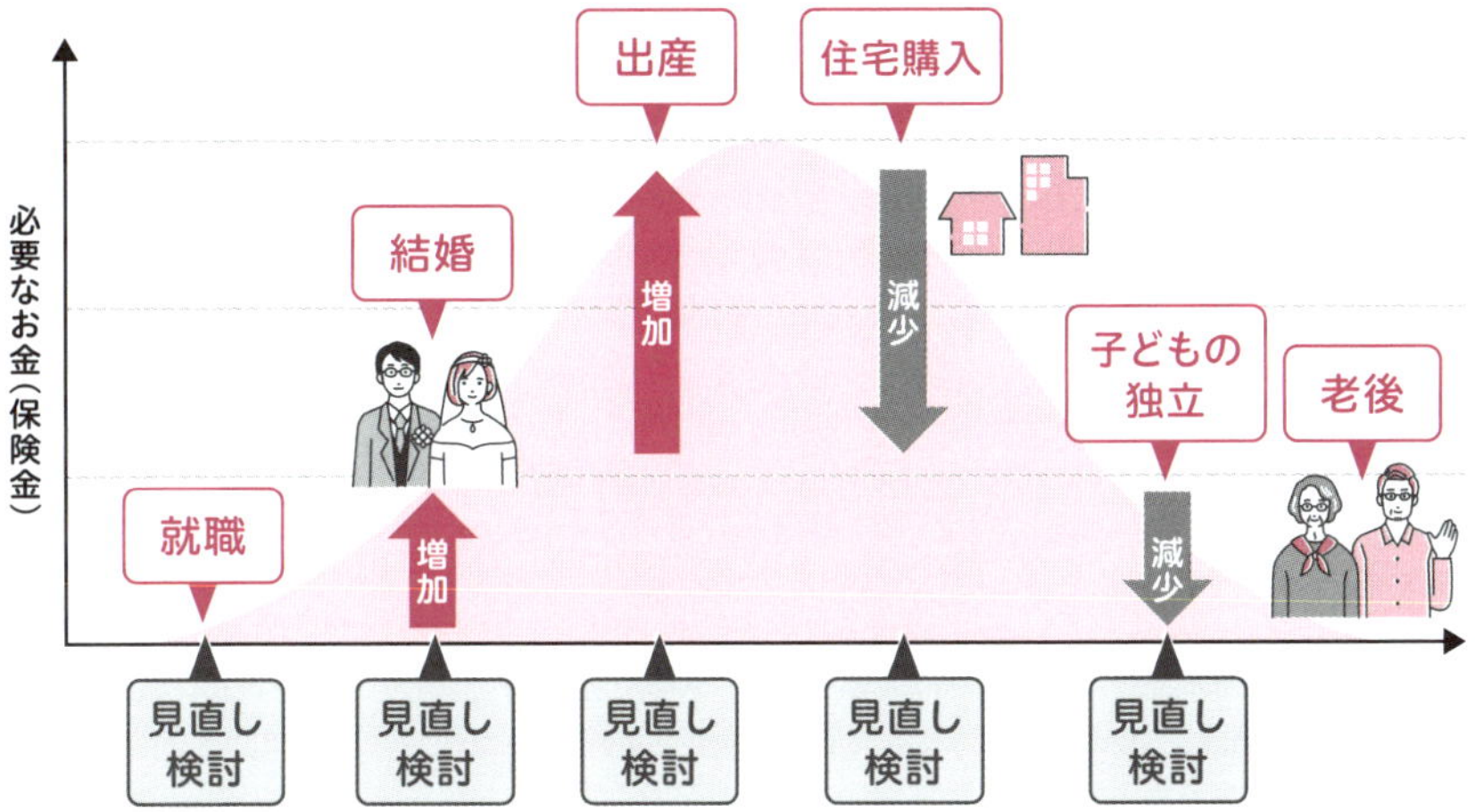

①

3 余裕資金を効率良く増やす方法

余裕資金を生み出すコツ

家計を見直して、ムダな出費を抑えることができれば、いくらかの余裕が生まれます。それが**余裕資金**です。しかし、ムダを抑えることを不自由だと感じて、なかなか節約に踏み切れない人も少なくありません。

ところが、無理に節約をしなくても、余裕資金を生み出すことは可能なのです。どういうことなのでしょうか。

もちろん、収入のほとんどを固定費や変動費で使い切ってしまう人は、それなりの工夫が必要となります。しかし、ある程度貯蓄に回す余裕がある場合は、そこまで難しいことではありません。

まずやっていただきたいことは、家計を三分割することです。

一つ目は、食費や居住費など、マストでかかる固定費と流動費。二つ目は、教育費や住居購入など、少し先に使う予定が決まっている貯蓄分。三つ目は、この先どこかで使うであろう、将来のために蓄えているお金です。

保険や年金などは、すぐに使う予定はないけれど、念のために残している余裕であって、いわば余っている資金です。これこそが余裕資金となります。

ある程度の余裕を残している人は、無理に節約しなくても、これをそっくりそのまま余裕資金として別枠にとっておくことができます。

余裕資金を投資に回すメリット

余裕資金をこれまで通り銀行預金に回したいという意見もあると思います。しかし、銀行預金で必要な資金は貯まるでしょうか。

メガバンクでも、預金の平均金利は0・001％程度です。0・1％の預金商品が出たら大騒ぎになるような昨今、預貯金は有効とは言えません。それなら、運用成果次第で大きなリターンを得ることができる投資の方が良いと言えないでしょうか。低リスク商品でも1～3％程度の利回りなら十分狙え、預金金利の数千倍以上のリターンが見込めるのです。一考の価値はあります。

余裕資金を投資に回す際に気をつけるべきは割合です。すべてを投資に回してしまうと、他にとっておくべき資金がなくなってしまいます。余裕資金の中から捻出可能な範囲を決め、その分だけを毎月投資に回すことを心がけましょう。

図1　収入を三等分するイメージ図

余裕資金となるのはあくまで「すぐ使う予定のない資金」です。それ以外を使ってしまうと、家計を圧迫してしまいます。少しでも余裕資金のワクを広げたいならば、日々の生活に必要となる固定費と流動費からムダを省く工夫をすべきです。

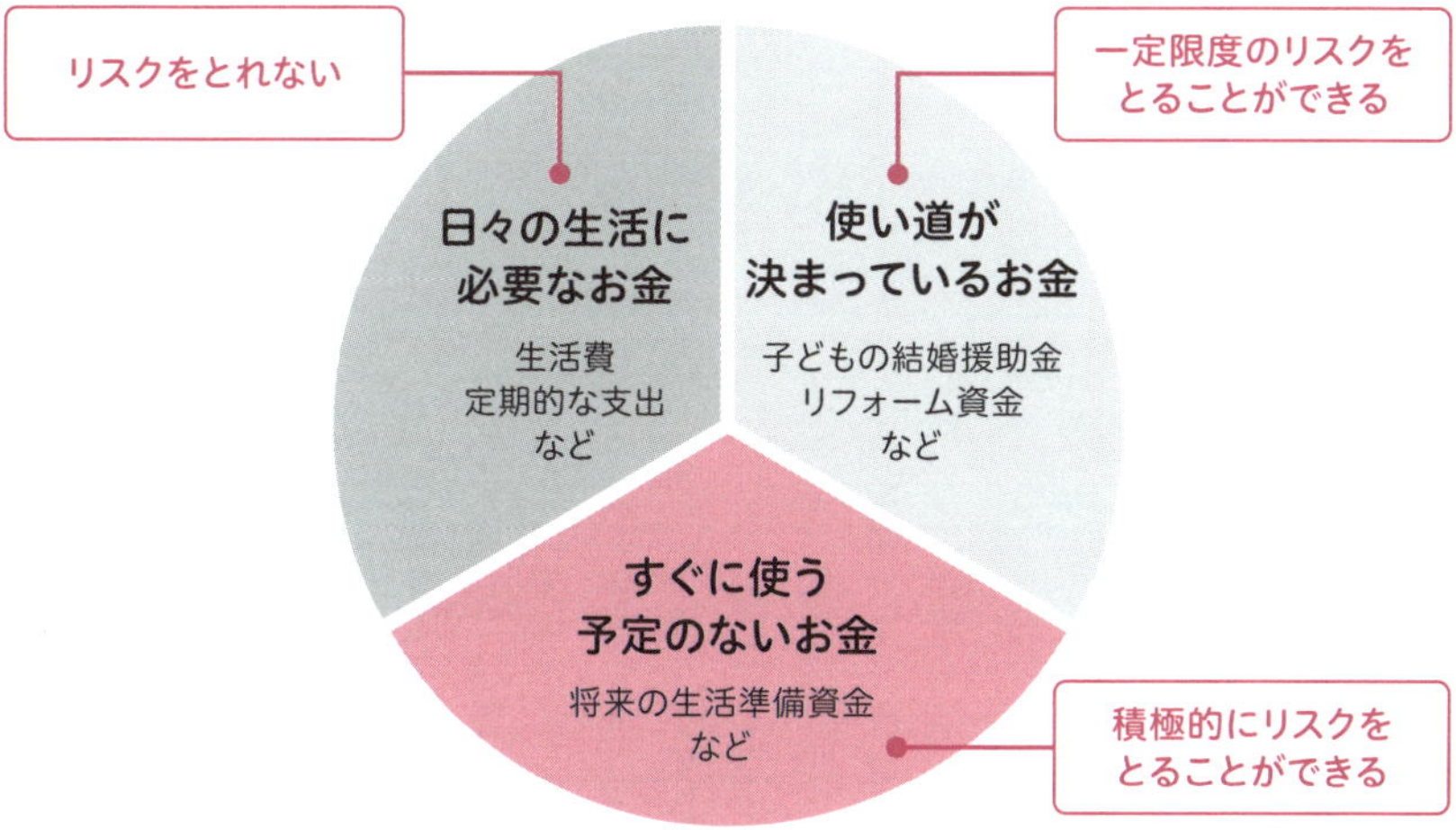

図2　貯蓄と投資の大まかな比較

元本割れすることはないにせよ、貯蓄で得られる利益は、超低金利のあおりを受け、ほぼ無いに等しいと言えます。それならば、低リスクな銘柄に少額ずつでも長期間積み立てていく方が良いでしょう。もちろん、リスクの高い投資は避けるべきです。

	貯蓄	投資
目的	資金を貯める	資金を育てる
期間	長期	中期～長期
利益	超低金利なのでほとんど増えない	成長する経済にみんなでお金を投じ増えた分をそれぞれに分配
損失	元本割れすることはない	リスクを低減して損失を回避することもできる
例	銀行預金・定期預金・郵便貯金など	株式・債券・投資信託・不動産投資など

① 4 仕事の収入のみでは資産は不十分？

生涯賃金は2億円程度が限界？

ゆとりある老後を含め、一生のうちに必要となる平均資産は約3億円と言われています。

大学を卒業してから退職するまでの間に得られるトータルの収入は、地域や職種によっても異なりますが、平均で約2億円です。

コンサルタントのような一部の職種には、3億円近い平均年収のものもありますが、他はそれほど変わりません。つまり、3億円に到達するのはなかなか難しいのです。

では、不足分をどう補えばよいのでしょうか。2・5億円あれば、残りは年金で賄うことができますが、年金制度そのものが今後も確実とは言えません。

夫婦共働きでフルタイムで働けば収入は倍増し、3億円を超えられそうですが、子供がいる場合はなかなかそうはいきません。産休や育休だけでなく、子供が手を離れるまでの間にお金が必要となります。

そこで、最も理にかなった方法はやはり**投資**です。投資をすることで、少なくとも時間的なリスクを軽減することができます。

ちなみに、定期預金の金利は、2024年7月時点で、良くても0・45%（auじぶん銀行）です。一方、積立投資なら、低リスクで利率の低いものでも、年利3%程度の商品は多数存在します。定期預金より投資の方が効率的であることは明らかです。

長期積立で効率よく資産作り

たとえば、毎月2万円を使って30年間積立運用したとします。30歳から始めたとして、30年後の定年を迎える頃には資産はいくらになっているのでしょうか？

仮に4・3%の利回りで運用できた場合、約600万円にもなります。もちろん、選ぶ金融商品や利用する投資サービスによって結果は異なります。

しかし、定期預金では100円程度も利益が出ないのに対し、積立投資を活用することで600万円もの資産を築くことができるのです。

収入を増やすために副業を始めるという方法もあります。しかし、時間的拘束や継続可能な期間を考えると、アルバイト程度の収入を追加で得ても効率が良いとは言えません。しかし、副業で得た収入を積立投資の資金に充てるのであれば問題ありません。

図1 地域別生涯賃金一覧表

平均生涯賃金が2億円とすると、フルタイムの共働きであれば3億円を突破することも夢ではありません。しかし、扶養範囲内でのパート収入だと3000万円程度の追加に留まるため、3億円に届くのは難しいでしょう。賃金だけで老後資金を貯めるのはとても困難です。

エリア	平均年収		
	全体	男性	女性
関東	2億3,669万円	2億6,478万円	1億8,768万円
東海	2億1,182万円	2億3,495万円	1億5,967万円
関西	2億0,869万円	2億3,291万円	1億6,558万円
北信越	1億9,824万円	2億1,526万円	1億5,352万円
中国・四国	1億9,697万円	2億1,873万円	1億5,278万円
北海道・東北	1億9,230万円	2億1,258万円	1億5,097万円
九州・沖縄	1億9,206万円	2億1,223万円	1億5,383万円

図2 30歳から30年間月2万円積み立てた場合

以下のシミュレーションは、利回り4.3%の場合を示しています。実際には、これ以上の利回りを期待できる商品も多く存在します。もちろん、投資である以上リスクは避けられませんが、預貯金よりもはるかに高効率です。

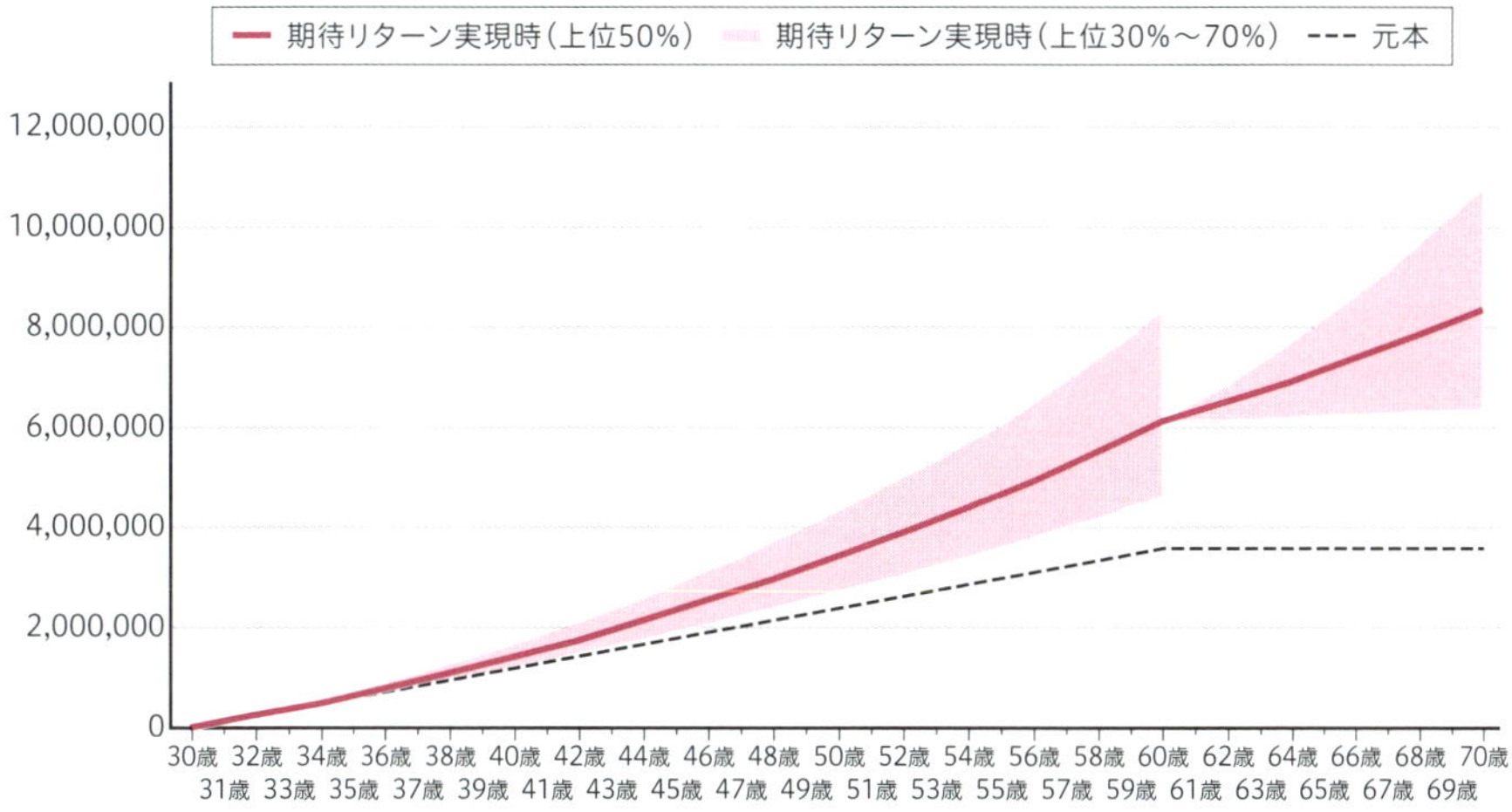

コラム

1 お金持ちは金融リテラシーが高いのか？

実をいうとNISA人口は……

日本人の金融リテラシーは、世界的に見て低いと言われています。様々な調査が行われていますが、金融広報中央委員会の調査によると、金融リテラシーの問題の正答率で、日本は62・5%、24か国中8位という成績でした。全世界の平均は62・7%なので、ほぼ平均値です。

10年以上前の別の調査では、日本は10位にも入っていませんでした。2014年から開始されたNISA制度の影響があったのでしょう、その後は順位を上げて来ています。

とはいえ、日本の金融リテラシーが高いかと言われると、まだまだそうとは言えません。たとえば、日本で証券口座を開き、NISA口座を開設している割合は、まだ2割ほどです。実際にNISA口座が稼働しているのは、さらにそのうちの6割ほど（2023年末時点）と言われています。

つまり、NISAを活用している成人の割合は、実質2割以下ということになります。今後、この割合が増えることを望むばかりです。

金融リテラシーの有無でこれだけ変わる

実際にお金持ちの人は、金融リテラシーが高いのでしょうか。日本証券業協会の調査によれば、金融リテラシーの高い人と低い人では、そもそも平均年収に差があり、資産状況も大きく異なっていました。金融リテラシーが高い人は、低い人に比べて、年収も資産も多く、保有する株式の比率も高いことがわかっています。

つまり、金融リテラシーが高い人は低い人と比べて年収も資産も多く、株式比率も高いのです。この格差はさらに広がっていて、野村総合研究所の調査によると、富裕層ほど資産を増やしているという結果となっています。

まず、資産を五段階に分けて、金融資産別に5億円以上を「超富裕層」、1億円以上5億円未満を「富裕層」、5000万円以上1億円未満を「準富裕層」、3000万円以上5000万円未満を「アッパーマス層」、3000万円未満を「マス層」と位置づけます。ここ10年の調査では、「超富裕層」と「富裕層」の金融資産は増加傾向にあり、それ以下の層には大きな増加は見られません。

富裕層以上は、元手となる資産が多いだけでなく、リスクを理解して投資を行っている傾向が強く、結果的に資産を増加させているのです。

皆さんも金融リテラシーを高め、資産運用に抵抗を持たず、富裕層の仲間入りを目指してください。願い事は、まず強く願うこと、そして、その願いを叶えるために行動を起こすことです。皆さんもきっと成功できるはずです。

第2章

お金を増やすには投資の知識が不可欠

②

1 投資とは「お金に働いてもらう」こと

大事なのは不労所得を得ること

「働かずして収入を得るなんて怠惰だ」と思うなら、その考えは改めるべきです。

ここで言う「働く」というのは、あなた自身ではありません。お金に働いてもらうのです。本業以外で労働せずに収入を得るには、この方法しかありません。

たとえば、不動産のオーナーになって賃料を得たり、投資で利益を得たりすることです。

不労所得を獲得する手段には、投資信託や株式投資、FXなどの投資全般はもちろん、YouTubeで得る収益、駐車場や空き部屋などのスペースを貸し出すシェアビジネスなどがあります。ただし、これらの手段にはすべてリスクがあります。

たとえば、投資信託は**元本保証**がないため、商品の価値が元本を下回るリスクがあります。株式投資は企業の倒産などで投資資金が大きく減少する可能性があり、FXでは相場の急変動によって短期間で資金が大きく減る可能性があります。

それでも、リスクを恐れてばかりでは、不労所得を得ることはできません。

長期でじっくり働いてもらう

お金を働かせると意味において、最も適した手段は**投資信託**です。

とくに債券の割合が多いファンドは、少しずつ堅実に増やしていくことができます。リターンは低いものの、低リスクで長期間じっくり資産を増やすことは、まさにお金に働いてもらうようなものです。

一方、FXや株式のように短期間で大きなリターンを得られる手段は、「働く」というより「稼ぐ」という表現が適しています。

これらは大きなリターンを得られる可能性がある一方で、ハイリスクな手段です。失敗したときの補填が大変です。

また、FXや株は、ある程度の専門知識がないと、運任せになってしまいます。とくに運用テクニックが必要な株式投資で利益を出し続けることは、一朝一夕にはできません。

不労所得の中でおすすめなのは、アフィリエイトブログの運営です。自分の趣味や経験をブログに書き、余暇を使って更新するだけで広告収入を得ることが期待できます。元手はサーバーの使用料程度なので、誰でも手軽に始められます。

図1　不労所得の種類

どれもある程度の元手を必要とするものが多い印象ですが、長く続けていくことで定期的に収入を得ていくと考えれば、やはり株式や債券、投資信託の活用が高効率です。ただし、自身の収入と支出を考え、無理のない計画を立てるべきです。

図2　金融商品のリスクとリターン

最も低リスクなのは、預貯金を除くと債券です。しかし、資金の増加スピードを考えると、分散投資を行い、株式や投資信託への投資を考える方が現実的です。FXはリスクが高いため、かなり資金に余裕がある場合以外、手を出すべきではありません。

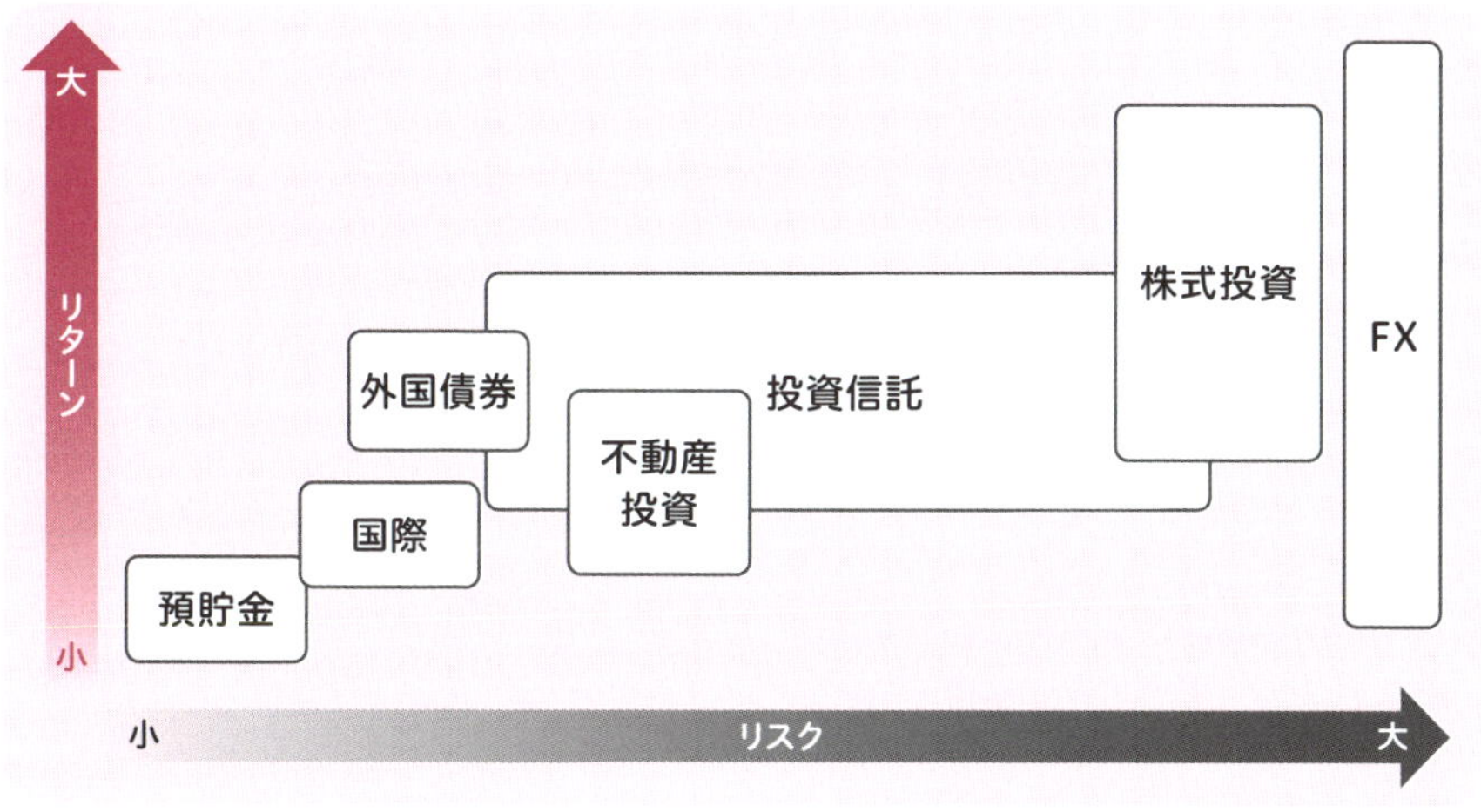

② お金を働かせる具体的な手法

金融商品の運用がベスト

お金を働かせる手法は、金融商品の運用がベストですので、各商品の特徴について紹介します。余裕資金や知識量などから、ご自身にマッチするものを選んでください。

①債券投資

債券とは、資金調達を目的として、元本を返済する一定期限までの間、一定期日に一定利率の利息を支払うことを約束した証券をいいます。発行体が破綻した場合、利息などの支払いが滞るリスクはありますが、預貯金より利息が高く、収益額が前もってわかる上に、低リスクで運用できるというメリットがあります。少額でコツコツ資産を増やしていきたい方にうってつけの手段です。

②株式投資

株式投資は、リスクが高そうという印象があるかもしれません。しかし、少額でも大きなリターンを得られる可能性があり、さらに株主優待を受けられる銘柄もあります。選び方によっては一挙両得が見込めます。ただし、市場の動向によっては株価が下がるリスクがあるため、ある程度の慣れと知識が必要です。

③投資信託

投資信託については、選ぶファンドによっては、少額でも十分に利益を上げることができます。分散投資の効果でリスクも軽減できるため、不労所得を得る手段として最適です。

とにかく「リスク」を意識しよう

これから各金融商品の特徴や詳細について解説していきますが、まず理解していただきたいのは**リスク**についてです。どの金融商品も必ずリスクをはらんでいます。

左下図は商品別のリターンとリスクについてまとめたものです。

低リスクだから良い、高リターンが見込めるからやるべきというわけではありません。どの商品を運用するにせよ、リターンを食うほどのリスクを負わないように運用することが重要です。

より効率よく金融商品を運用するためには、NISA制度の活用が有効です。非課税の恩恵を受けられ、利益を減らすことなく資産を積み上げていくことができます。まだ始めていない方は、制度の利用を検討してみましょう。

図1　各投資商品の特徴・メリット・デメリット

図を見るとわかる通り、どの商品にもリスク・デメリットがあります。その中で唯一、景気の影響を受けにくいのは金投資です。経済状況が悪化しても価値が落ちにくいという特徴があるため、買い時を迷う必要がありません。

資産運用の種類	特徴	メリット	デメリット
債券投資	国、自治体、企業等の債券を購入し、利息と償還金を得る方法	・満期償還日まで利息を受け取れる ・満期償還日には元本と利息が返還される	・発行体が破綻した場合、支払いが滞るリスクがある ・満期償還日前に売却する場合、損失が出る可能性もある
株式投資	企業が発行する株式を買い、配当金や売買差益の獲得を目指す方法	・株主優待をもらえる銘柄もある ・大きなリターンを得られる可能性がある	・企業の業績悪化や社会情勢、市場動向等の要因により株価が下がるリスクがある ・企業が倒産した場合、株式の価値がなくなるリスクがある
投資信託	運用会社を通じてさまざまな投資対象に分散投資し、収益を得る方法	・少額から分散投資ができる ・投資のプロである運用会社に実際の運用を任せられる	・各種手数料がかかる ・市場の値動き等により損失が出るリスクがある
FX（外国為替証拠金取引）	預け入れた証拠金の数倍の金額で為替取引を行い、為替差益を狙う方法	少ない資金で大きなリターンを得られる可能性がある	短い時間で大きな損失が出るリスクがある
金投資	コイン・延べ棒等の金の現物、純金積立、投資信託等で金を購入し、蓄える方法	・景気の影響を受けにくく、経済危機が起きても値崩れしにくい ・さまざまな投資方法から選べる	・現物保管の場合、紛失や盗難リスクがある ・価格変動リスク、為替変動リスクがある
不動産投資	賃貸用の不動産物件を取得し、家賃収入を得る方法	・毎月一定額の家賃収入を得られる ・相続税の軽減効果が見込める	・空室リスク、災害リスクがある ・融資が必要な場合がある

図2　リスクとリターンの関係

図はリスクとリターンの関係を表したものです。投資信託はミドルリスクですが、注目すべきは、ローリスク・ハイリターン商品が存在しない点です。楽して稼ぐのは不可能ということです。

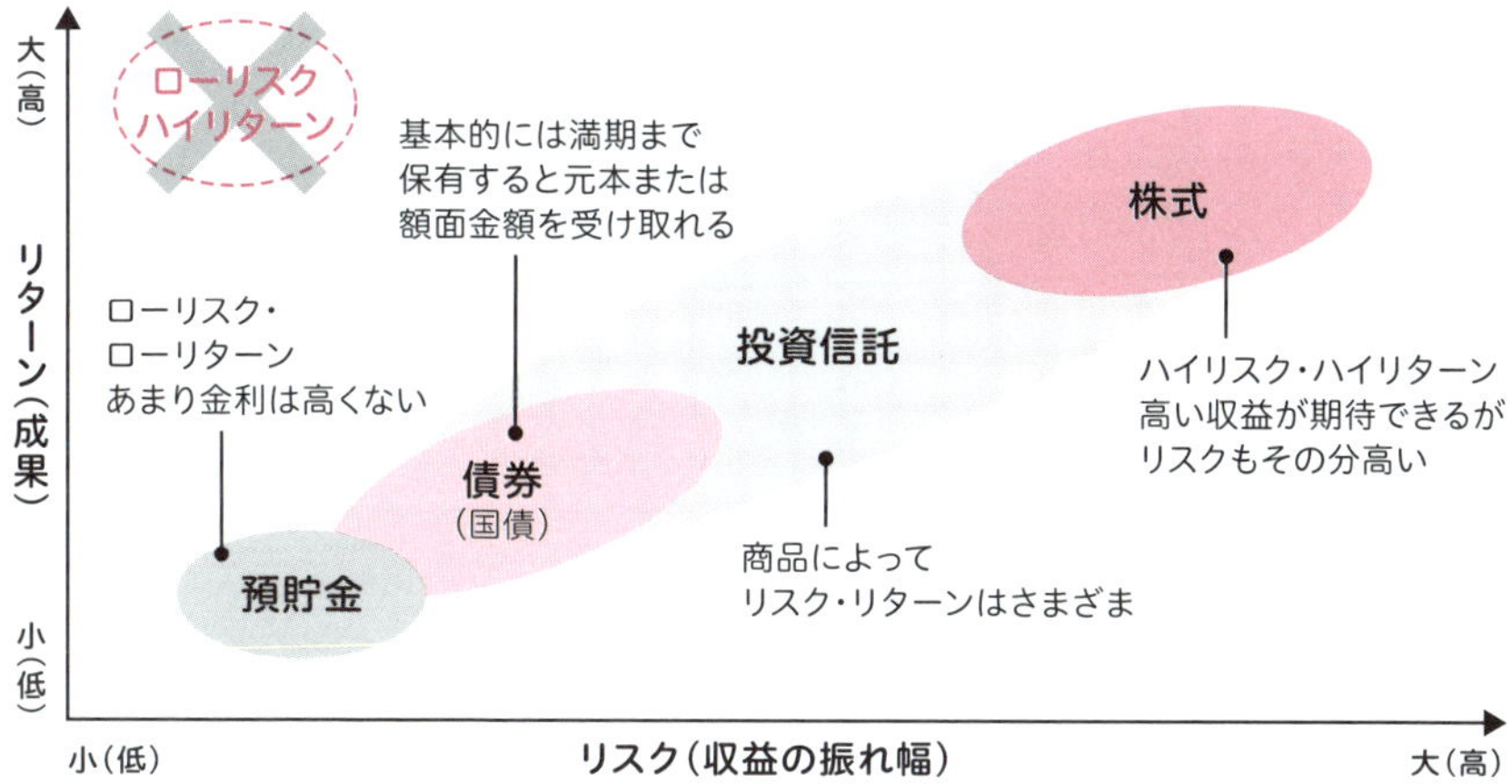

※これは一般的なイメージ図であり、すべての金融商品があてはまるものではありません

②

3

投資で得られる利益とは

インカムゲインとキャピタルゲイン

投資で得られる利益には、**インカムゲイン**と**キャピタルゲイン**の大きく2つがあります。

①インカムゲイン

インカムゲインとは、資産を保有していることで継続的に得られる収入のことです。

株式投資の配当金、投資信託の分配金、不動産投資の家賃収入、債券や預貯金の利子などがこれに該当します。預金金額に応じて受け取る利息もインカムゲインです。

メリットは、資産を保有しているだけで中長期的に安定した収入が期待できることです。

デメリットは、短期的に大きな利益を得ることは難しく、低リスクであっても元本割れする可能性があることです。

②キャピタルゲイン

キャピタルゲインとは、資産の購入価格と売却価格の差から生じる利益のことです。保有株式の価値が上昇した後に売却して得た利益などがこれに該当します。

メリットは、短期的に大きなリターンを得られる可能性があることです。

デメリットは、リターンの大きさはリスクの大きさと比例するため、インカムゲインよりも負うリスクが大きいことです。

利益を得るのに相応しい商品は？

安定的にインカムゲインを得るなら、預貯金の利子が一番手堅い手段です。ただし、得られる利益はごくわずかです。それなら、株式の配当金や債券の利子の方が効率的と言えるでしょう。

キャピタルゲインを得るなら、成長株や高い運用成果を目指すファンドなどが相応しいでしょう。ある程度のリスクは覚悟して、商品が値下がりしたタイミングで売却を行うというのがセオリーです。とは言え、そのタイミングを見きわめるのは容易ではありません。

キャピタルゲインを狙うには、個別銘柄や市場の動向などを分析してリスクを取る必要があるので、ある程度のマネーリテラシーが求められます。損失を許容できる経験者であれば、積極的にキャピタルゲインを狙ってもよいでしょう。

図1　インカムゲインの特徴

インカムゲインは、保有しているだけで自動的に受け取ることができますが、資本によって利益の幅が異なるため、短期的に大きな利益を出すのは難しいです。また、元本割れの可能性もゼロではありません。

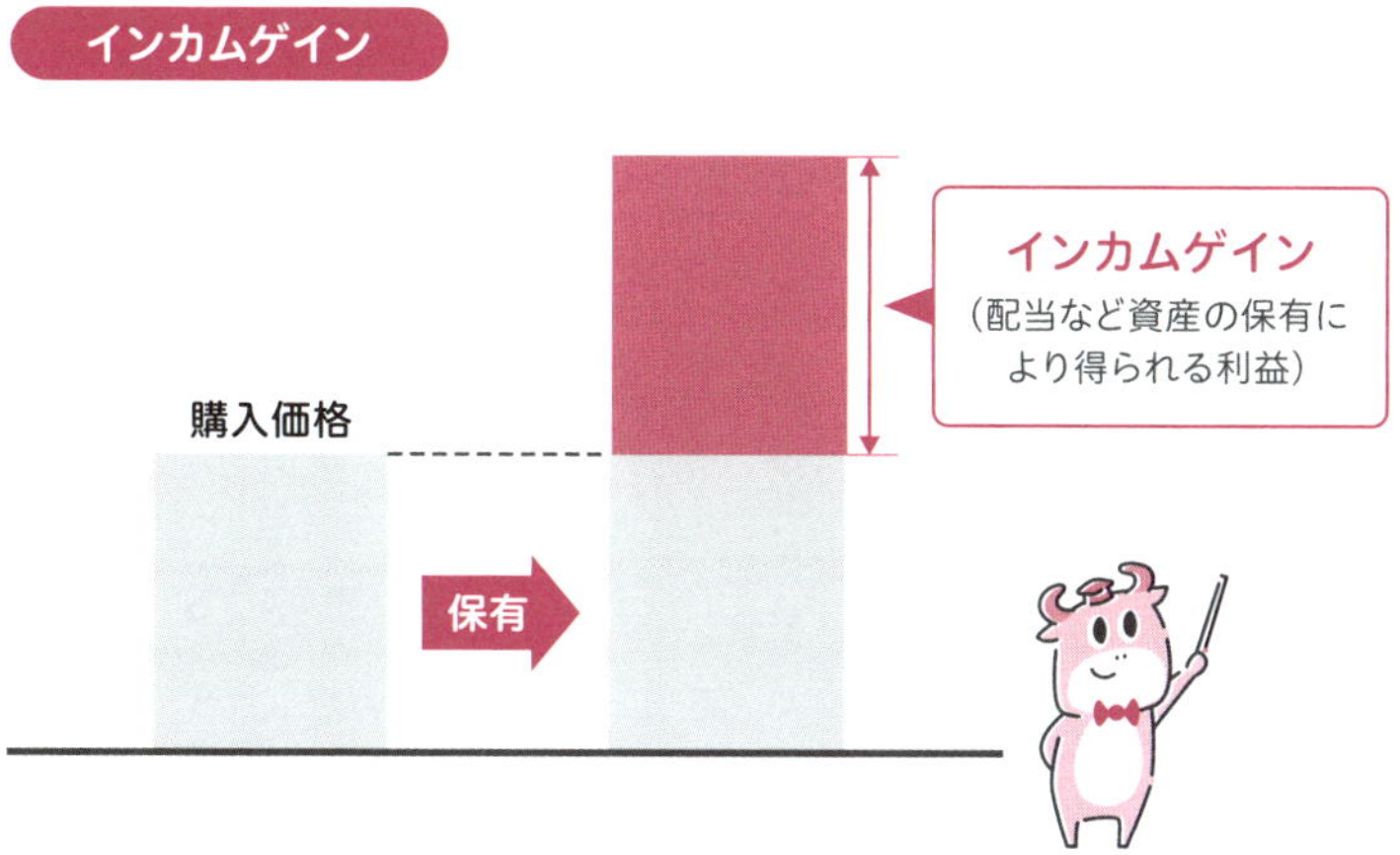

図2　キャピタルゲインの特徴

キャピタルゲインは、購入価格と売却価格の差益で利益を得るものです。株価の急騰などにより大きなリターンを得られる一方、リスクも非常に大きいため、インカムゲインのように安定的に受け取ることはできません。

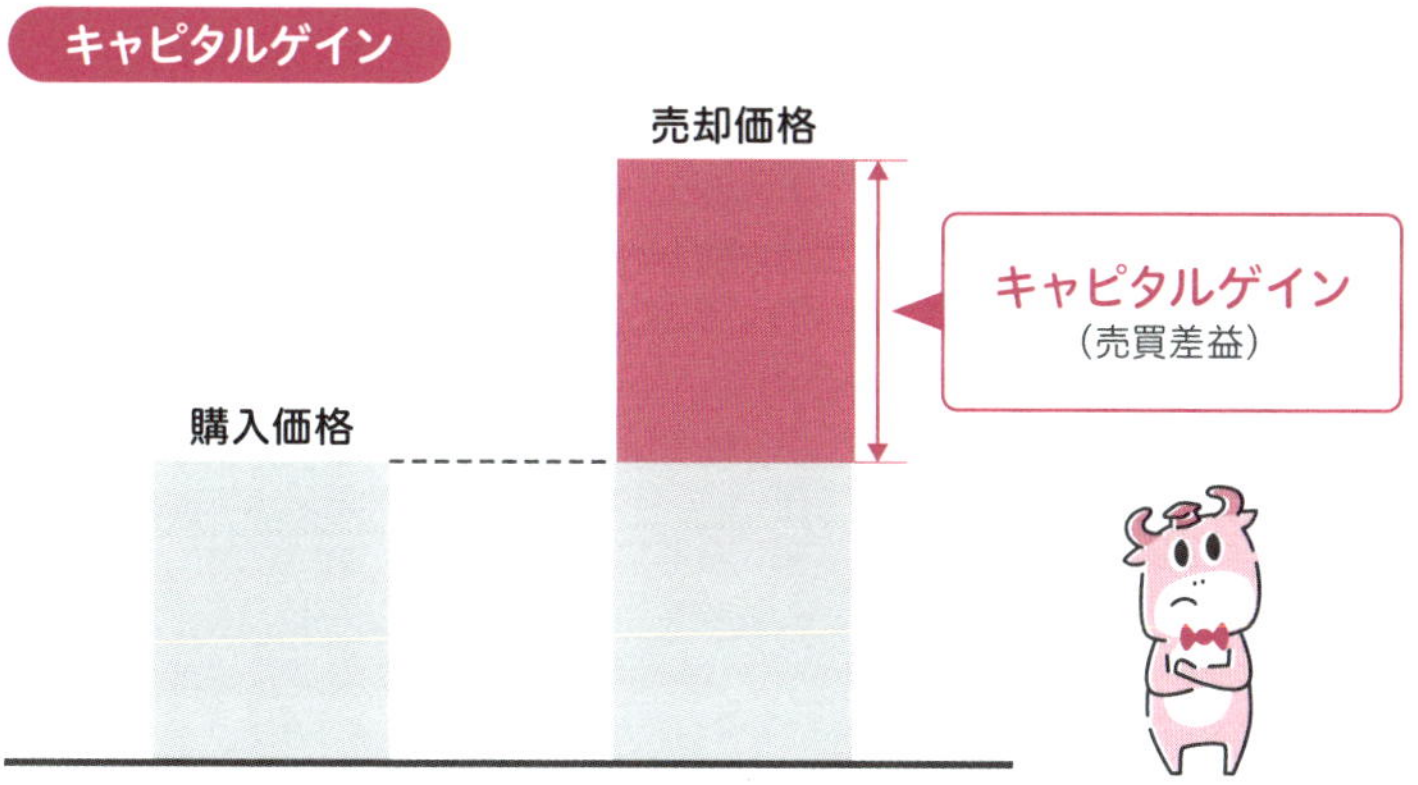

② 4 投資のリスクを熟知しよう

6つのリスク

金融商品を運用していくにあたり、知っておくべきリスクについて紹介します。

金融商品におけるリスクは、まずリターンが不確実であることです。どんな金融商品でも値動きは不確実であり、必ず値が上がると決まっているものは存在しません。

そして、結果が不確実であるほど、リスクの度合いは膨らみます。つまり、リスクとリターンは比例するということです。

低リスクであるにも関わらず、高リターンが見込めるという商品は存在しないのです。

たとえば、突発的な問題によって企業が経営不振に陥り、債務不履行になってしまったり、為替相場の変動によって換算額に大きな損益が生じることもあります。

こうしたリスクは総じて、価格が変動するという結果に結びつきます。景気、金利、為替相場、政治、天候、国際情勢など様々な要因があり、会社の業績だけが株価を変動させるわけではありません。

リスクを未然に防ぐことは可能?

とは言え、リスクはある程度想定できます。いくつかのケースを想定し、それらに備えることを**リスクヘッジ**と言います。

リスクヘッジは、投資を始めるにあたって、資金を準備することと同じくらい、考えておくべき最重要事項です。

リスクヘッジの方法は、大きく分けて**時間分散**、**資産分散**、**長期保有**の3つです。

資産運用において重要なのは、景気や相場動向に左右されにくい**長期分散投資**を実践することです。

長期分散投資は、安定的に資産を運用していくための、いわば王道の考え方です。

値動きに特徴のあるいくつかの銘柄や商品に分散して、時間をかけてじっくりと積立投資していく——。投資に絶対はありませんが、リスクを抑えて運用していくなら、長期・分散は欠かせません。

預貯金は元本割れすることがないので、資産運用の方法として最も安全です。しかし、預け入れている金融機関が破綻した場合、保証される元本は上限1000万円とその利息までです。それ以上預け入れている場合は、安全とは言えません。

図1 金融商品に孕む6つのリスク

どんな商品を選ぶかということは、どこまでリスクを取れるかということに等しいでしょう。投資目的や目標資産、自己資金程から、どこまでなら安全かを考えて商品を選びましょう。

名称	特徴
価格変動リスク	国内外の経済、社会情勢の変化、株式の発行企業の業績、株式市場の需給関係など、さまざまな要因で株価が上下するリスク
信用リスク	有価証券の発行体が財政難、経営不振などの理由により、債務不履行(利息や元本などをあらかじめ決められた条件で支払うことができなくなること)が起こるリスク
流動性リスク	金融商品を売ろうと思ったとき、その商品がマーケットでの取引量が少ないこと等により、希望した価格で売りたくても売れないリスク
金利変動リスク	一般的な金利変動に伴い、金融資産の価値が変動するリスク
為替変動リスク	為替相場の変動によって、外貨建て資産の円換算額に損益が生じるリスク
カントリーリスク	投資対象国や地域において、政治・経済の状況の変化によって証券市場や為替市場に混乱が生じた場合、そこに投資した資産の価値が変動するリスク

図2 長期分散投資の概要

長期分散はリスクヘッジとして最も有効な手段です。時間、資産、長期保有を満たすことで、数あるリスクを軽減できます。ミドルリスクの投資信託がビギナーに人気なのは、これらを満たしていることが理由です。

● **リスクヘッジに有効な「長期分散投資」に必要な要素**

名称	特徴
時間分散	購入時期を分散することで、平均購入単価を抑える効果が期待できる。具体的手法として挙げられるのは、投資信託を毎月自動的に積み立てていく自動積立が代表的
資産分散	資産を分散することで安定的な運用が期待できる。市場全体に投資するインデックスファンドや株式・債券などに投資するバランスファンドは、資産分散の効果がある
長期保有	分散した資産を長期間保有することで、安定した運用が期待できる。NISA制度を利用し、長期間保有するなどの手段が代表的

②

5 投資を知る前に「経済」を知ろう

そもそも「経済」とは？

「経済」という言葉には、実は二つの意味があります。

一つは「国を治め、民を救済すること」、もう一つは「人間の共同生活を維持、発展させるために必要な、物質的財貨の生産、分配、消費などの活動」です。

企業が生活に必要な商品を生産し、小売店にそれらが流通し、私たちがそれを購入（消費）する。この一連の流れが経済の本質です。

企業は生活を支える様々なアイデアを形にして生産します。その中からヒット商品が生まれると、企業は成長していきます。そして、この商品やサービスを購入することでお金が循環します。消費活動が活発化すれば、国も豊かになります。

経済はこのような循環で成り立っています。物やサービスを生産する企業、それを保管し適切な場所に輸送する流通、購入することで消費する人、そのサイクルが経済を成り立たせているのです。

そう考えれば、株式投資のロジックも理解しやすいと思います。投資を考える上で、経済の状況を知ることはマストと言えます。

円高・円安のメカニズム

円安と**円高**についても押さえておきましょう。

円安は円の価値が下がること、円高はその逆です。円安・円高は、外貨に対する円の相対的な価値を表しています。円1単位で交換できる他通貨の単位数が相対的に多ければ円高、少なければ円安になるということです。

ロジックは簡単で、円の需要が高まれば円高になり、円の需要が低下すると円安になります。

ちなみに、2024年7月時点では、1ドル=150円超えという状態にあります。輸入製品が安く買えるので購買意欲が高まりそうですが、実際には物流コスト上昇により、却って購買意欲は低下しています。このような状況では、一時的に給与アップを活発化させても、経済を活性化させる効果は薄いでしょう。

円高・円安の原因は、金利や物価の変動、貿易収支の状況などが挙げられます。たとえば、アメリカの金利が上がると円安になり、インフレが進むと同様に円安になる傾向があります。

図1 経済の流れ・仕組みについて

経済を活性化させるためには、生産性を向上させ、資産収益率を上げることが重要です。つまり、賃金を引き上げて雇用を促進し、生産性を向上させることです。しかし、不景気になると消費活動が低下するため、経済は活性化しにくくなります。

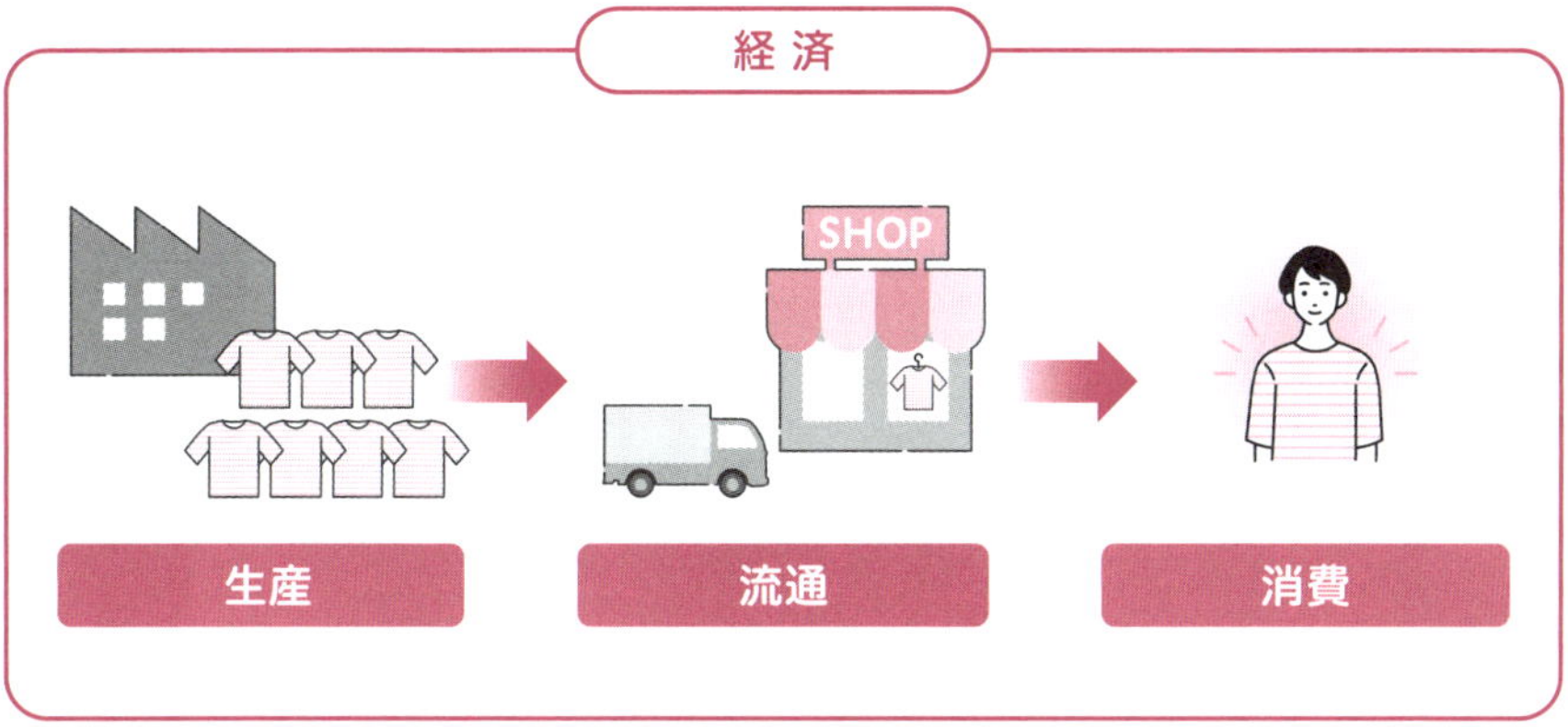

図2 円高・円安の仕組み

円安・円高をイメージするためには、「1ドルを円で購入するのにいくら必要か」を基準に考えます。海外へ頻繁に出かける人は、無意識のうちに円高・円安についての感覚を持っていると思います。

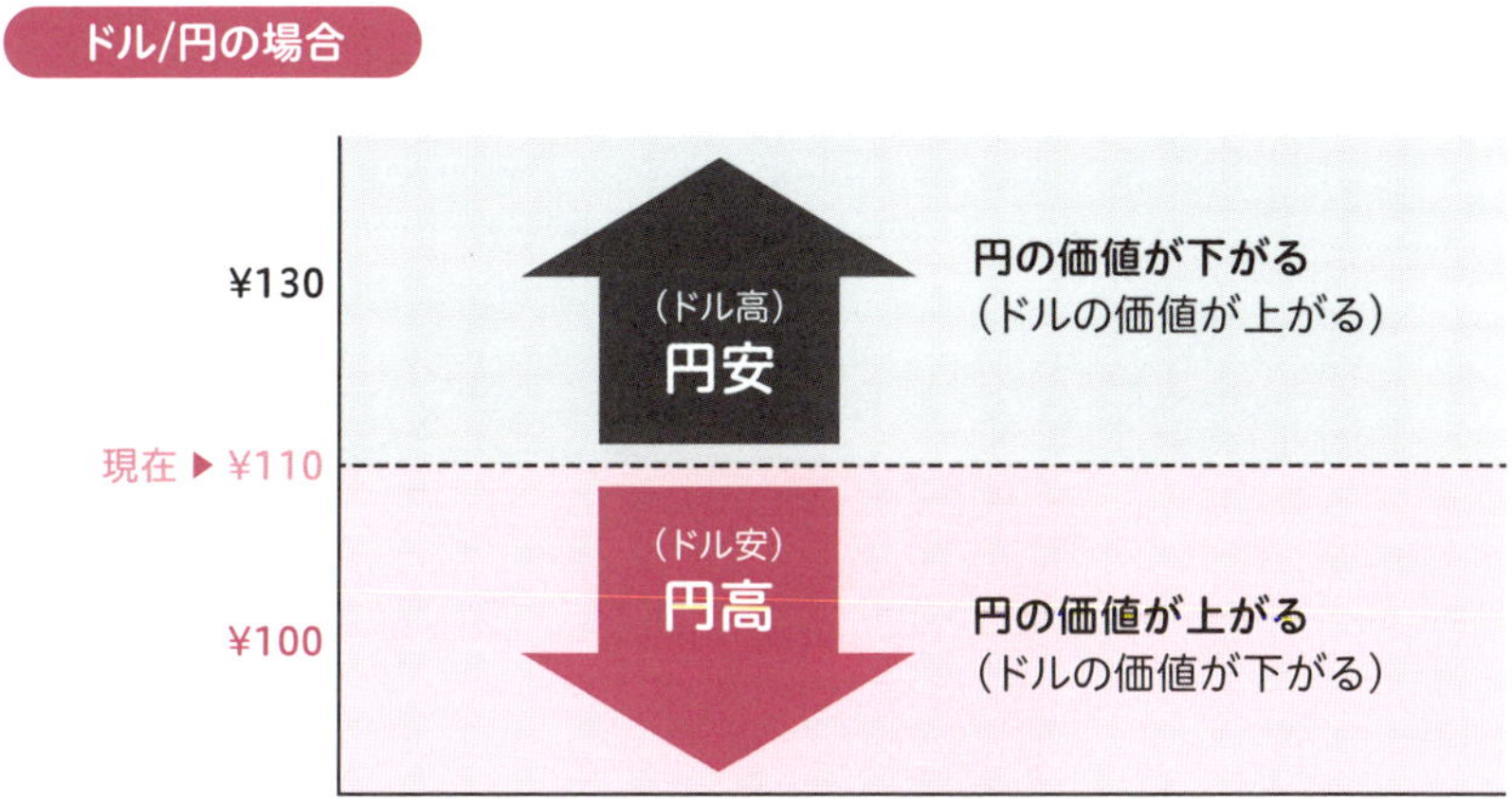

②

6 株式投資で利益が出る仕組み

株式投資で出せる利益は計3つ

資産運用で利益を出すとは、具体的にどういうことでしょうか。

株式投資の場合、購入価格と売却価格の差、いわゆる利鞘《りざや》が主たる利益となります。これが**売却益**です。

その他にも、株式を保有しているだけで得られる**配当益**や、銘柄によっては**株主優待**があり、それらも利益となります。

ただし、これらの利益は確実に得られるわけではありません。

売却益は市況やタイミングによって変動しますし、配当金も企業の業績や方針によって変動します。

確実に得られるのは、保有株数に応じて支給される株主優待ですが、これは商品やサービスに限定されており、お金として支給されるわけではありません。

また、得られた利益には税金がかかるため、手元に残る金額はそれを差し引いた額になります。

売却益には20・315%（所得税15・315%、住民税5%）の税金がかかるため、場合によっては赤字になってしまうケースも考えられます。

投資信託で得られる利益

投資信託で得られる利益は、株式投資とは少し異なります。

主な利益は、株式と同様の**売却益**（**キャピタルゲイン**）と、基準価額が上がることでもらえる**分配金**（**インカムゲイン**）の2種類です。

売却益は、投資信託の口数を購入してから売却した際の価格差から得られる利益です。口数の購入額を上回る価格で売却することで利益を得ることができます。

分配金は、投資信託が保有する資産から得られた利益が、投資家に分配されるものです。普通分配金と特別分配金の2つがあり、税金のかかり方や分配の仕組みが異なります。

なお、給与以外の所得が20万円以下の場合、申告不要制度が適用されるため、原則として確定申告は不要です。

投資による利益が発生した場合、状況に応じて税金がかかります。ただし、特定口座やNISA口座など特定の口座を利用する場合は、確定申告が不要になることがあります。NISA口座では税金がかからないため、確定申告の手続きを省くことができます。

図1 株式投資で得られる利益

株式投資における主な利益は売却益です。株式の購入時と売却時の価格差が利益となります。株主優待については、すべての企業が提供しているわけではなく、保有株数にも条件があるため、必ずしも得られるものではありません。

株式投資が生み出す「3つの利益」

値上がり益

株を購入時よりも
高い値段で売却すること
で得られる利益

配当金

会社の利益の一部から
株主に還元される利益

株主優待

株を保有している企業の
商品やサービスをお得に
利用できる優遇制度

図2 投資信託の仕組みと利益の流れ

投資信託の利益は、ファンドで得られた利益がファンドマネージャーによってまとめられ、投資家に振り分けられる流れになります。ファンド内の個々の商品の運用成果に応じて利益の額が決まるので、それらをトータルした利益が振り分けられます。

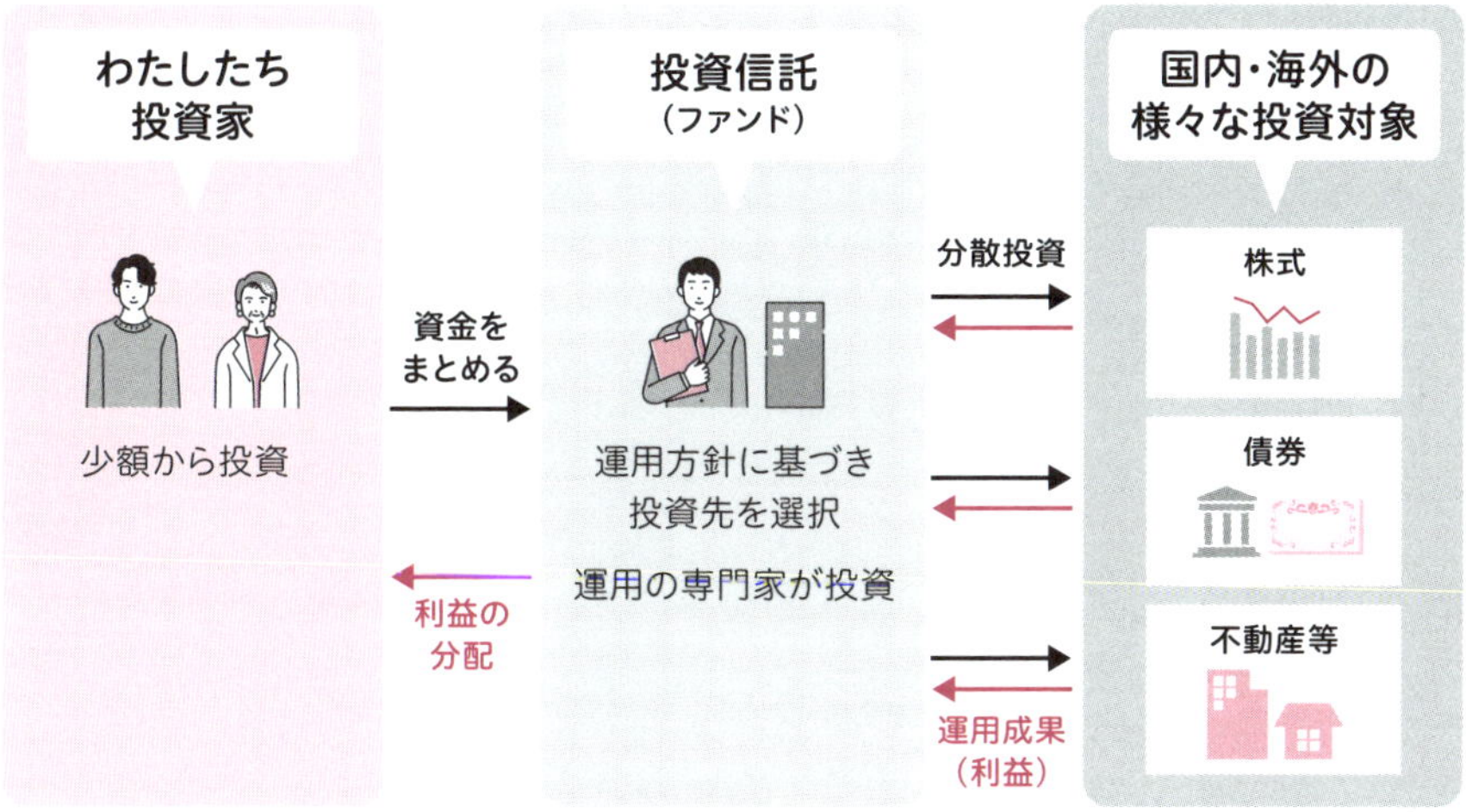

7 確定申告の有無について

申告不要なパターンを知ろう

投資で利益が出た場合、確定申告は必要になるのでしょうか。

結論から言えば、常に必要というわけではありません。大まかに「申告が必要な場合」「申告不要な場合」「申告する方が得な場合」がありますが、カギとなるのは口座の種類です。

たとえば、証券会社の「**特定口座**（源泉徴収あり）」で運用している場合は、原則として確定申告は不要です。

しかし、同じ特定口座でも「源泉徴収なし」としている場合や、一般口座を利用している場合は、確定申告が必要となります。

源泉徴収なしの特定口座は、少額投資で年間20万円以上の利益が出ないであろうケースで有利です。

しかし、20万円を超えてしまうと確定申告が必要となりますし、扶養控除などに影響が出る可能性があります。

一方、源泉徴収ありの特定口座は、年間20万円以上の利益が見込まれる場合（投資額などで概算）に便利です。

しかし、確定申告の必要がない場合でも、自動的に源泉徴収されてしまうというデメリットがあります。

ビギナーの場合、状況に応じて口座を選択するか、NISA制度を利用する場合は非課税の**NISA口座**を利用するようにします。

一般口座の用途と特徴

一般口座は、特定口座やNISA口座で管理されていない上場株式などを管理する口座です。

一般口座で管理されている株式などは、投資家が1年間の売買損益を計算して確定申告を行う必要があります（一定の場合は確定申告不要）。

売買損益の見込みが少ない場合、所得控除を考慮すると確定申告が不要となる方は、一般口座が適しています。

図表では、3つの口座の特徴についてまとめていますので、参考にしてください。

特定口座のメリットとして、証券会社による「年間取引報告書」の提供が挙げられます。年間取引報告書は、一年間に行った取引をまとめた書類で、確定申告の際に必要となります。一般口座の場合、この報告書は個人で作成する必要があります。

図1 特定口座のメリット・デメリット

源泉徴収に過払いがあった場合や、年間の取引が損失で終了したときに翌年以降に損失を繰り越したい場合などは、「源泉徴収あり」でも確定申告が有利になることがあります。ただし、一般的には源泉徴収ありを選択すれば、確定申告は不要になります。

	メリット	デメリット
源泉徴収あり	・確定申告が不要 ・配偶者控除などの適用に影響がない ・年間取引報告書が配布されるので確定申告を行う場合にも簡単	・確定申告が必要ない場合でも源泉徴収されてしまう
源泉徴収なし	・年間20万円以下の利益の場合は原則として確定申告が不要(住民税は要申告) ・年間取引報告書が配布されるので、確定申告が簡単にできる	・年間20万円以上の利益が出た場合は確定申告が必要 ・確定申告をした場合は扶養控除などの適用に影響がある

図2 特定口座・一般口座の具体的な特徴

源泉徴収ありの特定口座を選ぶと、手間がかからないので得に感じますが、申告不要の際も徴収されてしまうため、自身の運用資金から結果を想定して口座を選ぶことをおすすめします。

	特定口座(源泉徴収あり)	特定口座(源泉徴収なし)	一般口座
確定申告の手間	不要	利益20万円超なら必要	利益20万円超なら必要
年間取引報告書	金融機関が作成	金融機関が作成	自分で作成
自分ですること	とくになし 金融機関が1年間の取引をまとめた年間取引報告書を作り、納税してくれる	確定申告 金融機関が作ってくれる年間取引報告書を利用し、自分で確定申告を行う	確定申告 自分で利益や損失を計算して「株式等に係る譲渡所得等の金額の計算明細書」を作成し、確定申告を行う

2

8 投資と投機の違いについて

再現性の有無がキー

投資ビギナーの中には、投資に対して「怖い」「危ない」「怪しい」などのイメージを持つ方も多いと思います。

たしかに、元本保証の銀行預金と比べたら、投資は損失を出す可能性があり、はるかにリスクが高いことは事実です。

そこで重要になるのが**再現性**です。利益を出すことが偶然ではなく、何かしらの要素があり、何度でも狙うことができるかどうかです。

たとえば宝くじの場合は、高額当選が続いたとしても、それは単なる運であり再現性は低いです。

しかし、投資の場合は、たとえば株価は長期的に見ても上がり続けています。

企業が成長してこそ、経済の発展があります。どの企業も価値を高めるために切磋琢磨しており、結果として企業の多くが成長しているのです。つまり、企業の発展・成長が止まない限り、経済は動き続け、ゼロになることはありません。

こうした観点から見れば、投資には再現性があり、しっかりとした知見があれば結果を出すことができると言えます。ギャンブルのような再現性のないものと比べると、安定性が非常に高いことがわかります。

つまり、手を出しても良いかどうかの指標として、再現性の有無を確認するようにしましょう。

「投機」とは

よく投資と混同される言葉に**投機**があります。

投機は辞書によると「不確実だが当たれば利益の大きい事をねらってする行為」とあります。ギャンブルと同じであると考えている方も少なくないでしょう。

正確に言うと、投機とは「短期的な価格変動での売却益を狙って行う投資」です。短期であっても、合理的根拠に基づいて判断するため、立派な投資であると言えます。

予測が難しいという点から、投機＝ギャンブルと考えられがちですが、実は全く異なることがわかります。

投資とギャンブルは、目的にも大きな差異があります。投資は経済の発展を見込み、結果として社会を良くするための行為であるのに対し、ギャンブルは私欲を満たすための手段です。比較するまでもありません。

図1 投資とギャンブルの違いについて

投資は賭け事ではないので、ギャンブルとは本質的に異なります。投資は資金こそ投じますが、勝負事ではありませんし、得られる利益の可能性も無限です。また、長期間じっくり時間をかける投資に対して、ギャンブルは短期で結果が出るものになります。

投資		ギャンブル
社会をよくするため	◀ ▶	自分が楽しむため
利益は無限の可能性	◀ ▶	利益は限定
利益を分かち合う	◀ ▶	利益は勝者だけのもの
結果をコントロールできる	◀ ▶	結果はコントロールできない

図2 投機と投資の差異について

求める結果以外、投資と投機は全く別物であることがわかります。投資は株式や不動産などが挙げられ、投機はFXや季節によって相場が激しく動く貴金属や農作物などが挙げられます。

	投資	投機
特徴	金融商品などに出資をすることで利益を得る	短期間で市価変動の差益だけを狙い売買取引を行う
目的	・将来的な利益を得るため ・資産形成	短期で大きな利益を得るため
期間	中長期	短期
メリット	・長期保有により複利効果がある ・ある程度リスクを低減できる	・短期的に大きく利益が得られる ・頻繁に売買ができる
デメリット	・元本割れリスクがある ・短期間で大きな利益は難しい	・リスクが大きい ・取引が頻繁のため手間やコストがかかる

②

9

投資に必要な資金について

単元未満株なら安く始められる

投資を始める際は、家計の余剰資金を使うのが基本です。しかし、少額からの投資であれば、無理に節約する必要はありません。

たとえば、NISA制度を利用して投資信託を積み立てる場合、最低1000円から始められます。株式投資も**単元未満株**と呼ばれ、100円から購入できる銘柄があります。通常、株式は100株単位で購入しますが、単元未満株は1株や10株から購入できます。

これらは利益は少ないかもしれませんが、株式投資に慣れるための練習や、高価な銘柄を少しずつ購入する際に活用できます。

投資を始めるために毎月数万円を用意する必要はなく、数千円でも十分に始められるのです。

ただし、単元未満株には注意点があります。

少額で購入できる分、手数料の比率が高くなりますし、売買のタイミングも制限されます。

証券会社によって異なるため、単元未満株を始める際は、各証券会社の違いを調べてみましょう。

現金を使わない投資も可能

単元未満株以外にも、気軽に投資を始める方法があります。日常生活で貯めたポイントを使って投資する**ポイント投資**です。

運用できる商品は、主に単元未満株や投資信託で、証券会社によって異なりますが、選べる商品はそれほど多くありません。手数料が高い場合もあるので、使えるポイントの種類や手数料について調べる必要があります。

たとえば、楽天証券のポイント投資では、買い物などで獲得した楽天ポイントを使って、金融商品を購入することができます。手数料の支払いにもポイントを利用できます。ただし、ポイント投資の対象は国内株式のみで、海外株式や債券は購入することはできません。楽天ポイントが貯まっている方は、投資に活用してみてもよいでしょう。

ポイント投資のデメリットは、手数料の高さのほか、損失のリスクがあることや、購入できる商品が少ないことが挙げられます。手軽な分、デメリットも多いので、始めるかどうかはよく考える必要があります。

図1　単元株と単元未満株一覧

まずは投資体験として始める人が多い単元未満株ですが、購入できる証券会社が少なく、手数料が割高であるなど、実はデメリットもあります。また、約定までに時間がかかることや、注文方法や購入できる銘柄に制限があるというデメリットもあります。

単元株と単元未満株の違い

	単元株	単元未満株 ≒ ミニ株
売買単価	100株 	1株 or 10株 
売買金額（1株1000円の場合）	10万円 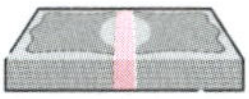	1000円 

図2　主なポイント投資一覧

楽天ポイントやdポイントなど、よく知られているメジャーなポイントを使って投資できるので、とても手軽に始めることができます。しかし、中身は投資そのものなので、損失のリスクもあれば、元本を割り込むリスクもあります。

ポイントの種類	疑似運用	お金に変えて運用	連携証券会社
楽天ポイント	○	○	楽天証券
dポイント	○	○	日興フロッギー
Tポイント	×	○	SBI証券、SBIネオモバイル証券
永久不滅ポイント	○	△*	StockPoint for CONNECT

*永久不滅ポイントをStockPointに交換して運用。1株の金額に達するとポイントを株式に交換できる

コラム

2 投資の王道はつみたて投資

コア運用とサテライト運用

資産運用を行う際に重要なことが、**コア・サテライト運用**です。コア運用とは、資産運用の中核となる商品を選ぶことを指し、サテライト運用とは、コアを主軸としながら積極的な商品を選ぶ運用方法を指します。

銀行の窓口に行くと、サテライト運用について説明を受けながら商品を選ぶことになります。銀行はコアとサテライトの比率について、コアが70～100％、サテライトが0～30％を推奨しています。

そして多くの場合、コアとしてバランス型ファンドを勧められます。**バランス型ファンド**とは、株式と債券の組み入れ比率（バランス）を年齢などに応じて調整するもので、通常は株式と債券を50％ずつ保有するファンドを勧められると思います。とくに50代以降の方には、これでほぼ100％の運用を勧められるケースが多いです。

理由は明白で、株式市場が崩れた際に、債券市場は上昇しやすいため、トータルとして値崩れしにくく、資産が減りにくいというメリットがあるためです。バランス型ファンドは株式市場が堅調なときには大きく上昇しませんが、堅実に資産が増えるように見えるため、金融機関側からすると自分たちにとってリスクヘッジとなり、お客様からのクレームが入りづらいというのが本音だと思います。

おすすめのコア・サテライト運用方法

しかし、バランス型ファンドだけでは、長期的な資産運用において、大きな成長は見込めません。時間を味方にするためには、銀行が推奨するコア・サテライト運用ではなく、別の方法で運用する必要があると考えます。

私が考える理想のコア・サテライト運用では、コアの部分を株式型のインデックスファンドとし、サテライトの部分を個別株で運用することをおすすめします。若い世代であれば、個別株を持たなくても、株式インデックスファンドを毎月数万円積み立てて行けば、30～40年後には1億円を超える可能性があります。しかし、運用期間が30年未満の場合は、一定の割合で株式を保有することをおすすめします。

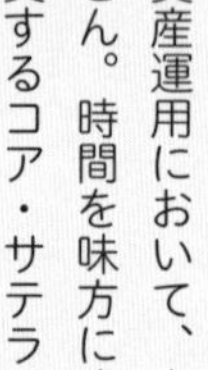

第3章

ビギナーにオススメの投資サービス

③

1 初心者は何から始めたらよい？

税制メリットのある お得な制度

ＮＩＳＡとｉＤｅＣｏは、資産形成を強力に後押しする制度です。とくにＮＩＳＡは、投資資金があまり多くない方や投資初心者の方と相性が良い制度です。

通常、株式や投資信託を運用して得た利益からは20・315%の税金が差し引かれますが、ＮＩＳＡ口座で運用して得た利益は非課税となります。

ｉＤｅＣｏはそれに加えて、毎年新規で投資をした金額を所得から控除できます。毎年投資する金額に応じて所得税や住民税が軽減されるため、年末調整や確定申告をする際に申告することで、節税効果を得ることができます。

ＮＩＳＡは、通常の課税口座とほとんど同様に、株式や投資信託の売買を行うことが可能です。もちろん、自身の好きなタイミングで金融資産を売却し、資金を引き出すこともできます。

一方、ｉＤｅＣｏは、老後の資産形成を目的とした制度のため、投資先については投資信託と元本確保型商品（定期預金・保険商品）に限られていますし、例外を除いて60歳まで資金を引き出すことはできません。

ただ、ｉＤｅＣｏにはＮＩＳＡにはない税制メリットがありますし、資金が拘束されるというデメリットには、計画的に老後資金を積み立てていけるという側面もあります。

ＮＩＳＡとｉＤｅＣｏは どちらを優先すべきか

両方活用することがおすすめですが、余裕がない場合は、ＮＩＳＡを優先するとよいでしょう。60歳まで資金が拘束されるｉＤｅＣｏより、精神的な負担が少なく始められます。

とくに若い方は、貯蓄が十分でなかったり、結婚や住宅購入といったライフイベントについて見通しが立ちにくいため注意してください。

ｉＤｅＣｏも活用したいけれど、投資資金に余裕がないという場合は、ＮＩＳＡの非課税保有限度額（１８００万円）を使い切ってからでも遅くはありません。資産形成は無理のない範囲で取り組みましょう。

NISAやiDeCoは税制優遇のあるお得な制度ですが、制度をしっかりと理解しておかないと、その効果を最大限に活かすことはできません。それぞれのメリットやデメリットを理解した上で、自身にどちらの制度が向いているか考えてみましょう。

図1　NISAとiDeCoの主なポイント

NISAとiDeCoの主な違いは、資金の引き出しや投資対象の選択肢の自由度です。資金の引き出しについては説明不要かと思いますが、投資対象を見てみるとNISAの方が投資信託以外に個別企業の株式にも投資することができるため、選択肢が多いと言えます。

	新NISA	iDeCo
対象年齢	18歳以上	20歳～65歳
資金の引き出し	いつでも可能	60歳まで原則不可
最低投資金額	100円	5,000円
年間投資枠	360万円	14.4～81.6万円
非課税保有限度額	1,800万円	なし
投資対象商品	国内外の株式、投資信託など	定期預金、保険、投資信託など

図2　NISAとiDeCoの税制メリットの比較

2つの制度を税制優遇という観点から比較すると、NISAの税制優遇は運用時のみですが、iDeCoは掛金の拠出時、運用時、受取時の3つのタイミングで税制優遇を受けられます。60歳まで資金が拘束されても問題ない場合は、iDeCoの活用もおすすめです。

		新NISA	iDeCo（DC）
税制優遇	拠出時		全額所得控除
	運用時	非課税（無期限）	非課税
	受取時		受取方法に応じて、各種控除を利用可能

税制メリットを受けられるタイミングによって、どっちを利用するか考えてもいいでしょう。

3

Q2 新NISAはどこが優れているのか？

2024年から始まった新NISAの3つの神改正

新NISAの主なポイントは、次の3つです。

①年間投資枠の拡大

2023年までの旧NISA制度では、つみたてNISAと一般NISAのいずれかしか利用できず、年間の投資枠もそれぞれ40万円と120万円に定められていました。

しかし、新NISAでは、旧NISAのつみたてNISAにあたる**つみたて投資枠**が年間120万円、一般NISAにあたる**成長投資枠**が年間240万円に拡大しました。

ちなみに、2つの投資枠は併用することが可能なため、年間の投資上限額は計360万円まで拡大します。

②非課税保有期間の無期限化

旧NISA制度では一般NISAは5年、つみたてNISAは20年と非課税保有期間が定められていましたが、非課税保有期間が無期限化されたことで、非課税期間満了後の対応を考える必要がなくなりました。

③金融資産売却時の投資枠の復活

新NISAでは、年間の投資枠の他に生涯で1800万円の非課税保有限度額が設定されました。

一見すると最短5年間で投資枠が無くなってしまうように思えますが、1800万円の枠を使い切っても、保有資産を売却すれば翌年以降に元本価格分の投資枠の再利用が可能です。

非課税投資枠の復活について

新NISAでは、保有資産を売却することで、翌年以降に非課税投資枠を再利用することができます。

ただし、1800万円の非課税保有限度額の投資枠の復活は、売却金額ではなく、保有している資産を購入した時点の金額（簿価）で管理される**簿価残高方式**となっています。

たとえば、購入時の元本価格が1800万円であった資産が2500万円に値上がりし、その後すべて売却したとしても、復活する投資枠は元本価格分の1800万円となるので、注意が必要です。

新NISAでは、制度の恒久化によって非課税期間を気にせずに、投資した商品を長期間保有することが可能になりました。そのため、極端な例ですが、投資先の企業の株価が成長し続けている、または安定して配当金を出している場合、売却せずに一生持ち続けることも可能です。

図1 新NISAの改正ポイント

NISA制度の大幅な見直しにより、新NISAでは、投資枠の大幅な拡大や2つの投資枠の併用、非課税投資枠の再利用が可能になりました。そのため、自身が投資を行う目的やライフプランに応じて、より自由度の高い運用を行うことができます。

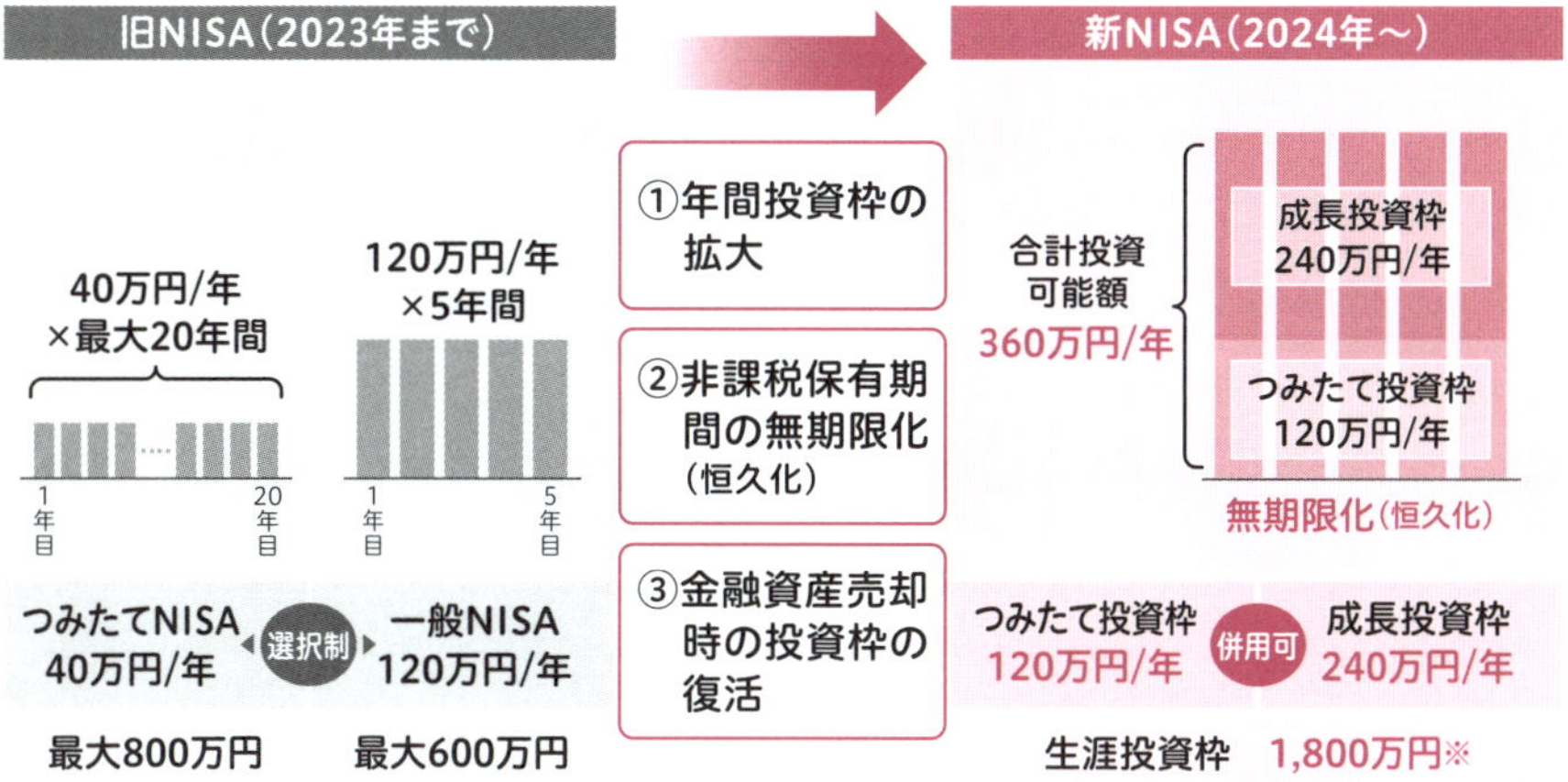

※成長投資枠は1,200万円が上限

図2 非課税投資枠復活の仕組み

新NISAでは、非課税投資枠を再利用して、中長期にわたって売買を繰り返すことが可能です。ただし、非課税投資枠が復活したとしても、1年間に投資できる金額は年間の非課税投資枠(360万円)の範囲内であることは覚えておきましょう。

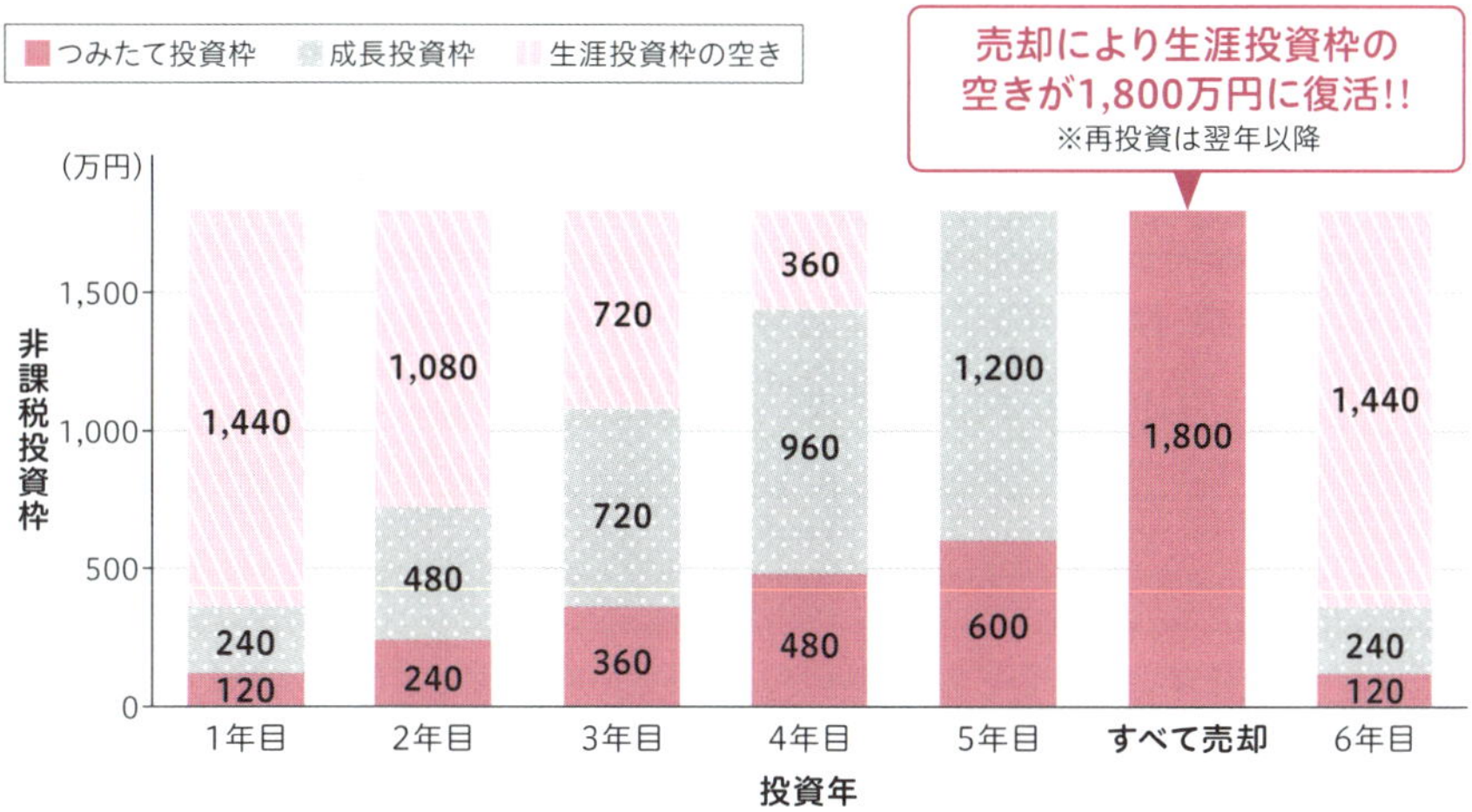

3 新NISAは2つの投資枠を併用できる

新NISAの2つの投資枠の違い

新NISAでは、「**つみたて投資枠**」と「**成長投資枠**」の2つの投資枠を活用することができます。

①つみたて投資枠

つみたて投資枠は、金融庁が定める一定の基準を満たした長期・積立・分散に適している投資信託を、積立で買付できます。

そのため、初心者でも手軽に少額から運用を始めることができます。

②成長投資枠

成長投資枠は、旧NISAの一般NISAにあたります。一部対象外の商品もありますが、株式や投資信託、ETF、REITなど、幅広い金融商品の中から選ぶことができるのが特長です。

たとえば、成長性の高い業界や企業に投資をして高いリターンを狙ったり、中長期的な保有を前提に株主優待や配当を実施している企業の株式を購入するのもおすすめです。

ちなみに、日本の市場だけでなく海外の株式に投資をすることもできます。興味がある方は、世界最大の時価総額を持ち世界経済の中心でもある米国の株式について調べてみてください。

また新NISAでは、1800万円の非課税保有限度額の再利用が可能となっています。株価が大きく上昇した場合は一度売却して利益を確定し、翌年以降に復活した投資枠を利用して、再度株式を購入してもよいでしょう。

購入できる商品には限りがある

成長投資枠では、つみたて投資枠と比較すると、幅広い投資先に投資することができます。ただし、中長期の保有に適さない商品や、投資初心者には難易度が高い商品は対象外となっています。

たとえば株式であれば、上場廃止が決まっている**整理銘柄**や、上場廃止の可能性がある**管理銘柄**は対象外です。投資信託であれば、毎月分配金が支払われるものや、高いレバレッジを利用したものは対象外です。

成長投資枠では、まとまった資金があれば一括で投資することもできますし、国内外の個別株や様々な投資信託に投資できます。ただ、債券に直接投資を行うことはできません。債券に投資をしたい場合は、債券に投資をしている投資信託を買い付けることで間接的に投資ができます。

図1 2つの投資枠の違い

成長投資枠は、つみたて投資だけでなく、まとまった資金を一度に投資できることも魅力の一つです。ただし、成長投資枠の非課税保有限度額は最大で1,200万円のため、非課税保有限度額をすべて使いたい場合は、つみたて投資枠も利用する必要があります。

● 「つみたて投資枠」と「成長投資枠」の違い

勘定の呼称	つみたて投資枠	成長投資枠
年間の投資上限額	120万円	240万円
非課税保有限度額（総額）	合計1,800万円（成長投資枠の上限額は1,200万円）	
購入方法	つみたて投資	つみたて投資または一括投資

図2 成長投資枠の対象銘柄

成長投資枠の対象外でも、投資手法によっては良い商品にもなり得ます。たとえば、株価が大きく下落したタイミングで、反発を狙って高レバレッジ型の商品に投資することも戦略の一つです。自分なりに投資する根拠がある場合は、課税口座での活用も検討しましょう。

成長投資枠対象商品

- 上場株式
- 投資信託
- ETF、REIT　等

成長投資枠対象外商品

- 整理・管理銘柄
- 信託期間20年未満
- 毎月分配型の投資信託やデリバティブ取引を用いた投資信託等

一部の株式や投資信託は対象外のため、一般NISAよりも対象商品は制限される形となりました。

③

4 新NISAの1800万円の投資枠を活用する作戦

あなたのライフプランに合わせた投資計画は？

新NISAでは、つみたて投資枠と成長投資枠を併用すると、年間で360万円（30万円／月）まで投資することができます。新NISAの非課税保有限度額は1800万円ですから、最短5年で使い切ることもできるわけです。

ただし、投資資金は人それぞれですから、無理のない範囲から投資を行いましょう。

たとえば、投資期間が長めに取れる方であれば、毎月5万円（60万円／年）を投資に回すと、30年間で非課税投資枠を使い切ることができます。仮に年利8％で運用を行ったとすると、投資した元本が1800万円に対し、運用総額は7000万円以上になります。

また、もう少し投資にお金を回せる方の場合、仮に毎月10万円（120万円／年）を投資に回すと、15年間で非課税投資枠を使い切ることができます。15年経過時点での運用総額は約2200万円になります。その後、15年間は運用のみ行ったとすると、運用総額は1億円以上になります。

新NISAでは、**非課税投資枠**を再利用できるため、一度投資した資産を保有し続ける必要はありません。つどライフプランを見直して、投資方法は積立と一括ではどちらが良いか個別株にも投資した方が良いかなど、運用方針を考えましょう。

保有商品を頻繁に売買すると損？

NISA口座で運用を行うと利益が非課税になるため、利益の額が大きいほど、効果も大きくなります。

中長期投資のように、投資した商品を長期間保有する場合、複利効果を活かしやすく、利益の金額も大きくなりやすいでしょう。反対に、短期的な売買では、メリットをうまく活かせない可能性があります。

そのため、NISA口座で運用する商品は、基本的には長期スパンでの保有を前提とするのが基本です。短期取引をしたい場合は、それでもなお余った資金を使って行うことをおすすめします。

家庭をお持ちで、金融資産に余裕がある方であれば、ご家族の分の新NISAも活用するのもおすすめです。ただ、夫婦間や親子間であっても、投資のために資金を贈与した場合、110万円を超える分については贈与税がかかるため注意が必要です。

図1　こんなにすごい、複利の力

毎月10万円（120万円/年）を年利8%で運用し、非課税保有上限額を使い切った後も含め、合計30年間運用したものがこちらです。複利の力で運用益は約9,000万円に達し、通常であれば支払う必要のあった約1,800万円が節税できることになります。

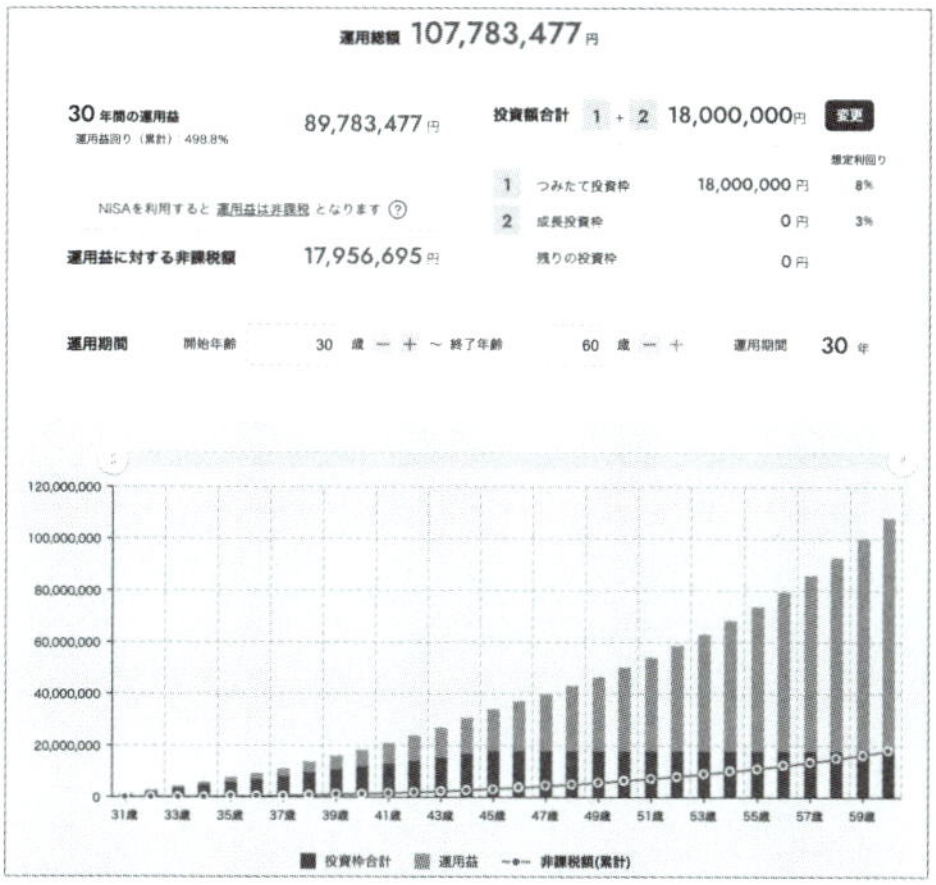

出典：SBIグローバルアセットマネジメント

図2　長期で保有している資産は複利効果を活かせる

投資した資産を毎年売却して翌年以降に買い直すと、複利効果を最大限に活かせません。そのため、投資資金に余裕がある場合は、1,560万円を長期保有に適した商品で運用し、残りの成長投資枠1年分の240万円のみ短いスパンで取引するのもおすすめです。

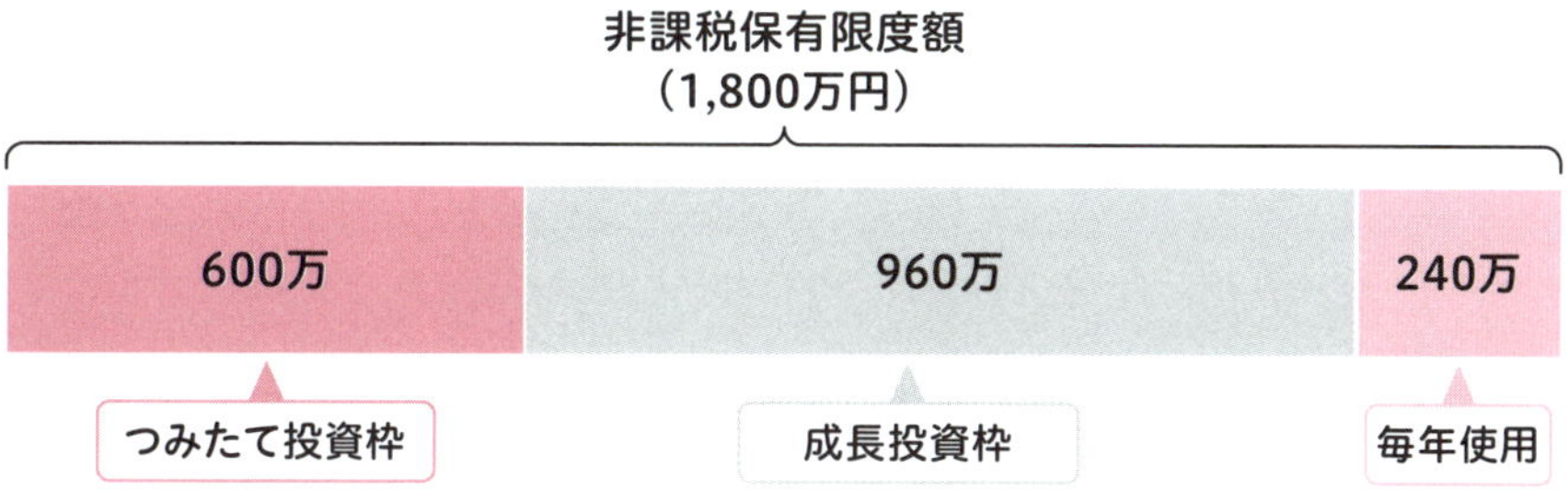

③

5 新NISAの非課税枠を有効活用する手段

2つの投資枠を活かして運用しよう

新NISAのつみたて投資枠と成長投資枠は、どのように活用すればよいでしょうか。

基本的には、つみたて投資枠の積立投資をベースとして、目的や目標に合わせて成長投資枠での運用も行うとよいでしょう。

たとえば、投資期間を長く取れる方や、投資にあまり時間を割けない方であれば、つみたて投資枠だけでなく、成長投資枠でも中長期運用に適した投資信託をコツコツ積み立ててもよいでしょう。

一方、大きなリターンを狙いたい場合や、定期的な現金収入、または株主優待を受け取りたい場合は、成長投資枠で目的に合わせた運用を行いましょう。

たとえば、大きなリターンを狙いたい場合は、市場の平均リターンを上回ることを目標に運用されている**アクティブ型**の投資信託や、成長性が高い銘柄への投資を検討してもよいでしょう。状況によっては、短い期間で資産を大きく増やすことも可能です。

また、定期的に配当金等の現金収入を得たい場合は、**配当**を実施している銘柄に投資をするとよいでしょう。配当を実施している企業の場合、業績や財務面が安定していることが多く、株価の変動も比較的小さい傾向にあるため、過度にリスクを負いたくない方にもおすすめです。

攻めと守りのコア・サテライト戦略

投資で安定した成果を上げていくためには、攻めと守りをうまくコントロールする必要があります。そのための戦略に、**コア・サテライト戦略**があります。

これは、安定的に運用するコア部分と、高いリターンを狙うサテライト部分を分けて考える投資戦略です。新NISAを例にすると、つみたて投資枠での運用がコア、成長投資枠での運用がサテライトとなります。

投資枠の比率については、7~9割程度をコアとして、サテライトでの運用は1~3割程度に留めておくことをおすすめします。

コア・サテライト戦略のサテライト部分は、大きなリターンを狙うために利用するイメージが強いです。しかし、コア部分の弱点を補うために安全資産である金（ゴールド）に投資をしたり、定期収入を得るという目的のために高配当株に投資をしたりという利用もよいでしょう。

図1 3つの活用例

新NISAでは、2つの投資枠の併用が可能となったことに加え、非課税投資枠が大幅に引き上げられるなど、旧NISAと比較すると自由度が高まりました。そのため、制度をかしこく活用するためにも、ライフプランを見つめ直し、自分に合った運用方針を考えましょう。

図2 コア・サテライト戦略のイメージ

コア・サテライト戦略を考える際は、投資期間や目標とする利回りなどからコア部分の運用商品や比率を考えましょう。また、サテライト部分については、自身が投資を通じて何を実現したいか、どの分野に将来性を感じているかをもとに考えましょう。

● コア・サテライト戦略について

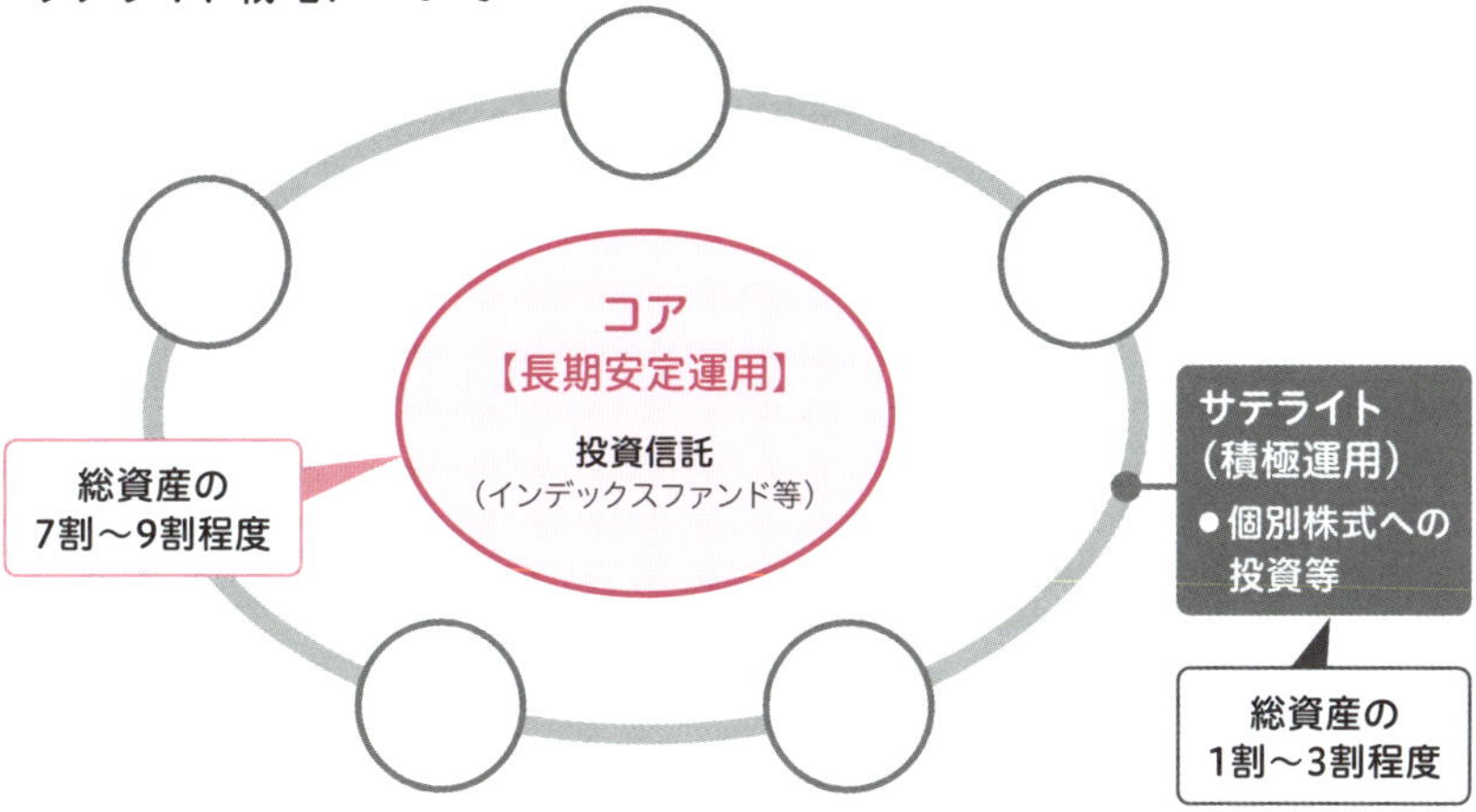

3 6 新NISAに死角なし？ デメリットは？

損失が発生したら要注意

通常、課税口座（特定口座・一般口座）で行った取引で損失が出た場合は、その他の取引で発生した利益から損失を差し引く**損益通算**が可能です。また、1年間の損失が大きく、当年分の利益を損失が上回ってしまう場合は、最大3年間繰越して利益を差し引く、損失の繰越控除を行うことができます。これらの制度を利用して利益を少なくすることで、税金を抑えることができます。

たとえば、A社株式で100万円の利益が発生した場合、通常は約20万円の税金がかかります。しかし、B社株式で60万円の損失が出た場合は、利益の合計は40万円となり、税金は約8万円になります。

ただし、NISA口座では利益が非課税の扱いとなる代わりに、税務上、損失もないものとみなされます。そのため、損失が発生している状態で売却をする、いわゆる「損切り」を行うと、非課税メリットを活かせないだけでなく、損益通算や繰越控除もできないというデメリットがあります。

そのため、NISA口座で投資をする際は、短期的に価格が大きく変動するリスクの高い投資先は避けるようにしましょう。非課税メリットを活かすために、一定以上のリターンが期待でき、中長期的には安定した成長が期待できる投資先に投資をするように心がけましょう。

外国株に投資をする際は要注意

NISAは、売却益や配当金、分配金に税金がかからない制度ですが、外国株に投資をする場合はその限りではありません。

たとえば、米国は世界経済の中心で今後も成長が見込まれることから、米国株は魅力的な投資先の一つです。ただし、NISAを利用して米国株に投資した場合、売却益は非課税になりますが、配当金に関しては米国での10%の税金は支払う必要があります。

それでも、米国株の成長性が高ければ問題ないという考え方もできますが、配当金にかかる税金をゼロにできないことは覚えておきましょう。

海外への赴任や転勤があった場合、NISAの資産を保有するだけであれば制度上は問題ありません。ただ、保有可能な資産や、海外での滞在期間に制限があることが一般的です。また、多くの金融機関が非対応で、楽天証券、野村證券、みずほ証券などしか対応していないのが現状です。

図1　損益通算・繰越控除

損益通算や繰越控除を行って利益から損失を差し引くことで、その分だけ税金を減らすことができます。非課税枠を有効に活用するためにも、短期目線で取引をしたり、価格変動が大きすぎる商品に投資をする場合は、課税口座の利用も検討しましょう。

例：A社株式が+50万円、B社株式が－60万円の場合

①両方とも課税口座で取引 … **損益通算、繰越控除できる**

課税口座A	課税口座B
A社株式 +50万円	B社株式 －60万円

→ 損益通算すると損益は－10万円となるため、税金は発生しない。損失は繰越控除で翌年以降の利益と相殺可能

②A社株式は課税口座、B社株式はNISA口座 … **損益通算できない**

課税口座	NISA口座
A社株式 +50万円	B社株式 －60万円

→ 損益通算できないため、損益は+50万円。約10万円の税金がかかってしまう

③両方ともNISA口座で取引 … **繰越控除できない**

NISA口座
A社株式 +50万円　B社株式 －60万円

→ 損益は－10万円のため、税金は発生しない。しかし、損益通算ができないため、課税口座のように損失を翌年以降に繰り越すことはできない

図2　米国株投資に対しての税金

NISA口座で保有中の米国株から配当金を得た場合、日本での税金はかかりませんが、米国での税金は支払う必要があります。通常であれば、外国税額控除を利用して二重課税を回避できますが、NISAは非課税のため外国税額控除を利用することができません。

	米国での課税	国内の課税
売却益	なし	20.315%
配当・分配金	10%	20.315%

米国での二重課税に当たる分は、課税口座で取引をしている場合確定申告で取り戻すことが可能！ ▶ **外国税額控除**

③

7 新NISAに向いている人はどんなタイプ？

iDeCoよりも新NISAを優先した方がよい人

NISAは、利益に対して税金がかからないお得な制度であり、有効に活用することで資産形成に大きく役立ちます。新NISAは同じ税制優遇のある**iDeCo**と比較されることが多いですが、「目的に合わせて柔軟に資産形成を行いたい」「老後資金以外の資産形成を行いたい」という方には、新NISAの方が向いています。

新NISAには、「つみたて投資枠」と「成長投資枠」の2つの投資枠があり、中長期目線で積立投資を行うことはもちろん、株式や幅広いラインナップから投資信託等を選んで投資を行えます。二つの投資枠を合わせた年間の投資上限額は360万円のため、まとまった資金をより早く投資することも可能です。

もっとも、投資信託であれば100円から、株式でも数百円～数千円程度から投資ができます。誰もが知っている有名企業も子供のお小遣いやお年玉程度の金額から購入できるため、資金が少ない方もあまり気負わずに少額から投資を行ってみてください。

新NISAは、自身の好きなタイミングで資金を引き出すことができます。そのため、ケガや病気で急にお金が必要になっても引き出すことができますし、住宅の購入資金や教育費を目的に柔軟に運用を行いたい方にも向いています。

新NISAを無理に使わないほうが良い人もいる

新NISAは資産形成を大きくサポートしてくれる制度です。ただ、短い期間で積極的に利益を狙いたい方や、損失を抱えてしまった際に損切りできない方は、無理にNISA口座を利用しなくてもよいでしょう。頻繁に売買をすることで投資枠を不必要に消費してしまいますし、税制メリットを意識しすぎて投資で利益をあげられなくなってしまっては元も子もありません。

そのため、このような特徴に当てはまる方は、課税口座で取引を行ったり、NISA口座では積立投資のみ行うようにしてもよいでしょう。

NISAに限った話ではありませんが、冠婚葬祭や家具や家電の買い替えのような急な出費に対応できる貯蓄がない、またはキャッシングやリボ払いなどの借入があるという場合は、投資を行うべきではありません。まずは、借入の返済や貯蓄を優先して行い、生活の基盤を整えましょう。

図1　NISAを利用すべき人の特徴

新NISAはiDeCoと比較すると、投資商品の選定や資金の引き出しなどを柔軟に行うことができます。資産形成をしたいけれども何から始めたらよいかわからない方は、まずは新NISAで少額から投資を行ってみましょう。

- 目的に合わせて柔軟に資産形成を行いたい人

- または老後資金以外の資産形成を行いたい人

図2　無理にNISAを利用しなくても良い人の特徴

NISAはあくまでも税制優遇がある制度で、利用したからといって必ず利益が出るわけではありません。そのため、税制優遇に目がくらんで損切りなどの投資判断ができない場合は、NISA口座を利用しないか、積立投資だけ行うようにしましょう。

- 資金が多すぎる人や積極運用を行いたい人

- 税制優遇を意識しすぎて損切りができない人

3

8 NISA口座の開設先は慎重に選ぼう

最有力候補は大手ネット証券

NISA口座は、証券会社や銀行などで開設することができますが、ポイントは**上場株式**等の取り扱いの有無と、つみたて投資枠の商品ラインナップの充実度です。

たとえば、インターネットを通じて取引を行うネット証券と、実店舗を構える総合証券では、NISA口座を通じて株式等の取引を行うことができます。しかし、銀行では、NISA口座を通じて取引できるのは投資信託のみです。NISA口座で株式の取引も行いたい方はネット証券または総合証券で口座を開設する必要があります。

また、つみたて投資枠で投資ができる投資信託の取扱本数は、金融機関によって大きく異なります。最も取扱本数が多い傾向にあるのがネット証券で、中には2000本を超える投資信託を取り扱っている会社もあります。取扱本数が多いほど、幅広い選択肢から目的に合った商品を選ぶことができます。

ネット証券であれば、ポイント投資やクレジットカードを用いた積立、通常よりも少ない単位で株式を取引できる「**単元未満株取引**」（サービス名は各社で異なります）といった多種多様なサービスを利用できます。

また、各種手数料が低い傾向にあるため、資金が少ない方でも投資を行いやすいと言えます。大手ネット証券であれば、サービス内容に大きな違いはありませんが、もし迷ってしまう場合は、ネット証券最大手のSBI証券か楽天証券で口座を開設するとよいでしょう。

口座開設にあたっての注意点

通常の課税口座（特定口座・一般口座）であれば、複数の金融機関で口座を開設することができますが、NISA口座は1人1口座までと定められています。そのため、現在A証券でNISA口座を利用している方がB証券でNISA口座を利用したいと思った場合は、A証券のNISA口座を廃止し、B証券でNISA口座の申し込みを行う必要があります。

多くのネット証券では、米国をはじめとした外国の株式へ投資が可能です。アップルやマイクロソフト、アルファベット（グーグルの持株会社）など「ビッグ・テック」と呼ばれる世界経済を牽引する企業へ投資を行い、成長の果実に期待するのもよいでしょう。

図1　2大ネット証券の比較

この2つの証券会社を比較すると、SBI証券の方がやや外国株や投資信託の取扱銘柄数が多いです。一方で、楽天証券はサイトの作りが初心者にも分かりやすいのが特徴です。自身の投資レベルや投資内容に応じて、利用する証券会社を選びましょう。

		SBI証券	楽天証券
売買手数料	つみたて投資枠（投資信託）	無料	無料
	成長投資枠（日本株・米国株）	無料	無料
	成長投資枠（単元未満株）	無料	無料（スプレッド0.22%）
つみたて投資枠	投資信託の本数	200本以上	200本以上
	積立の頻度	毎月・毎週・毎日	毎月・毎日
	クレカ積立	三井住友カードなど	楽天カード
	クレカ積立の上限額（月額）	10万円	10万円
	ポイント還元率	0.5～5%	0.5～1%
	ポイントの種類	Vポイント・Pontaポイント・dポイント等からの選択制	楽天ポイント
成長投資枠	単元未満株取引	あり（S株）	あり（かぶミニ）
	株の定期買付	米国株（米国株式・ETF定期買付サービス）	日本株・米国株（かぶツミ）
	単元未満株の積立	不可 ※2024年に「国内株式積立サービス」のリリースを予定	可能
その他	ポイント投資	Vポイント・Pontaポイント	楽天ポイント

※各種金融商品の取扱いやポイント還元率等は変更になる場合があります

図2　NISA口座変更の流れ

金融機関の変更は年単位でしか行うことができず、変更を希望する年の前年10月1日～当年9月30日の間に手続きを行う必要があります。また、変更する年にNISA口座での取引を行ってしまうと、その年はNISA口座の変更ができないためご注意ください。

NISA口座変更4つのSTEP

- STEP. 1　金融商品取引業者変更届出書を請求
- STEP. 2　金融商品取引業者変更届出書を提出
- STEP. 3　勘定廃止通知書を受け取る（発行まで約1～2週間）
- STEP. 4　新しい金融機関でNISA口座の開設の申し込み

3

9 iDeCoは老後資金専用サービス？

お得に老後資金を準備しよう

個人型確定拠出年金、通称「iDeCo（イデコ）」は、自分で老後の資金を用意するための私的年金制度です。自分で払い込んだ掛金を自分自身で運用しながら積み立てていくことで、老後に向けた資産形成を行うことができます。

自分自身で商品を選択するため、資産を大きく増やせる可能性がありますが、一方で資産が目減りしてしまうリスクもあり、受け取る金額が当初の想定を下回ってしまう可能性もあります。投資を行う以上、価格変動によるリスクは避けられませんが、中長期的に成長が見込める投資先に分散して投資をすることで、その点はカバーできるでしょう。

また、自分自身で年金を用意する制度であることから、掛金の所得控除をはじめとした税制優遇もあります。後述しますが、所得が多い方や勤務先の企業に退職金の制度がない方は、とくに恩恵を受けやすい仕組みとなっています。そのため、NISAとの併用や、年齢や資産の状況によってはNISAよりも優先的に活用するのもおすすめです。

ただ、老後の資産形成を目的とした制度のため、一部の例外を除いて、原則60歳以降までは資金を引き出すことができません。そのため、ライフプランが定まっていない場合や貯蓄が少ない場合、また収入が安定しない場合は慎重に検討しましょう。

iDeCoはどんな人が利用できるのか

iDeCoは、原則として日本在住で20歳以上60歳未満であれば、自営業者、会社員、公務員、専業主婦など多くの方が利用できます。積立も月々5000円から、1000円単位で調整できるため、まとまった資金がない方でも少額から老後資金の確保を図ることができます。

ただし、国民年金保険の加入者で保険料を納付していることが、前提条件です。過去に国民年金保険料の未納期間がある場合でも加入できますが、現時点で国民年金保険料の免除や、納付の猶予を受けている方は加入できません。

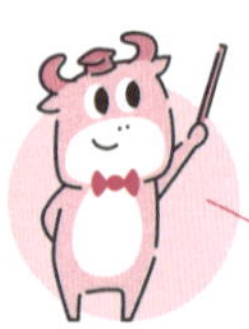

iDeCoで運用を始めるためには、証券会社や銀行などの金融機関のHPやコールセンターから必要書類を取り寄せて申し込みを行い、iDeCo専用の口座を開く必要があります。申込みから加入までは1～2か月程度かかるため、加入を希望する場合は早めに申し込みましょう。

図1 iDeCoの拠出・運用・受取のイメージ

投資を行う以上、資産が減少してしまうリスクは避けられないですが、中長期的に成長が見込める投資先に分散して投資をすることでカバーできます。iDeCoは、長期的な目線で資産運用を行うことが基本ですので、時間を味方につけた運用を行いましょう。

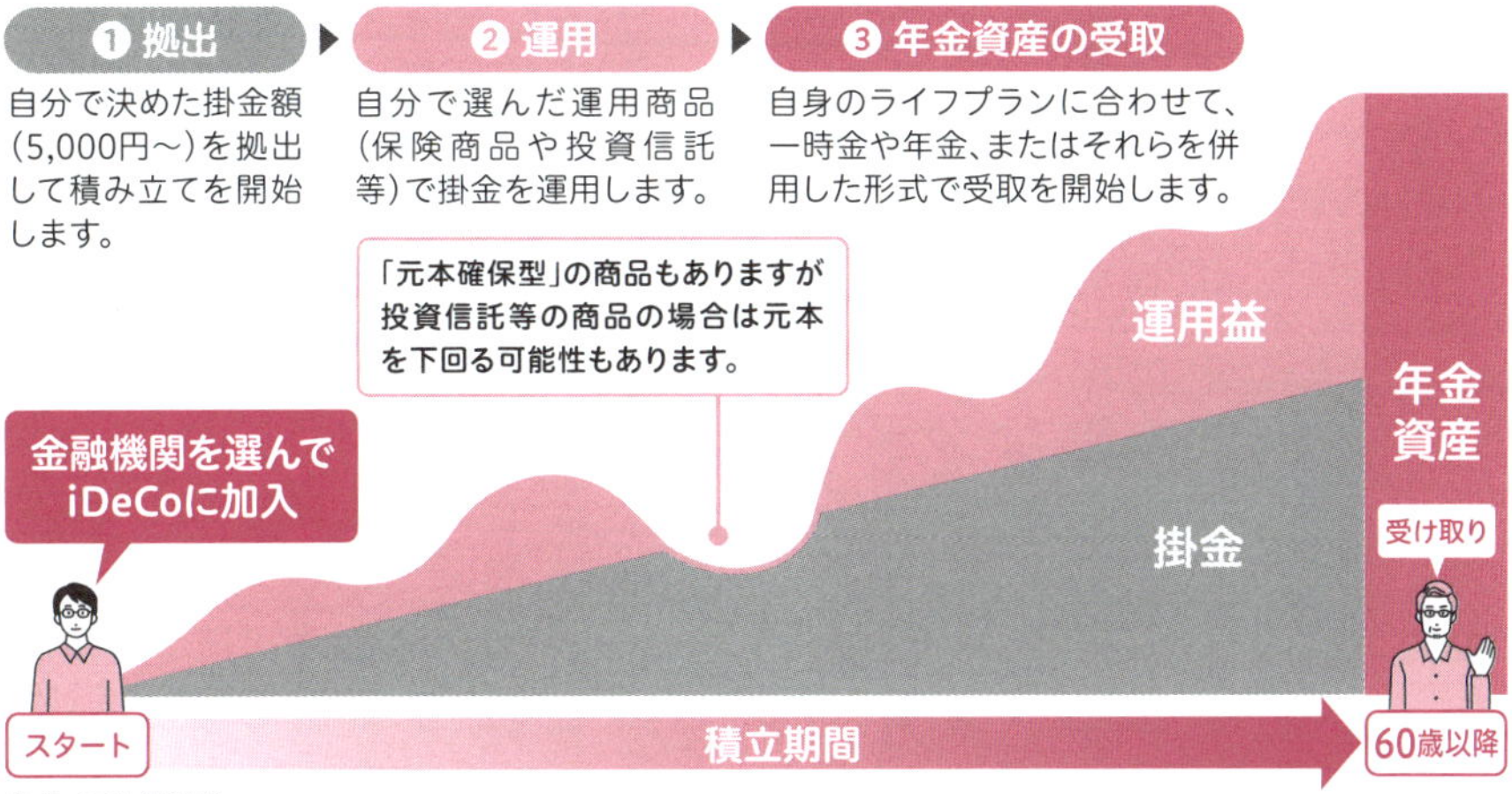

出典:厚生労働省

図2 iDeCoの拠出限度額

iDeCoでは毎月の掛金に上限があり、加入区分によってその金額は異なります。たとえば、退職金や厚生年金がない自営業者の方は、拠出限度額が大きめに設定されています。ご自身がどの加入区分に属しているかを確認し、掛金の上限を把握しておきましょう。

加入資格		拠出限度額
(第1号被保険者・任意加入被保険者) **自営業者等**		**6.8万円/月(81.6万円/年)** (国民年金基金または国民年金付加保険料との合算枠)
(第2号被保険者) **会社員・公務員等**	会社に企業年金がない会社員	**2.3万円/月(27.6万円/年)**
	企業型DCのみに加入している会社員	**2.0万円/月(24万円/年)**
	DBと企業型DCに加入している会社員	**1.2万円/月(14.4万円/年)**
	DBのみに加入している会社員	**1.2万円/月(14.4万円/年)**
	公務員	
(第3号被保険者) **専業主婦(夫)**		**2.3万円/月(27.6万円/年)**

③

10 iDeCoの税制メリット

3つの税制優遇

iDeCoは、次の3つのタイミングで税制優遇を受けることができます。

①掛金を払い込んだとき

掛金を払い込んだときは、全額所得控除の対象になります。所得が多い方ほど所得税率が高いため、その年に支払う所得税の節税効果が大きくなりますし、翌年に支払う住民税も軽減されます。

ただし、所得控除の適用を受けるためには、勤め先で年末調整を行うか、自身で確定申告を行う必要があります。

②運用によって利益が発生したとき

投資で利益が発生した場合、通常20・315%の税金が差し引かれますが、これが非課税となります。

本来税金として差し引かれた分を運用に回すことができるため、より複利効果も大きくなります。

③60歳以降にお金を受け取るとき

積み立てた資産は、**老齢給付金**として、一時金として一括で受け取るか、期間を設定して年金として分割で受け取ることができます。

どちらを選択しても各種控除を利用することができ、控除の範囲内であれば、全額非課税となります。

また、一部を一時金で、残りを年金形式で受け取ることもでき、その際は、控除も両方利用できます。

実感しやすい所得控除の節税効果

iDeCoの3つの税制優遇のうち運用益の非課税と受取時の控除の利用については、60歳以降になって資金を受け取るまで、節税効果に不透明な面があると言えます。

ただ、掛金の所得控除に関しては、掛金を払い込んだその年に所得税、翌年に住民税の軽減といった税制優遇を確実に受けることができます。

節税できる金額は、年収や掛金によっても異なりますが、最低でも拠出した金額の15～20%程度は還付金として返ってくるのは魅力的でしょう。投資で同じだけの利回りを達成するのは簡単ではありませんからね。

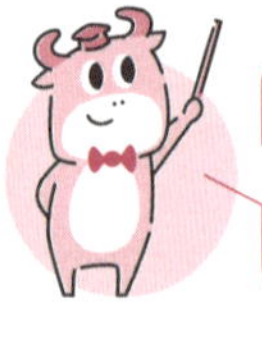

本来は、iDeCo等の資産の残高に対して、1.173%の特別法人税が毎年課税される法令があります。2026年3月31日までは、特別法人税の課税は凍結されていますが、今後課税の凍結が解除されれば、利用者にとって大きな痛手となる可能性があります。

図1　iDeCoの3つの税制メリット

iDeCoには3つの税制優遇がありますが、必ずしも節税になるとは限りません。なぜなら、受取時の税制優遇は、非課税ではなく、あくまでも減税だからです。受取の際の控除の特徴については、この後の3-13節でしっかりと押さえておきましょう。

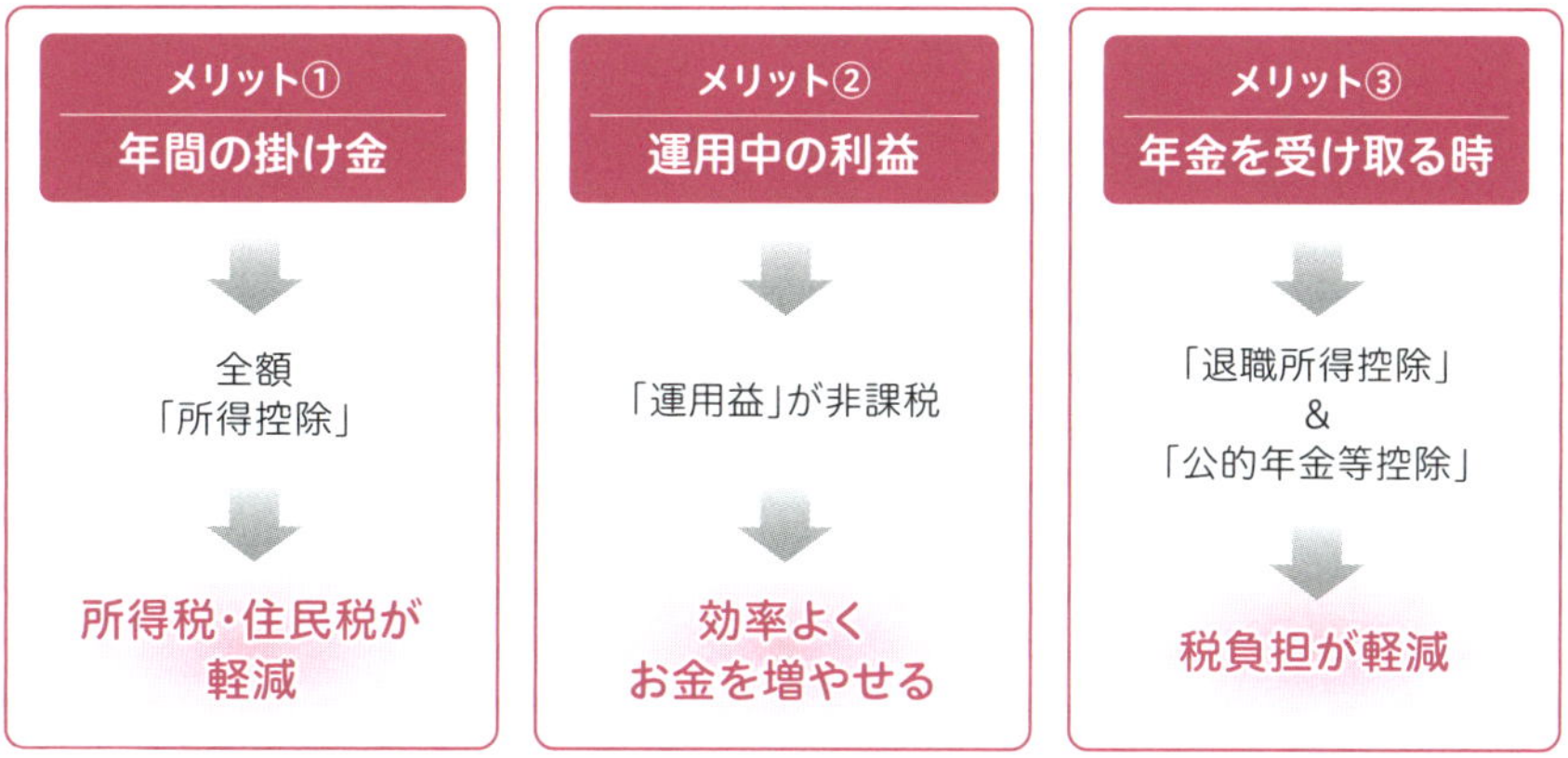

図2　iDeCoの具体的な運用イメージ

こちらのシミュレーションは年収500万円の方が毎月10,000円を35年間拠出した場合、所得控除によって受けられる節税効果を表しています。積立総額（420万円）のうち、税額軽減額は約84万円で20%ほどあることからも節税効果の大きさがわかるかと思います。

年収 5,000,000円　年齢30歳　掛け金 10,000円 でiDeCoに加入した場合

通常の投資

通常の投資では、投資額や運用益に対して所得税や住民税が掛かってきます

iDeCo

iDeCoでは、月々の積み立て額や運用益が税控除の対象になるため、その分通常の投資に比べお得になります

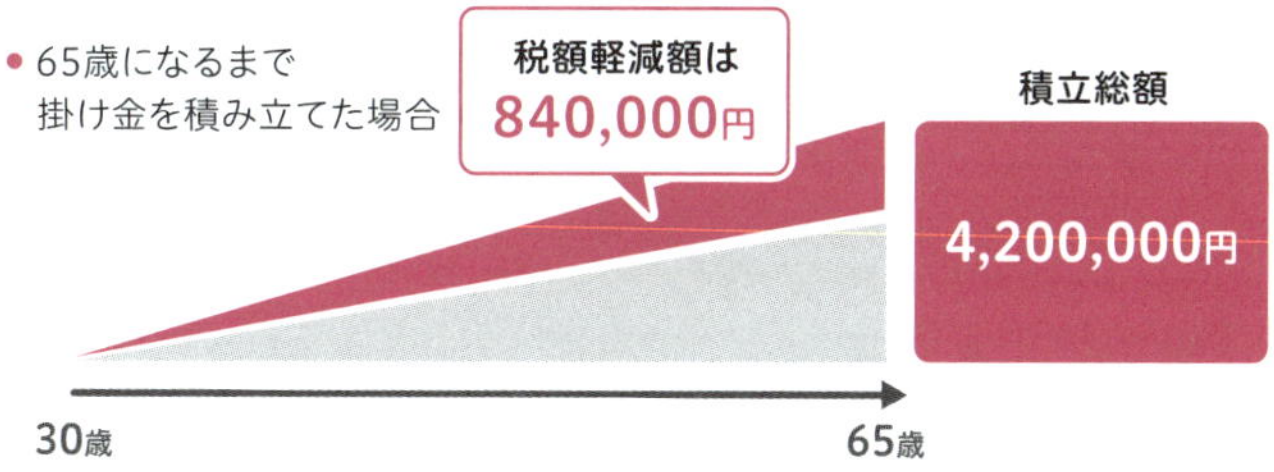

③

11 iDeCoは万人向けのサービスではない!?

iDeCoはどんな人に向いている?

iDeCoはNISAにはない税制優遇もある一方で、原則として60歳まで資金が拘束されたり、受取時に想定以上に税金がかかってしまう可能性もあります。

iDeCoが向いている人は、①「所得が多い」、②「公的年金や退職金の受取金額が少ない」、③「ライフイベントに必要な資金を確保できている」という方になります。

詳しくは次節でお話ししますが、iDeCoには掛金が全額**所得控除**になるという大きなメリットがあります。所得が多い方ほど所得税率は高くなるため、節税効果がより大きくなります。

また、退職金の制度がない会社に勤めている方や、厚生年金の加入期間が短く、老後に受け取れる公的年金の金額が少ない方であれば、老後に備えてiDeCoを活用してもよいでしょう。

そして、くり返しお伝えしている通り、iDeCoは60歳以降まで資金を引き出すことができません。そのため、住宅購入時の頭金やお子さんの教育資金などといったライフイベントに必要な資金を用意できていないのであれば、iDeCoへの加入は大きなリスクになる可能性もあります。

現段階で十分に貯蓄がないのであれば、まずはNISAを優先して活用することを検討しましょう。

iDeCoは50歳からでも遅くはない

2022年5月の改正によって、掛金の拠出は65歳、受給開始は60〜75歳までそれぞれの上限が5歳延びました。加入期間等が延びたことで、中高年の方にとっても利用しやすくなりました。iDeCoの60歳まで資金が拘束されるというデメリットも、受取開始年齢が迫ってから行うことで影響は限定的になります。

「運用期間が短いのでは?」と思う方もいるかもしれませんが、60歳以降も75歳まで資産を引き出さずに運用を行えますし、所得がある方であれば、掛金の所得控除の節税効果だけでも恩恵は大きいでしょう。

実際にiDeCoを始める場合、NISAとは別に銀行や証券会社にて口座を開設する必要があります。とくにiDeCoの場合は、金融機関によっても手数料や取扱商品に大きな差があるため、口座開設の前に確認しておきましょう。

図1 iDeCoはどんな人に向いている？

収入が安定している方や貯蓄が十分にある方であれば、iDeCoは老後の資産形成に大きく役立ちます。長期的な視点で適切にリスクとリターンのバランスが取れた運用を行い、生活に負担にならない範囲で継続するよう心がけましょう。

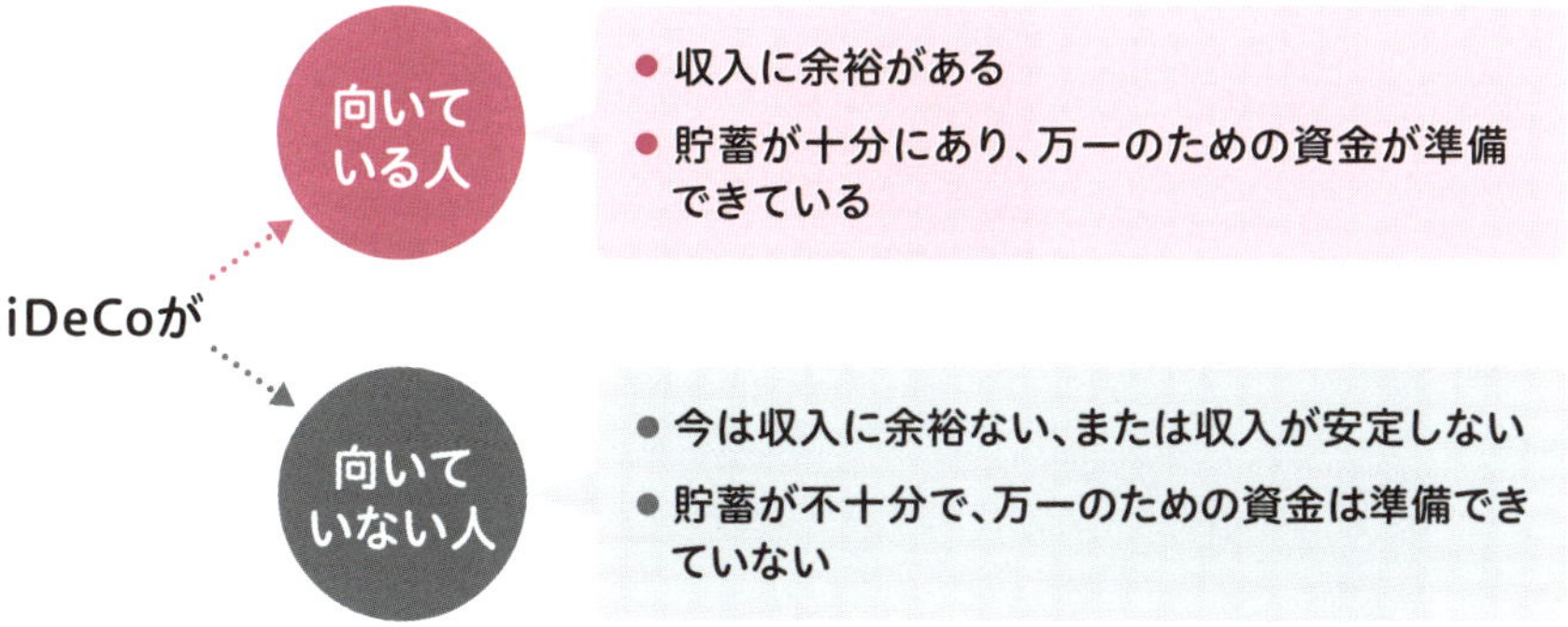

図2 iDeCoの受給開始年齢

掛金の拠出期間が10年以下の場合、受取開始が65歳以降になることは必ず覚えておいてください。また、運用自体は最長で75歳まで行うことができるため、資金を受け取っても使う予定がない場合は、非課税のまま運用だけを継続してもよいでしょう。

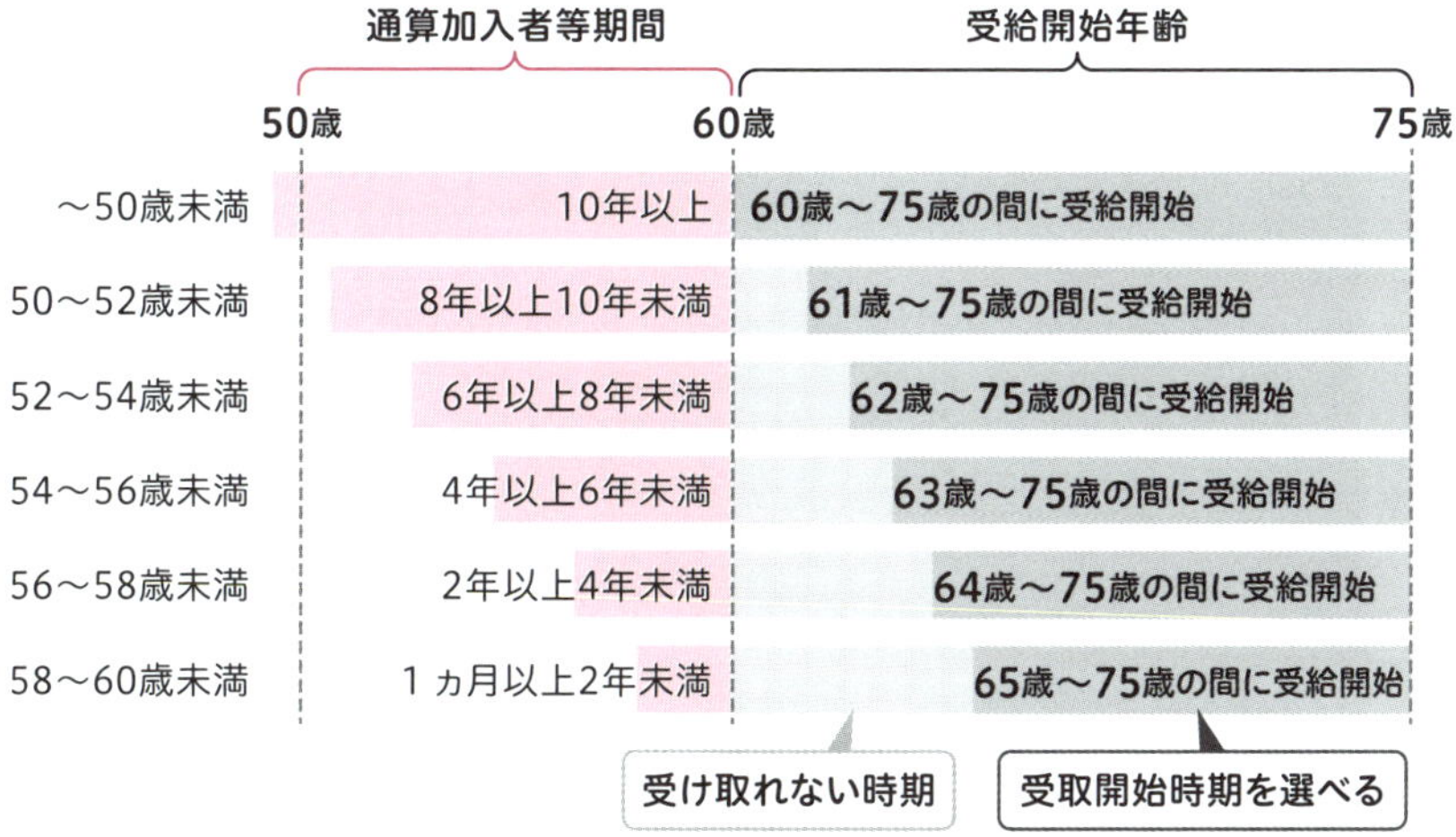

3　12　iDeCoで運用できる商品

投資信託と元本確保型

iDeCoで運用できる商品は、大きく分けて次の2種類があります。

①元本確保型

投資したお金の元本が確保されるタイプの商品で、定期預金や保険があります。資産が元本よりも目減りする可能性は低いため、極力リスクを抑えたい方には向いています。

ただし、資産を増やす効果はあまり見込めませんし、iDeCoの運営管理手数料などの方が運用益を上回ってしまう可能性もあります。そのため基本的には、**元本変動型**の商品を選択するのがよいでしょう。

②元本変動型

元本が変動するタイプの商品で、投資信託があります。株式や債券などに直接投資をすることはできませんが、投資信託を通じて国内外の株式や債券、不動産、金（ゴールド）などに投資をすることができます。

もちろんリスクはありますが、適切に地域や資産を分散させることで、中長期的には安定した運用益を狙うことができます。

ある程度の投資期間がある場合は、日本や米国などの先進国を中心に、一部をインドなどの新興国に投資するのがおすすめです。一方で、リスクを抑えたい場合は、株式や債券、不動産に分散したバランス型の投資信託を検討しましょう。

運用方針が変わったら？

iDeCoは基本的に長期間の運用になるため、経済情勢や自身の目的や資産状況等の変化によって、運用の見直しを行う必要があります。

たとえば、株式と債券を均等に保有した場合、株式が大きく値上がりすると、株式の比率が増えすぎて資産のバランスが崩れてしまいます。そうなった場合は、値上がりした株式を売却し、売却した資金で債券を買い付けることで調整できます。

資産配分の調整をリバランスといいますが、値上がりした資産を売却し、相対的に安くなった資産を買い付けることで調整します。

iDeCoで投資信託を選ぶ際は、非課税メリットを活かすためにも、株式のように期待リターンが高い資産に分散して投資を行うことが基本です。商品選定に悩む場合は、世界の株式に分散している投資信託1本に絞って投資をしてもよいでしょう。

図1 iDeCoの対象商品の一例

iDeCoの投資先を選ぶ際は、投資対象の特徴や過去の実績以外に運営管理費用（信託報酬）と呼ばれる手数料も必ず確認しましょう。運用成果は不確定要素が大きいですが、手数料は必ず負担する必要があり、運用期間が長いほど成果に影響を及ぼします。

新NISA対象商品（つみたて投資枠） 金融庁が長期の資産形成に相応しいと認めている投資信託

商品ラインナップ：2021/04時点
信託報酬（実質）：2024/01時点
上記以外の商品情報：2024/04時点

区分	投資対象	運用手法	運用商品名	運用管理費用(信託報酬)		5年積立収益率
				名目	実質	
投資信託	国内株式	パッシブ	ＤＣ日本株式インデックス・オープンＳ	0.20350%	0.20350%	57.22%
投資信託	国内株式	アクティブ	コモンズ３０ファンド 新NISA対象商品（つみたて投資枠）	1.07800%	1.07800%	53.56%
投資信託	国内株式	アクティブ	ＤＣグッドカンパニー（社会的責任投資）	1.56200%	1.56200%	48.39%
投資信託	国内株式	アクティブ	ＤＣ・ダイワ・バリュー株・オープン（ＤＣ底力）	1.67200%	1.67200%	68.21%
投資信託	国内株式	アクティブ	フィデリティ・日本成長株・ファンド	1.68300%	1.68300%	37.99%
投資信託	国内債券	パッシブ	ＤＣ日本債券インデックス・オープンＳ	0.13200%	0.13200%	-5.37%
投資信託	外国株式（先進国）	パッシブ	ＤＩＡＭ外国株式インデックスファンド<ＤＣ年金>	0.27500%	0.27500%	77.68%
投資信託	外国株式（先進国）	アクティブ	朝日Ｎｖｅｓｔグローバルバリュー株オープン（Ａｖｅｓｔ－Ｅ）	1.98000%	1.98000%	55.86%
投資信託	エマージング株式	パッシブ	インデックスファンド海外新興国（エマージング）株式（ＤＣインデックス海外新興国株式）	0.37400%	0.37400%	35.00%
投資信託	エマージング株式	アクティブ	シュローダーＢＩＣｓ株式ファンド	2.06800%	2.06800%	9.47%

出典：NPO法人 確定拠出年金教育協会

図2 資産配分の2つの調整方法

iDeCoでは、運用している商品を売却して、他の商品に買い替えるスイッチングが可能です。60歳まで資金が拘束されますが、非課税の投資枠を消費せずに商品を買い替えることができる点は、NISAにはない大きなメリットです。

● リバランスの例

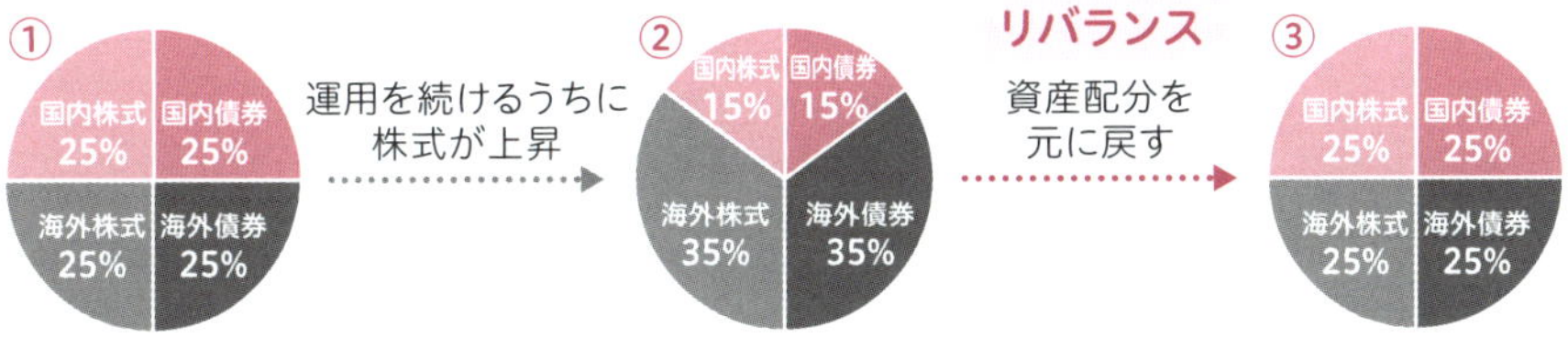

● リアロケーションの例

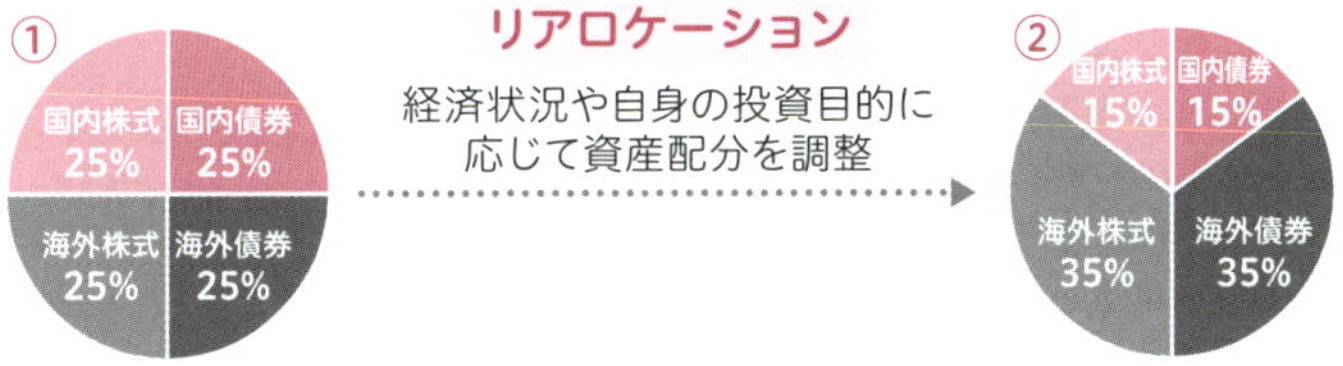

13 iDeCoは受け取り方に特徴あり

3つの受け取り方

iDeCoの受け取り方には、次の3つの方法があります。

①一時金形式

一時金形式で受け取る場合は、退職所得控除を利用することができます。加入年数にもよりますが、退職所得控除は控除額が大きくなりやすいため、全額非課税で受け取れる方も多いでしょう。

ただし、退職所得には、勤め先の企業から支給される退職金も該当します。退職金の支給金額も想定した上で、最適な受け取り方を考えてみてください。

②年金形式

年金形式で受け取る場合は、公的年金と同様に、分割して受け取ることができますし、公的年金等控除を活用することもできます。

受取毎に所定の手数料はかかりますが、年金の受取額が多くない方や、年金受取りまでの生活費の足しにしたい方は検討してもよいでしょう。

③一時金形式と年金形式の併用

一時金形式と**年金形式**を併用する場合は、初めに一時金として受け取る金額を決め、残りは年金形式で受け取ります。もちろん、一時金は退職所得控除が、年金は公的年金等控除が受けられます。

退職金が多い方は、この方法で、退職所得控除の枠を超えた分を、年金形式で受け取ってもよいでしょう。

加入中に万一のことが起こったら？

iDeCoの受取方法には、老齢給付金のほかに、運用中に障害を負ってしまった場合に受け取れる障害給付金と、亡くなってしまった場合に遺族が受け取れる死亡一時金があります。いずれも、60歳未満でも受け取ることができます。

障害給付金は、一時金や年金形式で受け取ることができ、どちらも非課税となります。一方、死亡一時金は、一時金の受け取りのみで、また相続税の対象として扱われるため、iDeCoの税制優遇等の恩恵を受けることはできなくなっています。

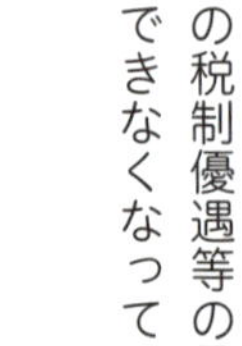

余談ですが、確定拠出年金法によってiDeCoの資産は差し押さえが禁止されているため、自己破産をした場合でも資産は守られます。ただ、すでに受け取った資産は差し押さえの対象となります。税金を滞納している場合は、差し押さえの対象となる可能性があります。

図1 退職所得控除が合算対象となる条件

可能であれば、iDeCoの一時金を先に受け取り、5年以上空けてから退職金を受け取るのが望ましいでしょう。仮に退職金を先に受け取り、後から受け取ったiDeCoの一時金を19年以内に受け取ると、退職所得控除を活用しきれなくなる恐れがあります。

退職金が先、iDeCoが後	前年以前 19年以内に受取った一時金
iDeCoが先、退職金が後	前年以前 4年以内に受取った一時金

↓

iDeCoの資産を受け取った後に、5年以上空けて退職金を受け取ることで両方に退職所得控除を使うことが可能！

図2 障害給付金と死亡一時金

障害給付金や死亡一時金は、自動的に支給が行われるわけではありません。とくに死亡一時金は、本人ではなく遺族や指定された受取人が請求を行う必要があります。加入者の死亡から5年経過後に請求すると、非課税枠を活用できなくなるため注意が必要です。

障害給付金	所得税、住民税は課税されない
死亡一時金	所得税、住民税は課税されません。但し、相続税の課税対象になる（法定相続人1人当たり500万円までの非課税枠あり）

万一の場合に備えて、家族には自身がiDeCoに加入していることを伝えておきましょう。

3

14 iDeCoのポータビリティとは？

転職した際の具体的な手続き

iDeCoで積み立てた資産は、転職（離職）の際には、口座を移動する手続きをとることで、持ち運び（**ポータビリティ**）ができます。

たとえば、転職先の企業が福利厚生として企業型の確定拠出年金（DC）を導入している場合、転職先のDCに資産を移すことができます。iDeCoでは、口座の管理手数料が毎月100～500円かかりますが、DCであれば基本的には企業が掛金や手数料を支払うため、自身の手数料負担を減らすことができます。

ただし、企業が提携している金融機関によっては、商品のラインナップが少なく、自身に合った運用を行えないケースもあります。もし方針に合った運用を行えない場合は、資産を移さずにiDeCoの運用を継続するか、両制度を併用してiDeCoをメインに運用を行ってもよいでしょう。

転職先の企業がDCを導入していない場合や、フリーランスや専業主婦（夫）になる場合は、そもそもDCを利用するという選択肢がないので、自身で引き続きiDeCoでの運用を行いましょう。

ただし、自身でiDeCoを引き続き活用するとしても、住所変更や退職・離職等によって情報に変更があった場合は、ご利用の金融機関に連絡の上、必要書類を提出する必要があります。

iDeCoとDCを併用するメリット

あなたがiDeCoを活用していて、勤務先の企業がDCを導入していた場合、iDeCoと併用することで掛金の上乗せが可能になります。

資金に余裕がない場合や、企業が負担してくれる積立金額での運用だけでも十分であれば、DCのみでもよいでしょう。しかし、より老後資金を手厚く準備したい場合は、併用することも検討してみてください。

企業が提携している金融機関によっては、DCでの投資先が少ない場合もありますが、iDeCoの金融機関は自分で決めることができるため、カバーすることも可能です。

iDeCoは最低5,000円から掛金を拠出できますが、状況によっては支払いが厳しくなってしまうこともあるかもしれません。そういった場合は、一度掛金の拠出を停止して、資金に余裕ができるまでは運用のみを行うようにしてもよいでしょう。

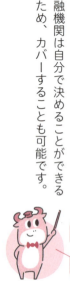

図1 転職した場合のiDeCoの手続き

一般的に、退職金は勤続年数を重ねるにつれて、受け取る金額が増えていきます。そのため、転職をした場合、一から実績を積み重ねていく必要があります。一方で、iDeCoはもちろん、DCの資産も状況に合わせて持ち運ぶことができます。

iDeCoに加入している場合

1 転職先に企業型DCがある場合

iDeCoから企業型DCへの移換

転職先で資産の移換手続きをしてもらう

※企業型DCに移換せずに、iDeCoで積み立てた資産の運用のみを継続することも可能

2 転職先に企業型DCがない場合

3 自営業者等になる場合

自分で手続きが必要

iDeCoの積立を継続

「登録事業所変更届」、「加入者被保険者種別変更届」などの提出といった所定の手続きが必要

図2 iDeCoとDCを併用した場合の毎月の拠出限度額

現時点でiDeCoとDCを併用した場合の掛金額は、図の通りです。2024年末に予定されている制度改正では、確定企業年金（DBなど）の制度も利用する場合（公務員を含む）、iDeCoの拠出限度額は、1.2万円から2万円に引き上げられる予定です。

	企業型DCに加入	企業型DC ＋ DB（確定企業年金）などに加入
事業主掛金	最大5.5万円/月	最大2.75万円/月
iDeCo掛金	最大2万円/月	最大1.2万円/月
掛金合計	最大5.5万円/月	最大2.75万円/月

制度改正後は、併用はもちろん単体で利用するメリットも増えます。

コラム

3 年金だけで暮らせるのか？

年金は約束手形ではない

少子高齢化により年金財源の減少が言われる中、年金制度に不安を感じる人が多いと思います。年金がもらえない時代が来ると思っている人も中にはいるようです。年金がもらえなくなることはありませんが、受給年齢が先延ばしになったり、金額が減ったりする可能性はあります。

年金だけで将来安泰に暮らそうと考える人は少ないと思いますが、実際に、現在どれくらいの年金をもらっているのかご存じでしょうか？

夫婦二人世帯を対象に見てみると、夫婦ともに国民年金のみの場合、毎月の受給額は約13万円で、年間では約159万円です。夫婦ともに厚生年金保険に加入している場合、平均的な年収をベースに算出すると、毎月の受給額は約34万円、年間では約408万円になります。また、夫または妻が厚生年金保険に加入しており、配偶者が専業主婦（主夫）の場合、毎月の受給額は約25万円で、年間では約297万円となります。

単身者では、国民年金のみの場合、毎月の受給額は約6万6000円で、年間では約80万円です。厚生年金保険に加入している場合、毎月の受給額は約18万円で、年間では約217万円になります。

もちろん、これらは現状の数値であり、将来を約束したものではありません。

税の圧迫は永遠か？

国民年金のみで老後30年を過ごすとすると、夫婦二人で貰える年金総額は、国民年金のみの場合は約4800万円、厚生年金保険に加入している場合は約1億2000万円になります。年金収入も決して少なくないことがわかると思います。

しかし、年金にも税金がかかり、老後には医療費や古くなったマイホームの修繕費など、意外と出費があります。高齢になったからといって、税金が安くなるわけではありませんし、逆に高齢者にも税金や医療費の負担を求める動きもあります。

今から数十年後にセカンドライフを迎える人たちは、どのような社会が待ち受けているのか未知数です。そのため、年金だけに頼らないよう、資産形成を進めることが重要です。そうすることで、年金はボーナスくらいの感覚となり、将来の不安も減ることでしょう。

第4章

株式投資―投資商品の基礎知識①

1 株式投資の意味を考える

「何のため」「誰のため」の投資なのか？

株式投資の役割やメリットは、企業側と投資家側とで異なります。

①企業にとっての役割とメリット

企業側にとってのメリットは、まず株式発行によって資金を調達できることです。この資金は返済する必要がなく、運営費や事業拡張、設備投資などに活用できます。自己資本が増えることで、財務体質の健全化や、経営基盤の安定化が図られます。

さらに、株式発行により企業の信用力が向上し、将来的な資金調達が容易になります。投資家から出資が集まることで、市場価値や知名度が上がり、競争力の向上にもつながります。これにより、より積極的に事業展開や革新を進めることができるようになります。

②投資家にとっての役割とメリット

一方、投資家にとって株式投資は株主になることで様々な特典を受けられるメリットがあります。企業に投資をするということは、出資するということで、つまり株主になることです。その見返りとして、企業から株式優待などの特典を受けることができるのです。

また、株式の購入価格と売却価格の差額により利益を得ることができることは、投資家にとって最大のメリットです。多くの投資家がこれを目的として企業に出資しています。

さらに、単なる資産運用としてだけでなく、たとえば環境問題に取り組む企業に株式投資することで、社会貢献にもつながります。

何を求めて株式投資をするのか？

投資家が株式投資をする理由は、「**株式の値上がり益**」「**配当金**」「**株主優待**」という3つのメリットを受けるためです。もちろん、気になる企業や成長して欲しい企業を後押しするという意味で、株式投資を行う場合もあります。しかし、資産運用として株式投資を行う場合は、この3つのメリットを享受することが主な目的です。

株主優待はすべての企業が定めているわけではありません。株主優待がない銘柄は、権利確定日前後に値動きが荒くなりにくいという特徴があるため、株主優待がない銘柄を好んで購入するというケースもあります。

図1 株式投資イメージ図

銘柄を購入することで、配当金などの利益が見込めるだけでなく、議決権や株主優待といった、株主としての権利を手に入れることもできます。ただし、株主優待はすべての企業で用意しているわけではありません。

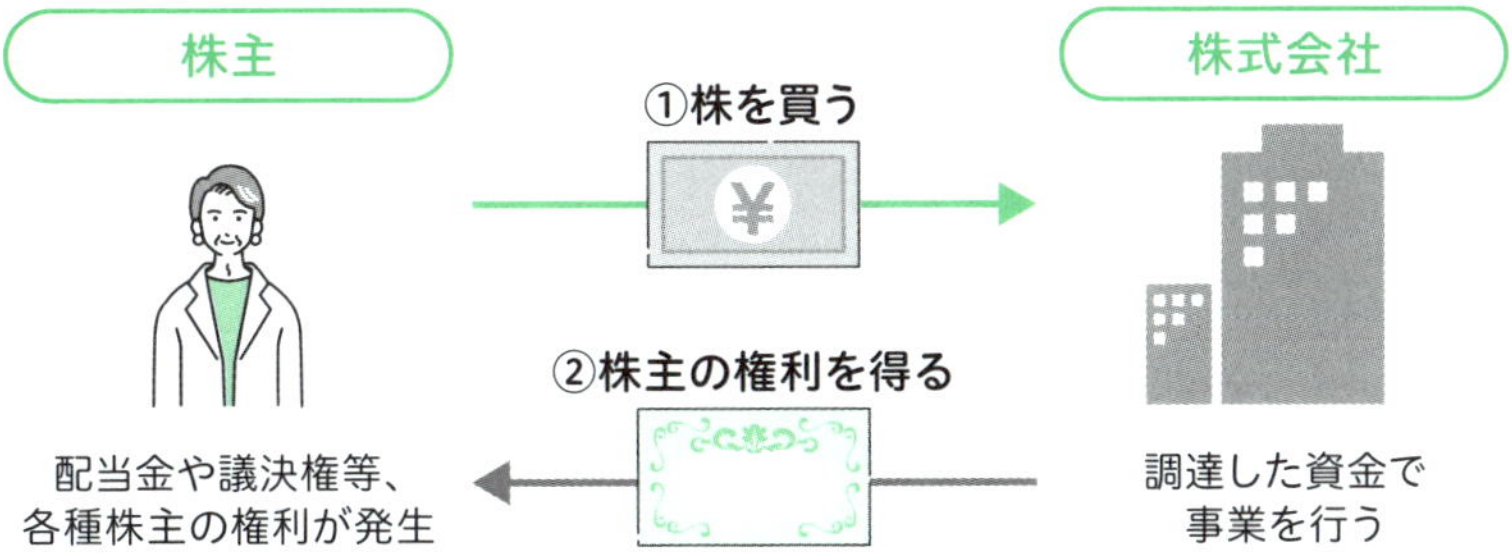

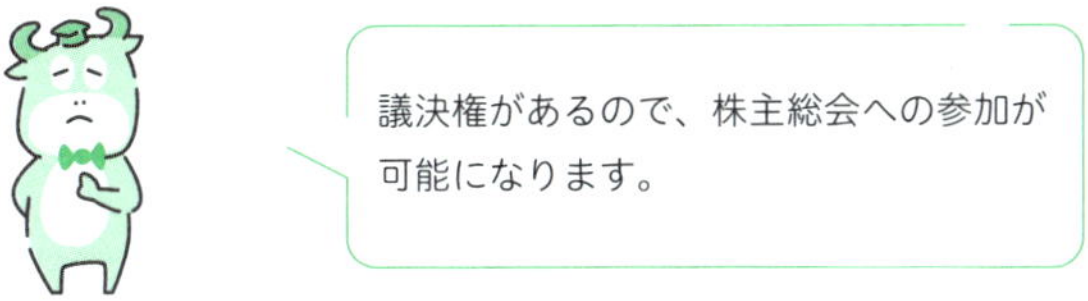

図2 株式投資の3つのメリット

配当金や値上がり益（キャピタルゲイン）を目的に株式投資を始める方が多いですが、資産運用をしながら生活費の節約につながる株主優待を目的とする方も少なくありません。

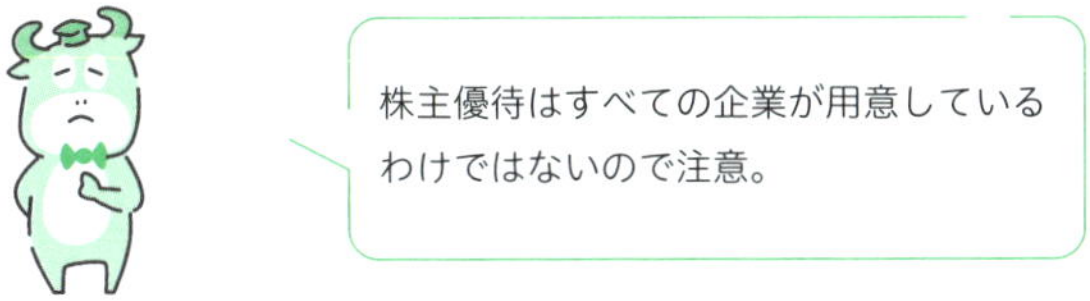

4 2 株式の仕組みを知ろう

株式売買の流れを知ろう

株式はどこで買えるのでしょう。企業に直接注文するのでしょうか――。こんな疑問を持っている方もいるかもしれません。

株式自体は企業が発行するものですが、直接売買をするわけではありません。一般的には、**証券取引所**（株式市場）で売買されます。

ただし、そこで売買できるのは、わが国に100万社以上ある株式会社のうち、約4000社の**上場企業**のものに限られています。

一般の方が証券取引所に行って直接株を買うことはできません。証券取引所で取引できるのは、取引参加者資格を持つ金融商品取引業者だけです。取引参加者である証券会社が窓口となり、株の売買が行われます。つまり、投資家はまず証券専用の口座を開設し、その口座を通じて売買することになります。

売買の手順を簡単に述べると、まず取引口座を開設し、購入する場合は取引口座へ入金します。次に、売買注文の指示を出し、取引報告書を確認します。そして、売買代金と株式を受け渡して終了となります。

ちなみに、売買できるのは平日の午前9時から11時30分、午後12時から15時30分（東京証券取引所のみ15時）です。土日・祝日と年末年始は休業日となるので、取引することはできません。

株式取引にかかる手数料について

現在は、スマホやタブレットを使ってどこでも取引できます。しかし、取引する際は3つの手数料がかかります。顧客が証券会社を通して株式を売買する際に支払う**株式売買委託手数料**、開設した口座の管理費用として支払う**口座管理手数料**、特殊な注文やオプション取引などを行う場合に支払う**追加手数料**です。さらに、利益に応じて税金もかかります。

手数料は証券会社によって異なるため、少しでも安く取引できる証券会社を探して口座を開くとよいでしょう。

国内には、東京、名古屋、札幌、福岡の計4か所の証券取引所があります。上場が最も難しいのは、「プライム市場」と呼ばれる東京証券取引所（東証）です。

図1 株式の仕組みイメージ図

図は株式売買の流れを簡単にまとめたものです。なお、投資家は証券会社を介して株式を購入することになり、取引所と直接やりとりをすることはできません。

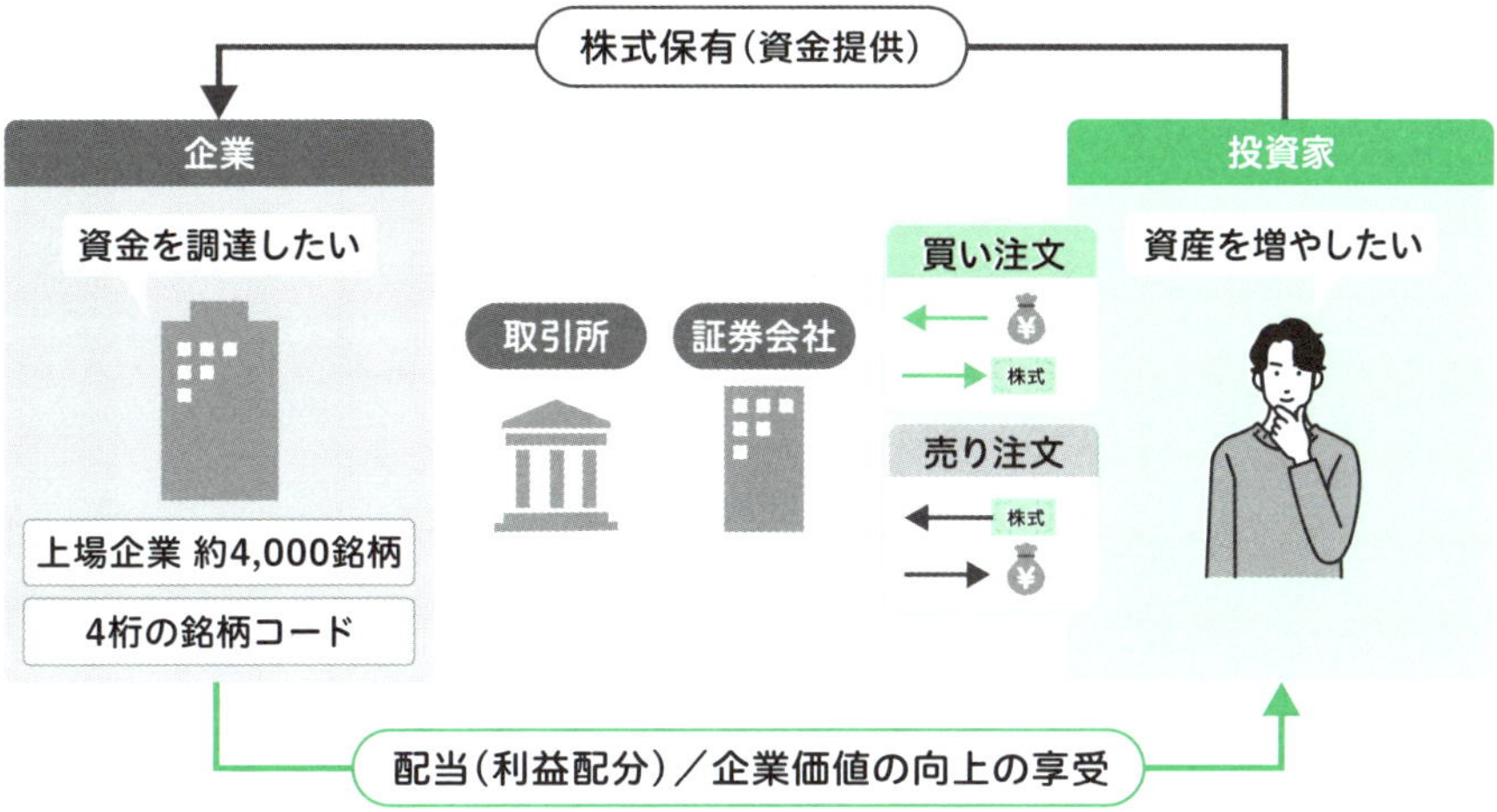

図2 株式売買にかかる手数料イメージ

株式投資では、買うときも売るときも、必ず手数料がかかります。手数料の額は証券会社によって大きく異なるため、よく考えて選定しましょう。

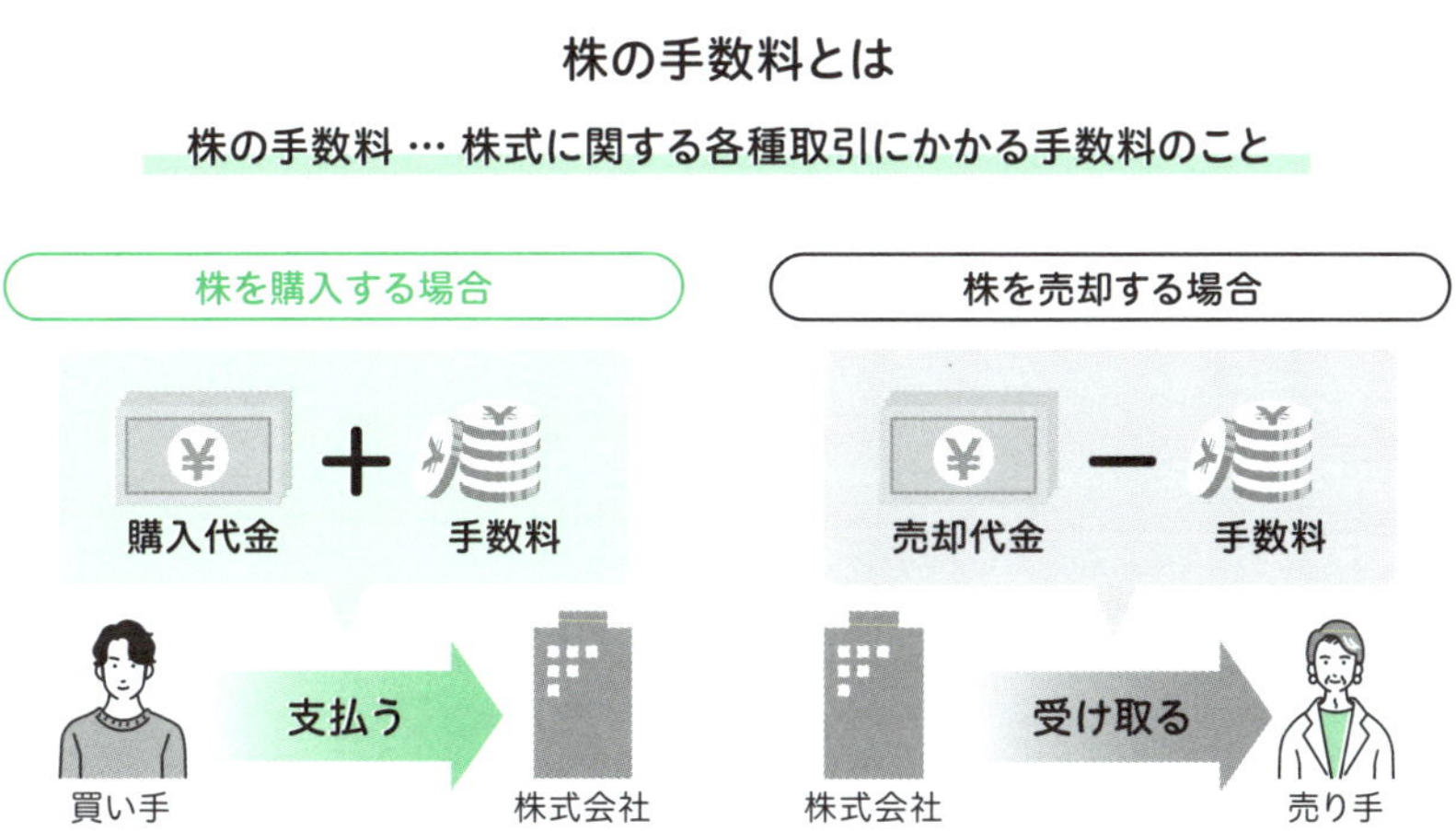

④

3 株式投資の利益について

利益の仕組みと種類

株式投資で得られる利益には、次の3種類あります。

①売却益

売却益は、保有株を売却することで得られる利益です。**売却益**は、**キャピタルゲイン**とも呼ばれます。

②配当益

配当益は、株式会社が得た利益を株主に還元する現金配当（配当金）による利益です。配当金のように、株式を保有することで継続的に得られる利益は**インカムゲイン**と呼ばれます。

③株式優待

株式優待は、株主に提供される自社製品やサービスなどの特典です。これも利益の一種です。ただし、株主優待はすべての企業が提供しているわけではなく、また最近は、株主優待を廃止する企業も増えています。自社の資産を提供することは損失になるためです。

なお、株主優待がない銘柄の方が、配当金の面で有利だと見る意見もあります。

これら3つの利益を安定的に得るためには、知識を蓄え、最新情報をいち早く入手することが重要です。知識が無ければ、勘と運に頼るしかありません。また、ルールを決めた運用も大切になります。

利益を出しやすいスタイルは？

投資には短期、中期、長期と、運用期間ごとに異なるスタイルがあります。投資家のライフスタイルや目的（目標資産）によって、適したスタイルは異なります。

短期投資は、数分から数日という短い期間で売買するスタイルです。時間とお金に余裕がある方に向いています。中期投資は、数週間から数か月単位で売買するスタイルです。確固たる目標額が決まっている方におすすめです。長期投資は、半年から数年単位で売買するスタイルです。安定重視で老後資金を蓄えるなどの目的に向いています。

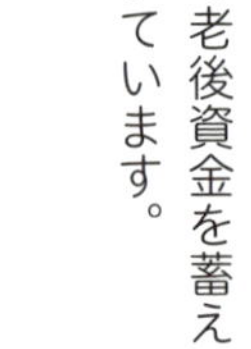

選択するスタイルによって、リスクの度合いは異なります。たとえば短期の場合は、価格が安定した銘柄だと大きな利益が出ないため、値動きの大きい銘柄を選ぶのがセオリーです。ただし、リスクはよく認識しておく必要があります。

図1 キャピタルゲインとインカムゲインの比較

キャピタルゲインは大きな利益が見込め、インカムゲインは利益は低いものの、安定的に利益が得られると思われがちです。しかし、インカムゲインでも株式や投資信託の場合は、短期で大きな利益を得られることもあります。

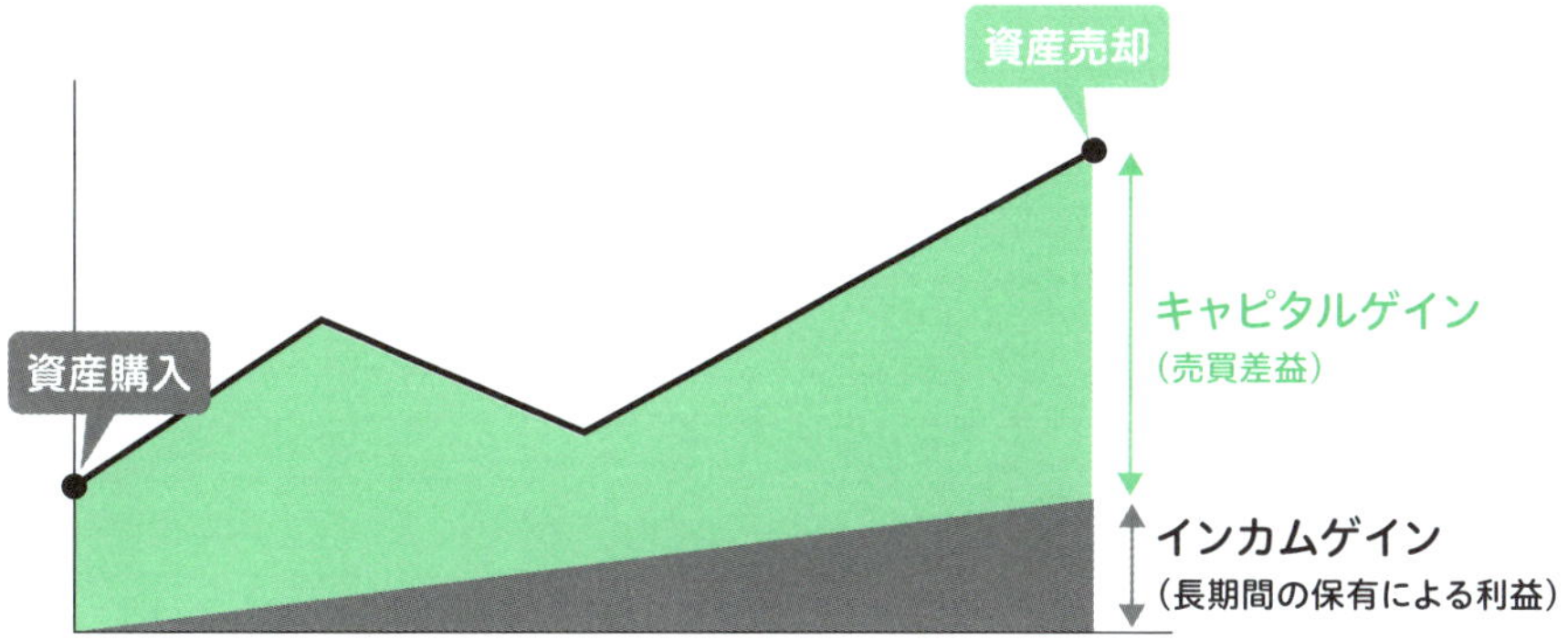

図2 投資スタイルの特徴

投資スタイルは、時間と元手、目標によって選ぶものですが、実は知識量によっても、選ぶべきスタイルは異なります。たとえばビギナーは、短時間で判断しなければならない短期には向きません。

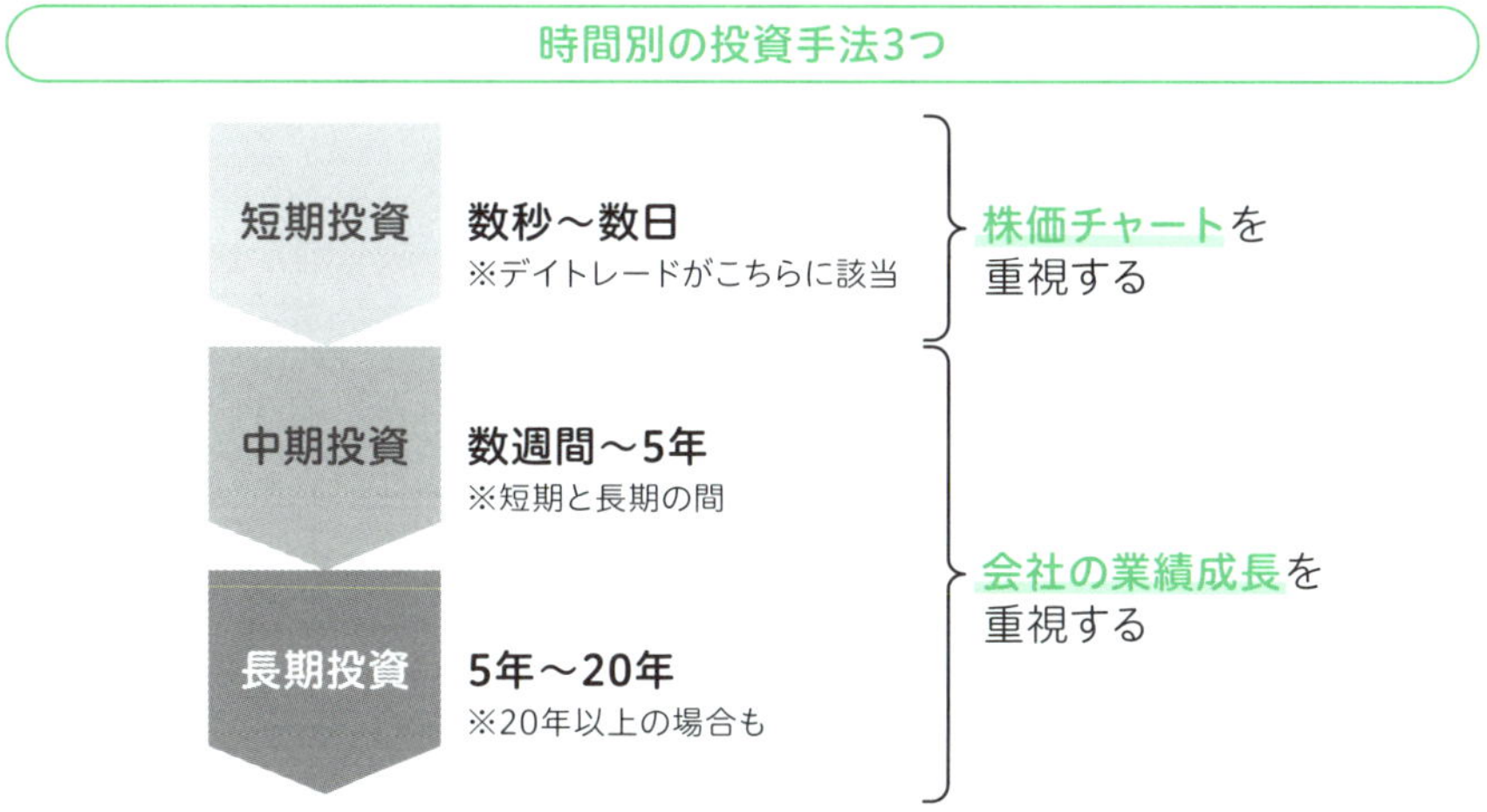

④ 購入できる銘柄について

ビギナーが頭を抱える「選び方」

株式投資は、株券を購入して、それを高く売ることを目的とした取引です。しかし、ビギナーにとって頭の痛い問題は、どの銘柄が上がるのかを予測できないことです。チャートの見方もわかりませんし、売られている銘柄が適正価格なのか、成長が見込めるのかも判断できません。後述する**ファンダメンタル分析**を知らないと、何となくで銘柄を選んでしまうことになります。

そこで、ビギナー投資家が銘柄を選ぶ際は、好きなジャンルや知っている業界から選ぶことをおすすめします。たとえば、スポーツが好きなら、人気選手が契約しているメーカーの株式などです。人気になりそうな商品を発売した家電メーカーや、SDGs関連で注目されている企業、ハイブリッドカーに搭載される水素電池の開発メーカーの銘柄などでも良いでしょう。

身近なところからヒントを得て銘柄を選ぶのは楽しいですし、選んだ銘柄が値上がりすれば大きな喜びとなります。

銘柄の情報はどこで得られる？

この企業の株式を購入したいと思っても、その企業の株式が発行されていない場合があります。

効率的に銘柄を選ぶためには、新聞の株式欄や、約4000社の株式情報がまとめられている『会社四季報』（東洋経済新報社）などをチェックします。せっかく選んでも、実際に発行されていない株式では意味がありません。

また、証券会社が提供している**企業レポート**や**決算書**なども参考になります。こうした情報源を活用し、調査した上で銘柄を選びます。

他にも、証券会社が配信するメルマガ、投資ニュースサイト、証券会社や証券業協会のホームページなど、オンラインで情報収集することが可能なので、移動中の空き時間などに銘柄情報をチェックすることもできます。昨今では、投資家の過半数がこうした情報サイトから情報を得ているようです。

会社の決算書も銘柄選びの参考になります。中でも「貸借対照表」「損益計算書」「キャッシュフロー計算書」の3点を確認することで、企業の財務や収益状況が概ねわかるので、これらのチェックは必須です。

図1 ビギナーにおすすめの銘柄の選び方イメージ

株価や直近の値動きから選ぶのはもちろん、よく行くお店やよく受けるサービスなど、身の回りにある企業や、人気が顕著に表れている企業を選ぶのがおすすめです。

身近な企業から探してみる
毎日、●●電鉄は使っているわ
ホテルはよく利用するわ
HOTEL
買い物は、いつも●●ショッピングモールね
化粧品のメーカーはいつもここね

図2 銘柄選びに役立つ『会社四季報』

ビギナーにはややわかりにくい本かと思いますが、四季報には証券取引所で購入できる全銘柄の詳細が掲載されています。過去の値動きやチャートの推移など、投資家にとっては定番のアイテムです。

会社四季報
年4回、発行されるよ。

④

5 企業の何を見て判断するのか？ ―銘柄選びのポイント①

企業のどこを見ればよい？

ビギナートレーダーが実際に銘柄を選ぶ際、企業の何を見て判断すればよいのでしょうか。

まずは会社の正式名称と業務内容ですが、次は利益です。どのくらい利益を出しているのか、その利益は売り上げによるものかなどです。また、安全性・安定性、効率性、過去の株価の動き、株式分割や配当の情報もチェックします。

チェックすべき項目が多いようですが、これらをきちんと把握できないと、購入すべき銘柄かどうかの判断はできません。

前節で紹介した銘柄の選別方法は、あくまで候補を選ぶ方法です。「行ってみたい」「買ってみたい」「流行りそう」「面白そう」「役に立ちそう」といった要素から目星を付け、そこからさらに詳細なチェックを行う必要があります。

まとめると、まず知見のある企業に着目し、次にその銘柄を保有するメリットを確認、最後に業績と株価を確認するという流れです。約4000銘柄の中から選ぶわけですから、基準を決めておくことが必須となります。

選んではいけない銘柄の特徴

選んではいけない銘柄もあります。まず避けるべきなのは、現在進行形で話題性のある銘柄です。すでに注目度が高く売買が活発で、株価の値上げ幅と値下げ幅が大きくなっているからです。

取引が活発になる銘柄という点では、新規で上場した株式（**IPO株式**）も避けるべきです。これらも取引が活発で、株価の変動が大きいからです。

また、**監視銘柄**と呼ばれる上場廃止予定の銘柄も、株価の乱高下が激しいため、ビギナーにはおすすめできません。

ちなみに、監視銘柄と指定された後に上場廃止基準に該当するおそれがなくなった場合は、再び通常銘柄として取引され、逆に該当してしまった場合は整理銘柄として銘柄の売買が行われることになります。

購入すべき銘柄を探し当てたところで、予算で購入できるかという問題もあります。一株単位での株価が安くても、最低売買単位が100株以上、1,000株以上となっていた場合、資金内で購入できない可能性があります。

図1 購入してはいけない銘柄の特徴

話題性がある銘柄や新規上場の銘柄は、急騰・急落といった大きな動きをしやすくなります。上場廃止の銘柄は言うまでもありません。ボロ株とは株価の水準が極端に低い株式のことで、小規模な企業の場合、倒産の危険もあります。

購入してはいけない銘柄の特徴
話題性のある銘柄
新規で上場した株式
上場廃止予定の株
ボロ株
有名人が勧めている株

図2 整理銘柄と管理銘柄

これから廃止になる銘柄（決定済み）と、上場廃止になる可能性がある銘柄は、言うまでもなく、絶対に選んではいけません。NISAの場合だと購入すらできないので問題ありませんが、一般口座で取引している場合は両者の見極めは必須と言えます。

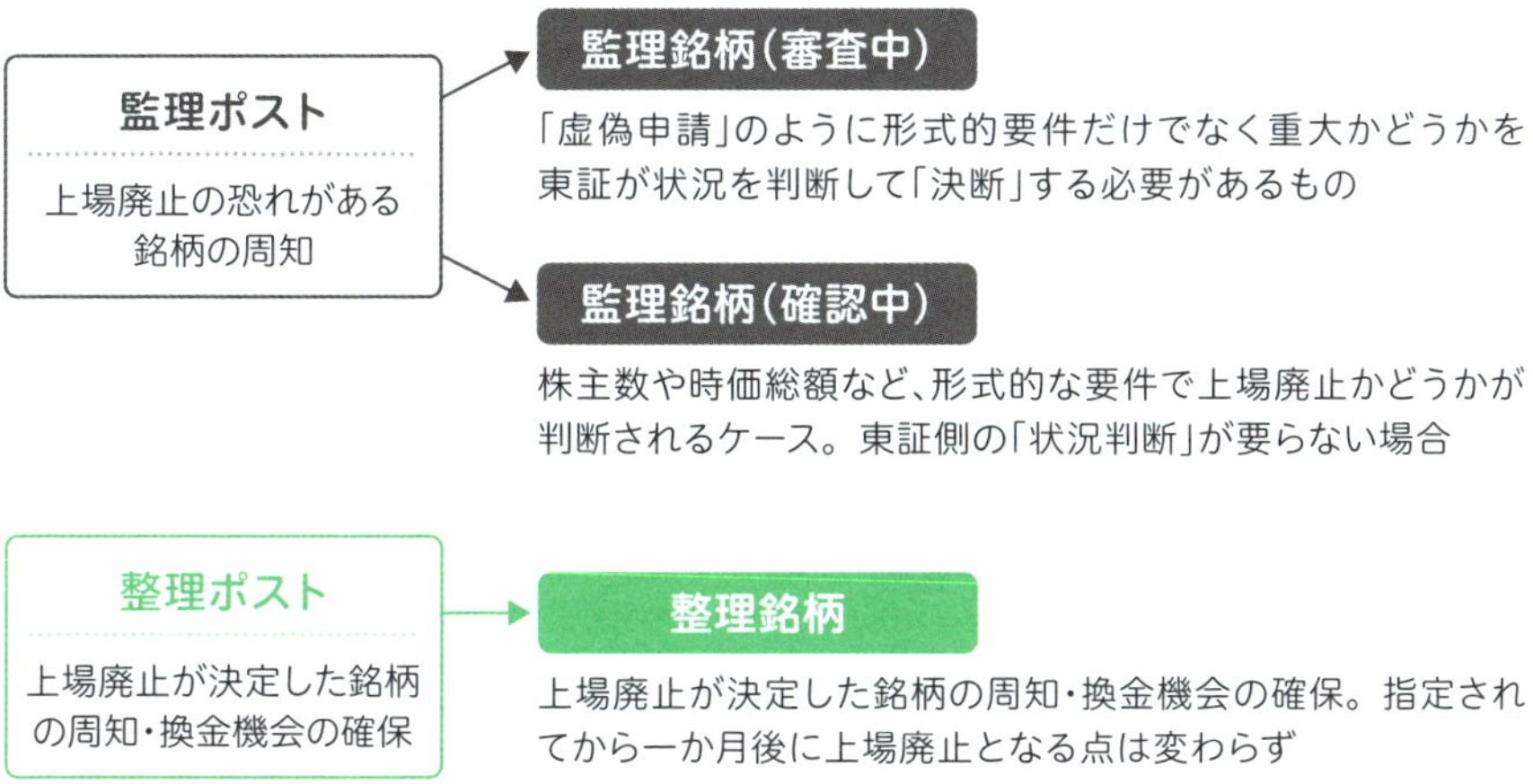
監理ポスト
上場廃止の恐れがある銘柄の周知
監理銘柄（審査中）
「虚偽申請」のように形式的要件だけでなく重大かどうかを東証が状況を判断して「決断」する必要があるもの
監理銘柄（確認中）
株主数や時価総額など、形式的な要件で上場廃止かどうかが判断されるケース。東証側の「状況判断」が要らない場合
整理ポスト
上場廃止が決定した銘柄の周知・換金機会の確保
整理銘柄
上場廃止が決定した銘柄の周知・換金機会の確保。指定されてから一か月後に上場廃止となる点は変わらず

6 スクリーニングツールの活用―銘柄選びのポイント②

スクリーニングツールとは?

4000以上の銘柄の中から理想の銘柄を探し出すのは、そもそも難しいものです。そこで多くのトレーダーは、条件に合った銘柄を抽出できる**スクリーニングツール**を使っています。

スクリーニングとは「ふるい分け」のことで、業績や投資指標などの条件を設定し、それに合った銘柄を探す方法です。

スクリーニングツールは、主に証券会社がネットで提供しているサービスです。投資予算や企業業績から最適な銘柄を見つけることができます。ネットで取引できるほとんどの証券会社で利用することができ、初心者でも簡単に銘柄を選ぶことができます。

具体的には、PER、PBR、配当利回り、時価総額などの株価指数や、売上高、営業利益、売上成長率などの業績、さらには業種や売上進捗率などの項目から検索できます。

なお、株価指数とは、市場の動きを把握するために、複数銘柄の株価を一定の計算式で総合的に数値化した株式指標のことを言います。

スクリーニングツールは、割安性、成長性、配当金など、重視する項目を絞って検索できるので、目標や目的に合った銘柄を数秒で見つけることができます。ビギナーだけでなく、多くの投資家にとっても重要なツールです。

スクリーニングツールの欠点

ビギナーは、スクリーニングツールで検索した銘柄は「上がるもの」と決めつけてしまう傾向があります。しかし、スクリーニングツールはあくまで検索ツールであり、予測ツールではありません。

最終的には自分の知識と経験が重要です。検索結果の銘柄が本当に上がるかどうかは、自分で判断する必要があります。

スクリーニングツールの結果はあくまで参考値です。さらに検索を重ね、チャートの動きを分析し、試行錯誤しながら最良の銘柄を探す工夫が必要となります。

スクリーニングツールは基本的に無料で利用できますが、中にはより細かく検索できるツールを有料で提供しているケースもあります。ただし、無料のものでも十分使えるものが多いので、まずは無料のサービスから利用してみましょう。

図1 スクリーニングツールで検索できる項目

自身の投資スタイルや重視する項目によって検索し、希望に近い銘柄を見つけることができます。ただし、くどいようですが、検索して出た銘柄がすべて優良とは限りません。あくまで候補を探す手段として利用すべきです。

スクリーニングの条件例

株価指標	業績	その他
PER、PBR、配当利回り、時価総額など	売上高、営業利益、売上成長率など	業種、上場市場、売上進捗率など

投資スタイルに合わせて
さまざまな条件を組み合わせてスクリーニングが可能

図2 スクリーニングツールの使い方

4,000近くある銘柄の中から絞るには、より細かい項目で区切る必要があります。まずは項目別にボーダーを決め、そこから抽出していくとよいでしょう。ツールを使えば、手動で検索するよりもはるかに効率良く探すことができます。

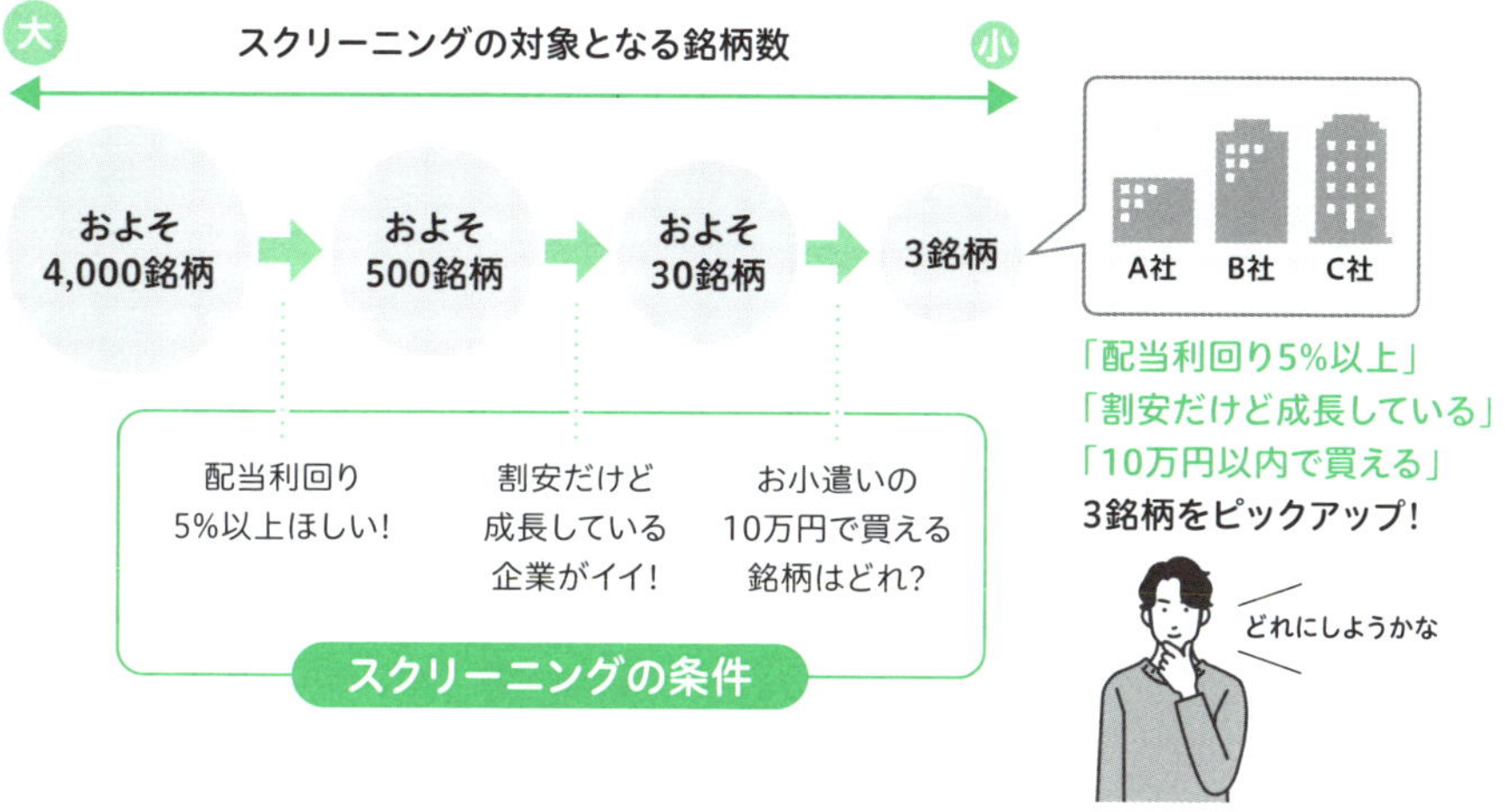

④

7 成行注文と指値注文―株式売買のポイント①

成行注文と指値注文

株式の基本的な注文方法には、売買の成立を優先させる**成行注文**と、希望の株価を優先させる**指値注文**があります。

①成行注文

買い注文で、買うタイミングを逃したくないとき、売り注文で、今すぐ売りたいときは成行注文が適しています。

成行注文は何と言っても、注文してから取引が成立するまでのスピードが速いことがメリットです。しかし、早く取引できるからこそ、買い注文の場合は、思わぬ高値で購入してしまったり、売り注文の場合は、相場より低い価格で成立してしまったりするリスクがあります。

②指値注文

買い注文で、より安いタイミングで購入したいとき、売り注文で、希望の価格で売りたいときは指値注文が適しています。また、株価が下がったタイミングで購入する**逆張り**をしたいときは、指値注文を使うケースが多いです。

指値注文は、成立価格をコントロールできることがメリットです。希望価格で売買できる可能性があります。

しかし、価格にこだわるあまり、取引の機会を逃してしまう可能性があることがデメリットです。

成行注文と指値注文の使い分け

成行注文と指値注文は、それぞれの特徴とメリット・デメリットを理解して、その時々の状況や目的に応じて、うまく使い分けるようにします。取引の成立を最優先するなら成行注文を、希望の価格で取引したいなら指値注文を使います。

どちらの注文にしても、大事なのはタイミングです。今が買い時・売り時というタイミングで、「今は時間がないから、後で手続きしよう」と後回しにしてしまうと、気づいたときには値が動いて、最適なタイミングを逃してしまったなんてことになりかねません。

ビギナーには指値注文がおすすめです。動きの激しい相場を見て、焦って売買に踏み切るケースが多いからです。指値注文であれば、あらかじめ設定した価格で売買できるため、勇み足で取引することがありません。

図1 成行注文イメージ図

成行注文は、売買どちらも価格を指定せずに注文する方法です。とにかく取引スピードを重視したい方向けですが、「思わぬ高値で買ってしまう」「安値で売却してしまう」というリスクがあります。

成行注文 ▶ 時間優先、そのときの価格で売買する

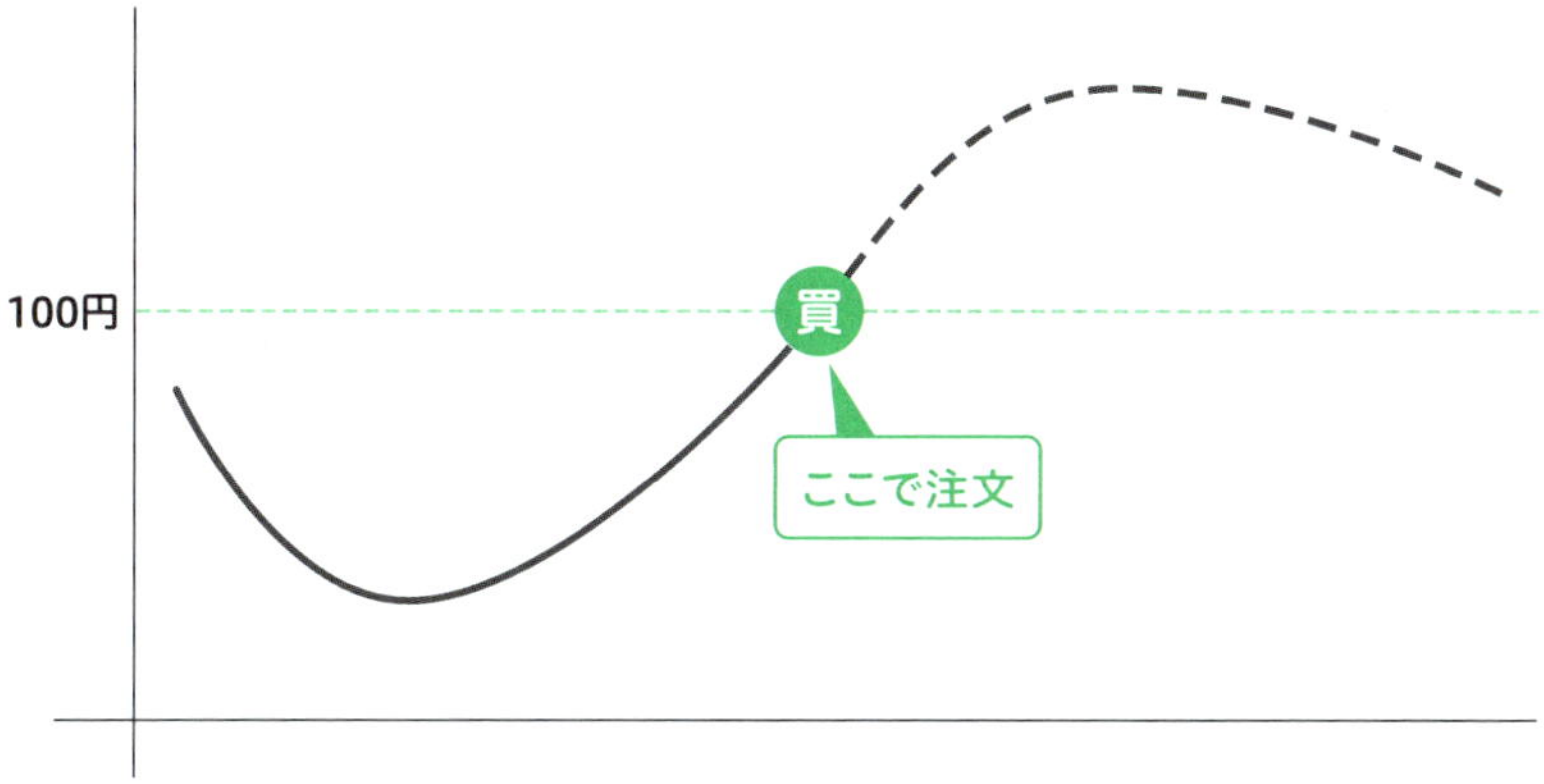

図2 指値注文イメージ図

指値注文は、成行注文よりも堅実です。買いの場合は指定価格以下にならない限り注文は成立せず、売りの場合も指定以上にならなければ売買が成立することはありません。より堅実に取引するならこちらがおすすめです。

指値注文 ▶ 株価優先、決めた価格で売買する

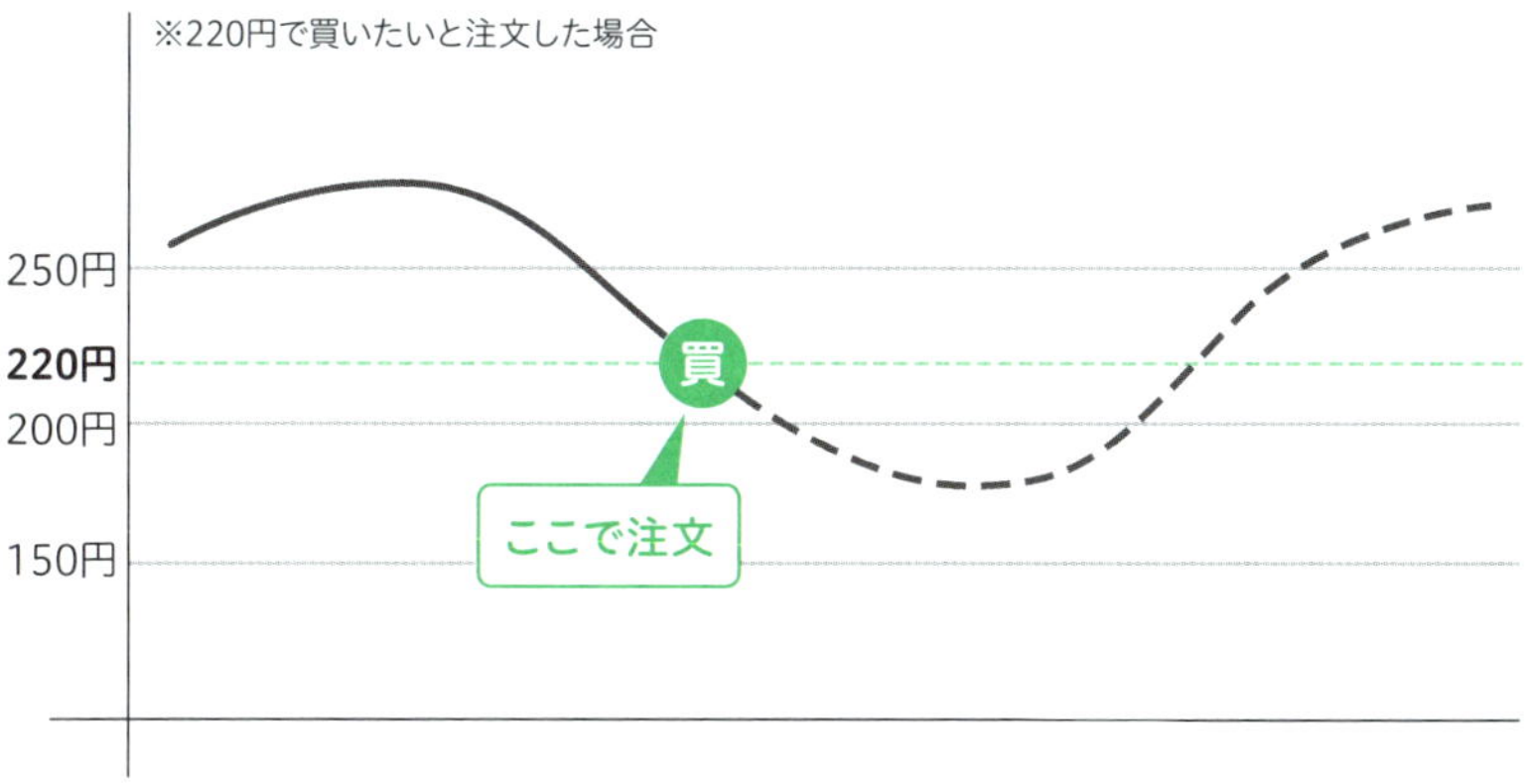

4

8 その他の注文方法—株式売買のポイント②

逆指値注文とは

前節で成行注文と指値注文について紹介しましたが、これ以外にも、いくつかの注文方法があります。

逆指値注文は、文字通り指値注文の逆で、「価格が上昇して指定した値段以上になれば買い」「価格が下落して指定した値段以下になれば売り」という注文方法です。売却すべき価格や損切りすべき価格に到達すると自動的に売却になるので、損失の拡大を防ぐことができます。

たとえば、100円の逆指値買い注文を出すと、株価が100円に到達した時点で100円の指値買い注文が市場に発注されます。この損失の拡大防止が、逆指値注文を利用する最も大きな理由です。

また、逆指値注文は、トレンドを見逃すリスクや、株価下落のリスクを抑えるためにも有効です。

たとえば、保有している株が予想通りに値上がりして含み益が出ている場合、さらなる上値追い期待がある一方、急落による含み益喪失の危険もあります。このような場合、逆指値注文を使うと、もし株価が急落しても一定の利益を確保することができます。

さらに、逆指値注文は、上昇を期待して株式を買付けたものの、買付直後から値動きが停滞し、明確なトレンドがわからなくなってしまった場合などに、損失を一定の範囲に抑えるためにも有効です。

他に知っておくべき方法

株式の注文方法は、他にも**W指値注文**や、時間を指定して注文する**Uターン注文**などがあります。

ただし一般的には、成行、指値、逆指値の3つが基本となります。取引経験が浅いビギナーの方は、この3つを上手く使って利益を積み上げることをおすすめします。

取引方法は証券会社によって様々あります。また、オリジナルの方法も少なくありません。左図には、例として「auカブコム証券」の注文方法を示しましたので、参考にしてください。

成行、指値、逆指値は、株取引方法のベースとなります。各証券会社はオリジナルの取引方法を数多く用意していますが、それらを上手く使うためには、まずはベースとなる3つの方法について深く知っておく必要があります。

図1 逆指値注文イメージ

指値の逆となる手法で、「価格が上昇し、指定した値段以上になれば買い」「価格が下落し、指定した値段以下になれば売り」とする注文方法です。

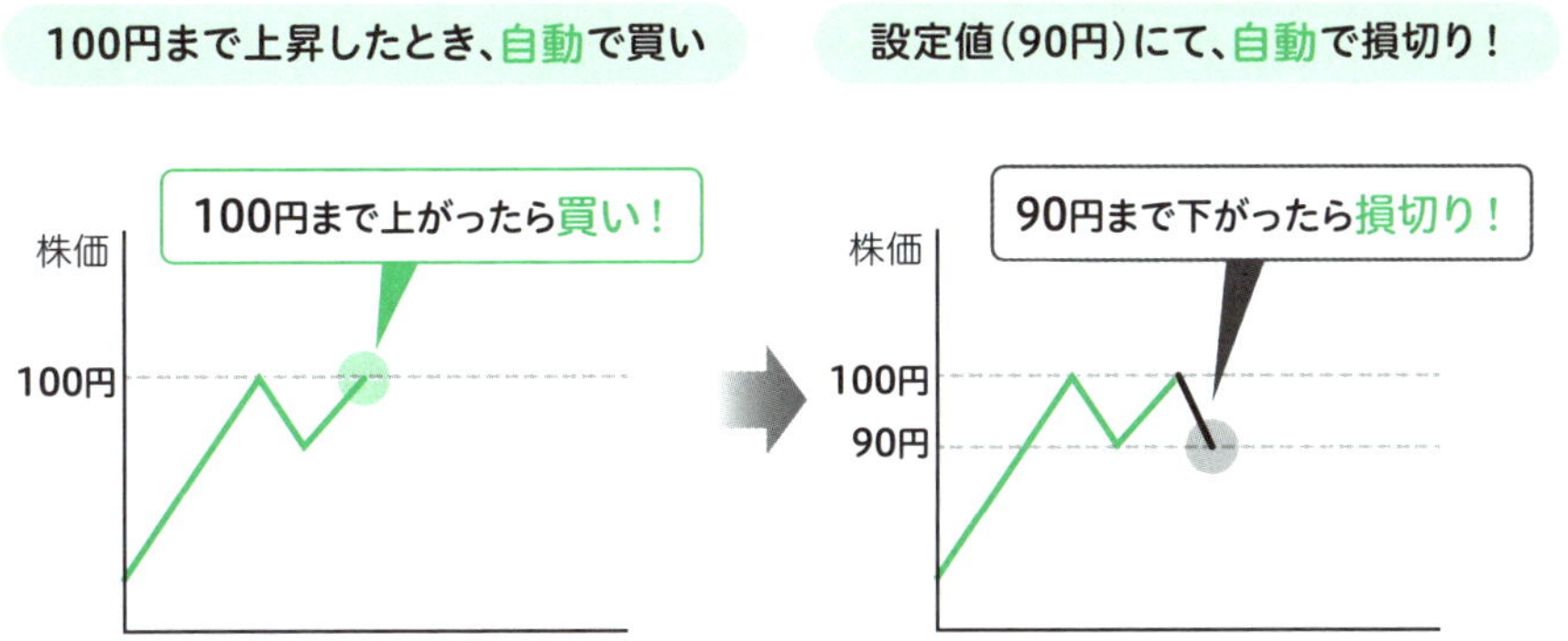

図2 特殊な注文方法(auカブコム証券の場合)

図の5つの方法は、「auカブコム証券」で使うことができるものです。いずれも成行、指値、逆指値の3つをベースとして、より高効果、高効率で売買できるオリジナルの方法です。他の証券会社もそれぞれ、オリジナルの方法を様々用意しています。

W指値注文	売買注文の際に、指値と逆指値を両方設定できる方法
±指値注文	発注時点では確定していない価格を基準に設定できる方法
トレーリングストップ注文	相場の値動きに合わせて、逆指値注文の価格をリアルタイムで自動修正する注文方法
Uターン注文	1つの銘柄について、買い注文と同時にその銘柄の売り注文を予約する注文方法
リレー注文	複数の銘柄を数珠繋ぎに連続して発注することができる注文方法

④ 9 少額投資とポイント投資ー株式売買のポイント③

少額投資について知ろう

株式投資を始めるには元手が必要です。人気株になると、一株数万円することもあります。そのため、余剰金で始めるには、少々ハードルが高く感じるでしょう。しかし、株式は少額で投資することも可能です。

①株式ミニ投資

株式ミニ投資なら、通常１００株以上で購入する株を10株から購入することができます。そのため、低資金でも、高額な人気企業の株式を購入が可能です。ただし、配当金や株式分割によって、議決権を行使できないというデメリットがあります。

②株式累積投資

株式累積投資は、毎月定額で積立投資をする方法です。しかし、コストが高く、１口座で投資できる銘柄数に限りがあることがデメリットです。

③ＥＴＦ（上場投資信託）

ＥＴＦ（上場投資信託）は、投資信託の一種で、株式ミニ投資や株式累積投資のように個別株を自分で決めて投資するのではなく、複数の株価を総合した**株価指数**に投資します。

購入できる銘柄数が多く、他の投資信託よりコストが低い点がメリットです。

ただし、配当金や利息は再投資されず、決済時にすべて分配されるというデメリットもあります。

現金を使わないポイント投資

ポイント投資は、カード払いやスマホ決済で貯まったポイントを使って投資する方法です。1ポイント1円相当として金融商品の購入代金に使うことができます。ポイントで金融商品を購入し、取引することができるのです。

この方法のメリットは、投資未経験者が自己資金を使うことなく、低リスクで投資を始められることです。選べる商品が少なく、譲渡や相続ができないというデメリットがありますが、投資を体験するためには最適な手段です。ビギナーはまずポイント投資から始めることをおすすめします。

ポイント投資とポイント運用は異なります。ポイント投資は、ポイントで投資信託や株などを購入し取引するサービスです。ポイント運用は、投資信託や株、金融市場などの値動きに応じてポイントが増減し、投資の疑似体験ができるサービスです。

図1 少額投資の特徴とメリット・デメリット

どの手段にもそれぞれメリット・デメリットがあり、一概にどれが良いとは言えません。証券会社のHP等で購入できる商品や価格などを調べて、自身に合ったものを選んでみてください。

少額投資の種類	特徴	メリット	デメリット
株式ミニ投資	投資できる銘柄は証券会社によって決まっているが、10株から購入できるサービス	通常100株以上で購入する株式が10株から購入できるため、少額投資が可能	配当金や株式分割などにより取得する株式の議決権は行使できない
株式累積投資	毎月定額で株式を購入する投資手法であり、積み立てる金額は銘柄によって異なる	・他の投資信託よりコストが低い ・銘柄数が豊富にある	・1口座で投資できる銘柄数に限りがある ・配当金や株式分割などにより取得する株式の議決権は行使できない
ETF	複数の株価を計算して総合した「株価指数」に投資することができる。個別株より分散性が高く、投資信託よりコストが低い	・少額から分散投資ができる ・投資のプロである運用会社に実際の運用を任せられる	ETFから発生した配当金や利息などの分配金は再投資されず、決済時にすべて分配される

図2 ポイント投資運用イメージ

購入の際は現金ではなくポイントですが、利益を精算する際はポイントではなく現金で受け取ることができます。ポイント自体を増やすポイント運用との違いに注意してください。

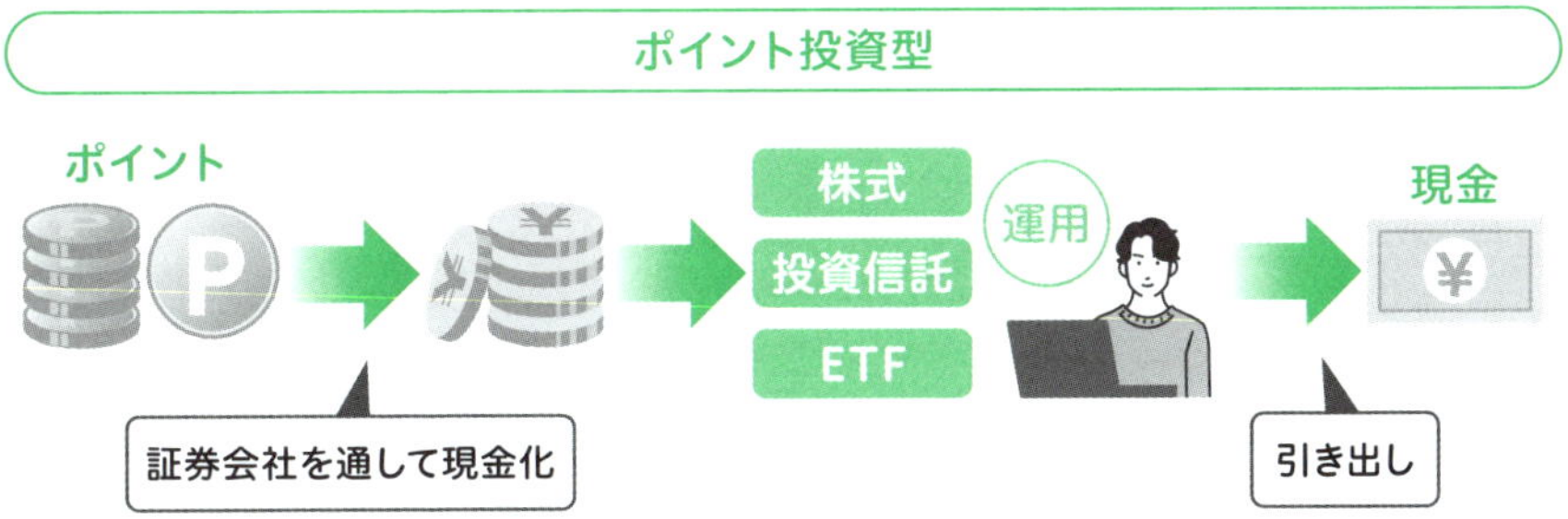

4

10 証券会社の選び方ー株式売買のポイント④

証券会社の選び方（株式編）

証券会社で取引する際は、「対面」と「ネット」のどちらかを選択することになります。対面取引は、店舗で担当者と話しながら手続きを進めます。ネット取引は、スマホやパソコンを使ってオンラインで手続きを行います。

最近はネット取引の方が主流となっており、多くの証券会社がネット取引に対応しています。

対面でもネットでも、証券会社の選択肢はとても多いので、ビギナーはどの証券会社を選べば良いか迷うことが多いと思います。そこで、**売買手数料、口座管理費、取扱商品数**に着目して選ぶことをおすすめします。

売買手数料は、証券会社やそのプランによってバラツキがあります。手間ですが、各社・各プランの手数料を比較して、少しでも安いところを選びましょう。

口座管理費は、多くの証券会社で無料ですので、選択はそれほど難しくないでしょう。

取扱商品数は、購入できる銘柄やファンドの数が証券会社によって大きく異なります。自分が購入したい銘柄があるかどうかを事前に確認することが重要です。

このほか、オンライン画面の操作性や見やすさ、銘柄選びに使える独自ツールの有無なども、選択の基準になります。

複数口座開設のススメ

証券会社は一社だけにこだわらず、複数社で口座を開設することをおすすめします。

たとえば、手数料が高くても付帯サービスが充実している証券会社、手数料や口座管理費が無料の証券会社、使いやすく有益な情報やツールが充実している証券会社など、異なるサービスを提供しているいくつかの口座を持つと便利です。

口座を開設して初めてわかることも多く、とくに証券会社独自のツールは使ってみないとその利便性がわかりません。ぜひ複数の口座を持つことをおすすめします。

証券会社の中には、顧客獲得のために口座開設キャンペーンを催しているところがあります。口座を開設するだけで投資資金をプレゼントしてくれたり、サービス料が無料になったりします。これらも証券会社選びのポイントになります。

図1 証券会社を選ぶポイント

本文中では、証券会社選びのポイントとして、売買手数料、口座管理費、取扱商品数を挙げましたが、図のように基準を増やしてもよいでしょう。また、実際に利用している方のレビューも参考になるので、チェックしておきましょう。

1	売買手数料	売買する回数が多い場合は定額制のところを選ぶのがよい
2	口座管理費	言わば「場所代」のような意味合い。昨今では無料のところが多い
3	投資情報サービス	金融商品に関する有益な情報やツールの無料ダウンロードなどのサービスの有無
4	取り扱い商品	証券会社によって取り扱う商品・銘柄数が異なる。当然より選択肢が多い方が良い
5	操作性の良さ	見やすく使いやすい。PCとスマホによっても大きく操作性が異なるため事前チェックは必須

図2 複数の証券会社で口座を開くメリット

手数料さえかからなければ、複数の証券会社で口座を開くメリットは多大です。口座開設キャンペーンの特典を複数受けることができますし、証券会社ごとのサービスを利用することができます。

1. サービスの内容を比較することができる
2. 投資商品の選択肢が増える
3. 金融機関ごとの独自サービスを利用できる
4. キャンペーンの特典を複数受け取れる（口座開設キャンペーン等）
5. システムトラブルによる機会損失を防げる

コラム

4 株の投資先は意外と簡単に見つけられる

投資を始めるのは簡単？

株式投資というと、「特別な知識が無いとできない」と思っている方も多いかもしれません。しかし、株式投資を始めるのは、実際はそれほど難しいことではありません。

インターネットが普及する前の話です。米国に住む80代の女性が、趣味で始めた株式投資で成功を収めていたという話があります。この女性は、毎日スーパーマーケットに買い物に行くのを日課にしていました。運動も兼ねていたようです。

彼女は買い物の際、魅力を感じる商品を選ぶこと、その商品の美味しさ、再購入したいかどうかを重視していました。家に帰ると、その商品を作っている企業を調べ、上場している企業であれば、株価を毎日新聞でチェックしました。そして、株価が安いときに株を購入して、企業の成長を楽しみにしていたのです。その結果、年平均13％のリターンを生んでくれたそうです。

お宝は身近に潜んでいる？

お伝えしたいことは、株を選ぶ際には初心者ほど、身近な企業を探し出して分析した方が、圧倒的に勝率が上がるということです。普段から利用している商品やサービスは、自分が一番よく理解しているのです。

たとえば、ある食品を購入して調理し、食べたときに、「また買いたい！」と思える商品かどうか。また、楽しかったテーマパークが上場しているなら、そのテーマパークのニュースに耳を傾けてみましょう。よく行くスーパーマーケットが上場しているなら、混雑具合や商品ラインナップを自分で確認できます。

このように、自分が体験したことや見聞きしたことに注目するだけで、その会社が儲かっていそうかどうか、肌感覚でわかるはずです。この感覚は、注意すれば誰にでも感じられるものです。

初心者の方であっても、確認していただきたいのは、売上高や営業利益、経常利益が成長しているかどうかです。売上高は、企業の社会貢献度を示し、必要とされる商品やサービスを提供していれば成長しているはずです。営業利益や経常利益は、本業での稼ぎを示し、本業がうまく行っていれば成長しているはずです。これらを確認することで、買うと下がってしまう株をつかまなくて済みます。

まずは身近な企業に注目してみましょう。

第5章

債券投資—投資商品の基礎知識②

5

① 「国や企業にお金を貸す」投資とは？

債券投資とは？

債券とは、国や民間企業が資金を調達する際に、投資家に対して発行する借用証書のことです。

お金を借りた国や企業は、投資家に対して定期的に利子を支払い、満期日（償還日）になれば全額を返済します。

投資家は債券を購入することで国や企業にお金を貸し、その対価として定期的に利子収入を得て、満期が来れば債券の金額が全額返済されるのです。

債券投資は、満期を迎えれば元本が全額返済されるため、比較的リスクが低いとされています。

債券市場には、新規発行の債券を売り出す**発行市場（プライマリー市場）**と、すでに発行された債券を売買する**流通市場（セカンダリー市場）**の2つがあります。

流通市場にはさらに、証券取引所を通じて取引される**取引所市場**と、証券会社などが直接取引する**店頭市場**などがあります。

国内における債券取引は、株式とは異なり、約99%が店頭市場で行われています。その理由は、債券市場への参加者の大半が、機関投資家や証券会社、銀行、保険会社などであり、その取引単位はとても大きく、取引条件も多種多少だからと考えられます。

実際に私たちが、債券に投資をする場合は、証券会社を通じて売買する相対取引が一般的です。

債券投資の特徴

債券は、発行時に決められた利率で満期まで定期的に利子が支払われるため、保有期間中は安定した収益を得ることができます。発行体が破綻しない限り、利子の支払いと元本の返済が約束されているため、株式や不動産と比べてリスクが低い傾向にあります。ただし、リターンも相対的に低いです。

また、物価上昇によって貨幣価値が下がると、満期時に返済される額面金額や保有中に得られる利子の価値も目減りしてしまい、実質的には運用成果がマイナスになる**インフレリスク**もあります。

投資と言えば、株式やFX、不動産などのイメージを持っている方も多いでしょう。でも実は、世界全体の投資資産の約半分は債券が占めています。発行体の資金調達を助けるためにも、債券投資は重要な手段です。

図1 一般的な利付債券への投資イメージ

債券を保有している投資家のことを債券者といいます。「債券」とは法律上、相手に何かをしてもらうことができる権利のことです。お金を貸した投資家は、債券の額面金額の返済と利子の支払いを国や企業などの発行体（債務者）にしてもらう法的権利があります。

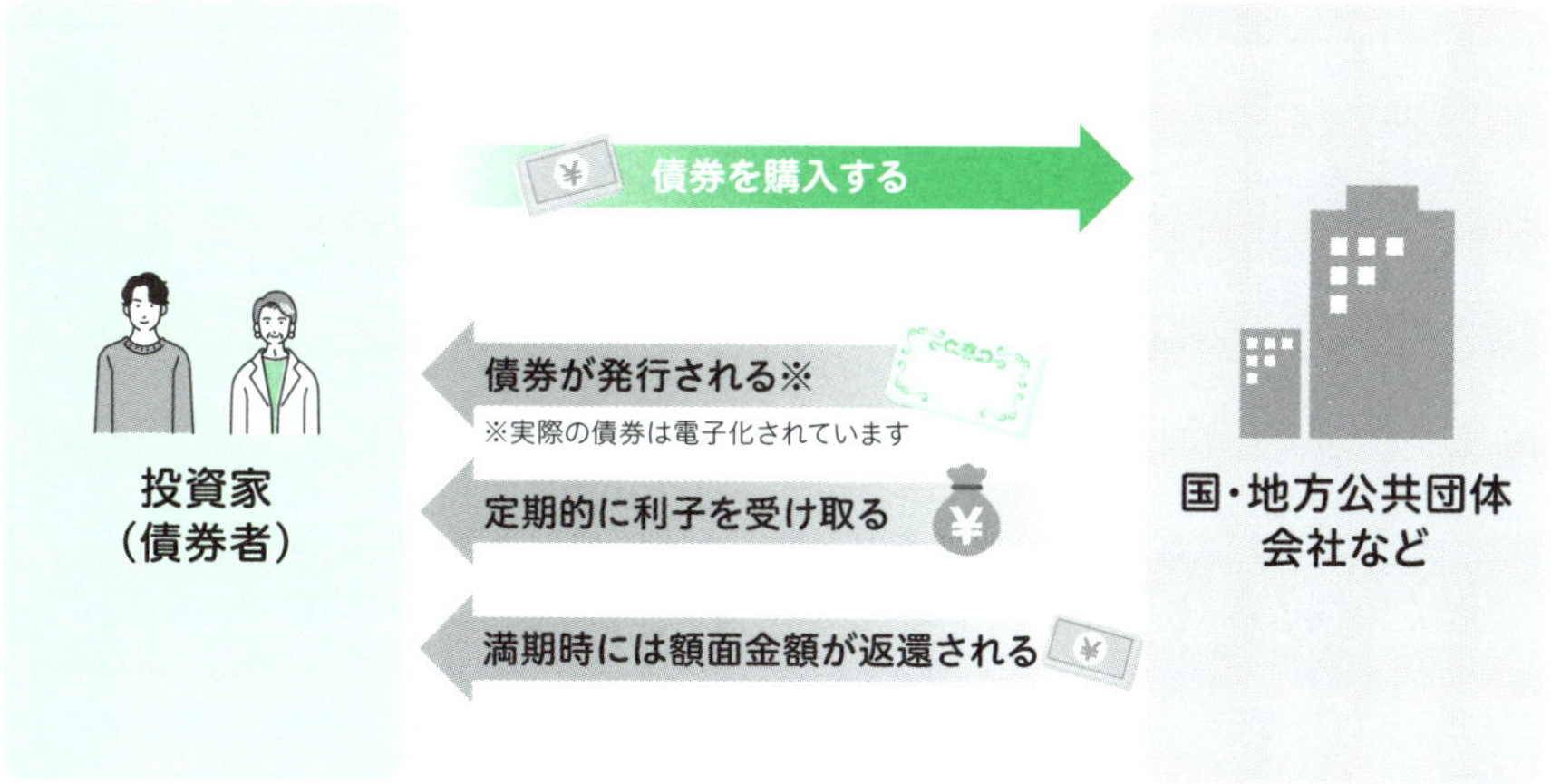

図2 債券投資のメリット・デメリット

債券投資は、資産を増やす目的にはあまり向いていませんが、リスクを抑えて運用できるため「守りの資産」と言われることもあります。そのため、シニア層の方など、リスクを抑えた運用を行いたい方や、資産分散を考えている方の投資先の一つとして考えるとよいでしょう。

メリット	デメリット
● 株式や不動産など、他の運用先と比較するとリスクが低い ● 債券を保有している間、定期的に安定した利子収入を得ることができる	● 狙えるリターンが大きくないため、資産を増やす目的には向いていない ● 利子や償還金額があらかじめ定められているため、物価上昇（インフレーション）に弱い

5

2 債券で得られるリターン

債券投資における3つのリターン

債券投資では、**利子収入**、**売却益**（譲渡益）、**償還差益**の3つのリターンを狙うことができます。

前節で述べた通り、債券は発行時に決められた利率により、満期日まで定期的に利子が支払われます。この利子収入が、債券投資の基本的な利益となります。

債券は他の金融商品と同様に、第三者に売却できます。購入金額より高い価格で売却できれば、その差額が利益となります。ただし、債券取引のほとんどは証券会社などとの相対取引で行われるため、取引完了までに時間がかかったり、希望のタイミングで売却できない可能性もあります。

満期日の時点で債券を保有している場合、発行当初に定められた償還金額が支払われます。既発債を償還金額より低い価格で購入した場合、その差額は償還差益となります。しかし、新発債に投資した場合は、投資元本と償還金額が一致するため、償還差益は発生しません。

利率と利回りの違い

債券投資では、**利率**や**利回り**という言葉がよく使われますが、意味は異なります。

利率は、債券の額面金額に対して1年間で受け取ることができる利子の割合を言います。たとえば、額面が100万円で利率が5％の場合、年間で5万円の利子を受け取ることができます。

利回りは、投資金額に対する、1年間で得られる利子や売却益（償還差益）の合計額の割合を指します。つまり、年間の収益率です。

そのため、同じ利率の債券でも、購入時の価格によって利回りは異なります。具体的には、債券の利率が同じであれば、購入価格が低いほど利回りは高くなります。なぜなら、売却や償還の際に支払われるお金が多くなるためです。

したがって、債券投資を行う際は、利率と利回りの違いを理解し、自身にとって最適な投資戦略を立てることが重要です。

債券投資で得られる利子収入は、発行時の利率に基づいて支払われる固定利付債と、利払いのつど、市場金利等に応じて利率が見直される変動利付債があります。一般的に、利率が変わらない固定利付債のものが多いため、債券投資は運用計画を立てやすいのが特徴です。

図1 3つの利益

債券は、新発債と既発債に分けられますが、どちらの債券でも、購入金額よりも売却金額が高ければ売却益が発生します。償還差益は、既発債を償還金額よりも低い価格で購入できた場合で、満期まで保有していた場合にのみ得られます。

利子収入	満期日(償還日)までの間、債券を所有している期間中に得られる収入のこと。債券の発行当初に定められた利率(表面利率)に基づいて、定期的(通常は年に数回)に支払いが行われる
売却益(譲渡益)	債券を購入した時と売却した時の価格の差額のこと。債券価格は市場動向などによって変動するため、債券価格が購入時よりも上昇している場合、債券を売却することでその差額が利益となる
償還差益	債券が満期日に達すると、元本が返済される際に得られる可能性がある。債券は発行時に元本と利息の支払いが約束されており、満期になると元本が返済されるが、購入時の債券価格よりも元本が返済される金額が多い場合、その差額を償還差益として得ることができる

図2 利率と利回りのポイント

投資家が既発債を購入し、それを満期日まで保有し続けた場合の利回りのことを最終利回りと言います。債券は満期日に受け取れる償還金額や利子収入が決まっているため、途中で売却しない場合は、購入時点で最終利回りが確定することになります。

利率	債券の償還金額(額面金額)に対して、1年間で受け取る利子の割合(%)のこと
利回り	債券への投資金額に対して得られる、収益全体の割合のこと(年間の収益率)

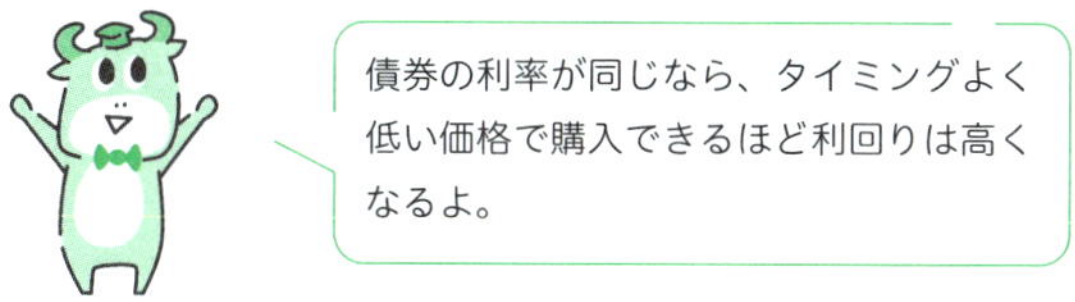
債券の利率が同じなら、タイミングよく低い価格で購入できるほど利回りは高くなるよ。

5

3 債券投資におけるリスク

債券投資の代表的なリスク

債券投資は株式やFXに比べてリスクが低いとされていますが、いくつかのリスク要因があります。

主なリスクには、金利（価格）変動リスクと信用リスクがあります。

金利変動リスクは、金利水準の変動により、債券価格が変動するリスクです。金利が上昇すると債券価格が下落し、金利が低下すると債券価格は上昇します。

信用リスクは、債券の発行体の経営悪化や破綻によって、利払いや償還ができなくなるリスクです。発行体の信用力が低いほど、このリスクは高くなります。

外国の債券に投資する場合は、さらに為替変動リスクやカントリーリスクもあります。

為替変動リスクは、為替レートの変動により日本円での受取金額が変動するリスクです。円高が進むと日本円での受取金額が減少します。

カントリーリスクは、債券を発行した国の政治や経済の変動によるリスクです。戦争、災害、財政破綻などは、債券価格に大きな影響を与えます。新興国の債券は、このリスクが高い傾向があります。

その他のリスクとして、流動性リスクや繰上償還リスクもあります。

流動性リスクは、取引量が少ないことで、希望する取引ができないリスクです。市場での取引が少ないと、売却や購入が困難になります。

繰上償還リスクは、満期日より前に発行体が元本を返済するリスクです。保有期間が短くなるため、予定していた利子収入を得られなくなる可能性があります。

押さえておきたい金利と債券価格の関係

債券価格は**金利**と密接に関係しています。たとえば、金利が上がると、利率の高い新発債の方が投資家からすると魅力的に見えるため、既発行の利率の低い債券の価格は下落します。逆に、金利が下がると、既発債の魅力が増すため、既発債の価格は上昇します。

債券投資を行う際には、金利変動への対策が重要です。

債券の発行体の信用力は、信用格付機関のウェブサイトを見て、信用格付を確認するのが一般的です。一般的にはAAAが最も信用力が高く（Dが最も低く）、信用力が高いほど利回りは低下します。格付けがBBB以上であれば、信用度は良好だと言えます。

図1　債券投資の6つのリスク

債券投資は、安全性が高い投資と説明されることが多いですが、債券投資にもリスクは存在します。満期日を迎える前に売買をする可能性のある方や、リスク要因が増える外国の債券に投資をする場合は、とくに債券を購入する前に発行体が抱えるリスク要因を確認しておきましょう。

金利（価格）変動リスク	債券を保有する期間中に金利が変動すると、投資家の元本や利益に影響を及ぼす可能性がある (a)市場金利の上昇 → 一般的には債券価格の下落要因 (b)市場金利の低下 → 一般的には債券価格の上昇要因
信用（デフォルト）リスク	発行体の経営や財務状況悪化により、債券の利払いや投資元本の償還が当初の予定通りに行われない可能性もある。信用リスクが高い債券ほど、利率は高くなるが、その分、投資家の背負うリスクは大きくなる
為替変動リスク	外貨建ての債券を保有する場合、利払いや投資元本の償還を受ける時点の為替レートの水準によっては、日本円ベースで見た受取金額（投資利回り）が変化する可能性がある (a)円安（外貨高）の進行 → 日本円ベースで見た受取金額は増加 (b)円高（外貨安）の進行 → 日本円ベースで見た受取金額は減少
カントリーリスク	特定の国に関連するリスクのこと。政治・経済などの変化や自然災害などの発生によって債券価格が変動する可能性がある
流動性リスク	何かしらの理由から市場で取引を行えなくなったり、取引量が少ないことで希望する価格から大きく乖離した価格でないと売買を行えない可能性もある
繰上償還リスク	元本の一部、または全部が満期日を待たずに償還される可能性がある。仮に繰上償還されてしまった場合、投資家は満期日の前に債券を手放す必要があり、予定していた利益を得られない恐れがある

図2　金利変動による債券価格の関係

債券価格にとって、金利の上昇はマイナス要因となります。ただ、新規資金にて利率の上がった債券を買い付けたり、満期を迎えて償還された債券の資金を、より高い利回りを狙える債券に再投資することで、長期的には収益性が向上する可能性もあります。

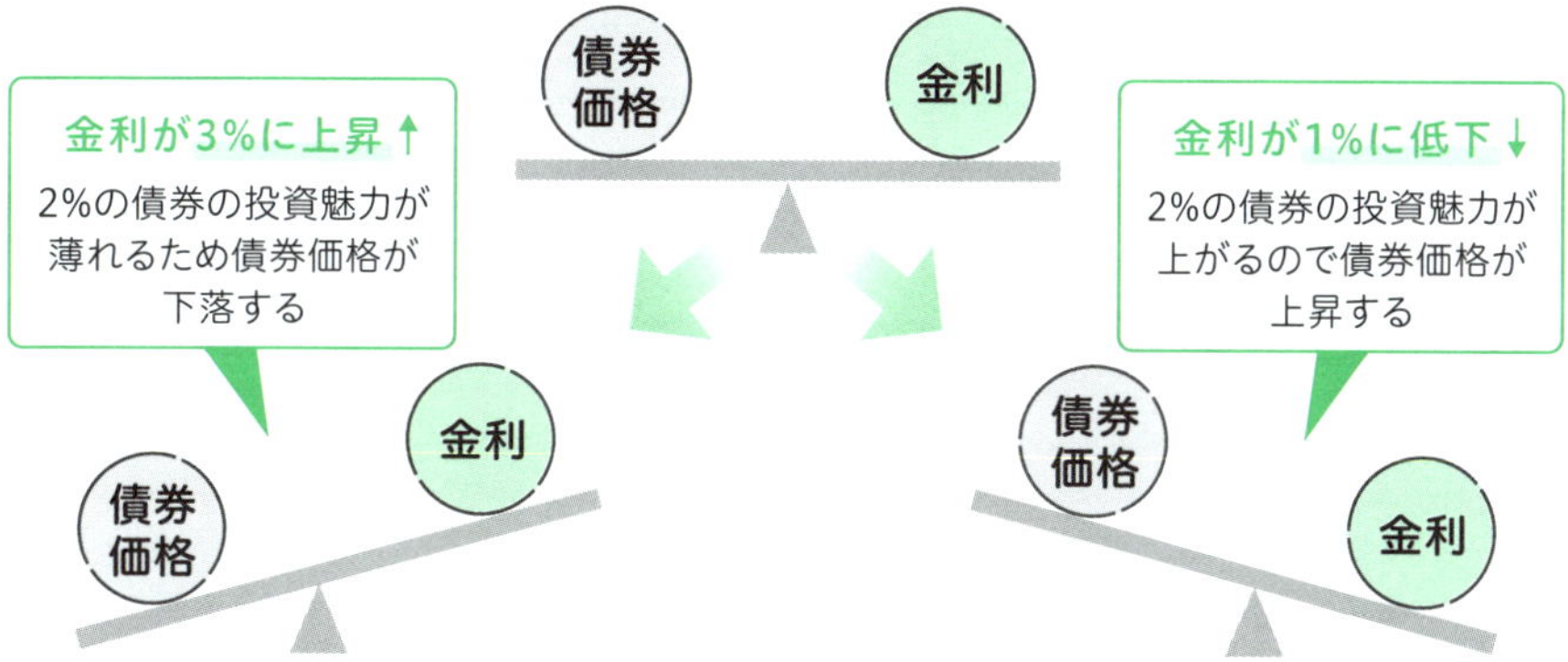

5

4 債券の種類について

主な債券の種類とは？

債券は、債券を発行する発行体や通貨、利払いの方法などによってさまざまな種類に分かれます。

発行体で分類すると、自国内で発行する**国内債券**と、主に外国政府や外国企業が発行する**外国債券**があります。日本政府や日本企業が日本国内で発行する債券は国内債券に、外国政府や外国企業が外国で発行する債券は外国債券に該当します。

また、政府（国）が発行する債券を総称して**国債**、民間企業が発行する債券を**社債**（事業債）と言います。社債は各企業が発行するため、国債と比べると信用リスクが高く、一般的に国債よりも利回りが高くなります。ただ、発行体である企業の財務状況等に問題がなければ、国債よりも高い利回りを狙って投資してもよいでしょう。

社債の発行は、日本ではそれほど多くはなく、大手ネット証券でもたまに募集（販売）を見かける程度です。一方、アメリカでは、社債を発行して資金調達をする企業が多く、アップルやアマゾンといった世界を代表する企業の社債も大手ネット証券で募集されています。

外国の国債や社債は、国内債券に比べて為替変動リスク等のリスク要因は増えますが、相対的に高い利回りを狙えることが多いです。

利払い方法で債券の種類が変わる？

債券には、定期的な利払いが行われる利付債以外のものもあります。たとえば、米国の債券には、利払いがない**割引債**（ゼロクーポン債）があります。割引債は、利子を受け取れない代わりに、発行時に額面金額から利子相当額を差し引いた価格で購入できます。たとえば、額面金額100万円の債券を90万円で発行した場合、満期まで保有した場合に償還差益は10万円となります。

割引債は、満期まで保有した場合に償還差益を得られる仕組みのため、基本的には満期が近付くにつれて債券価格は上昇していきます。

債券の中には、オプションやスワップなどのデリバティブを組み込んだ「仕組み債」と呼ばれるものもあります。追加のリスクを組み込む代わりに、通常の債券よりも高い利回りを狙うことができますが、とても複雑な商品のため、初心者の方は安易に手を出さないようにしましょう。

図1 発行国・地域別にみた国債の特徴

地域ごとの国債の特徴は、簡単でよいので頭に入れておきましょう。なお、外国債券について補足すると、一般的に発行体、発行場所、通貨のいずれかが外国である場合は、外国債券に分類されます。たとえば、トヨタ自動車が外国で発行した債券は外国債券に分類されます。

日本国債	日本政府（財務省）が発行する債券で、円建てで投資することが可能。残額が最大であり、日本の債券市場で中心的な役割を果たす10年国債（残存期間10年の国債）の利回りは約1%と直近では上昇傾向にあるものの、諸外国と比較すると極めて低い水準が続いている
米国債	世界最大の経済大国であるアメリカ合国（財務省）が発行する債券である。日本の証券会社でも購入できるが、基本的に米ドル建て米国債で発行されている。発行残高と取引量のいずれも世界最大であり、米国債の取引動向は世界中の金融市場に大きな影響を与える。最も中心的な役割を果たす10年国債の利回りは約4.34%である
新興国の債券	日本の証券会社でも、例えばメキシコ、トルコ、南アフリカなどの各国政府が発行する債券を購入できる場合がある。現地通貨建てに加え、主に外国人向けに米ドル建てで発行されることも多い。新興国は経済が不安定で通貨に対する信用力が比較的低く、さらに急速な経済成長に伴い、物価上昇率が比較的高いため、物価上昇によって実質的な収益は想定よりも少なくなるインフレリスクも大きい

※2024年6月5日時点

図2 利付債と割引債のイメージ

割引債は、本来投資家が受け取るはずの利子が元本部分に再投資され、再投資された分が買付時と同じ利回りで運用されたことになります。そのため、通常の利付債に投資をした場合は単利運用になりますが、割引債に投資をした場合は複利運用の効果を得ることができます。

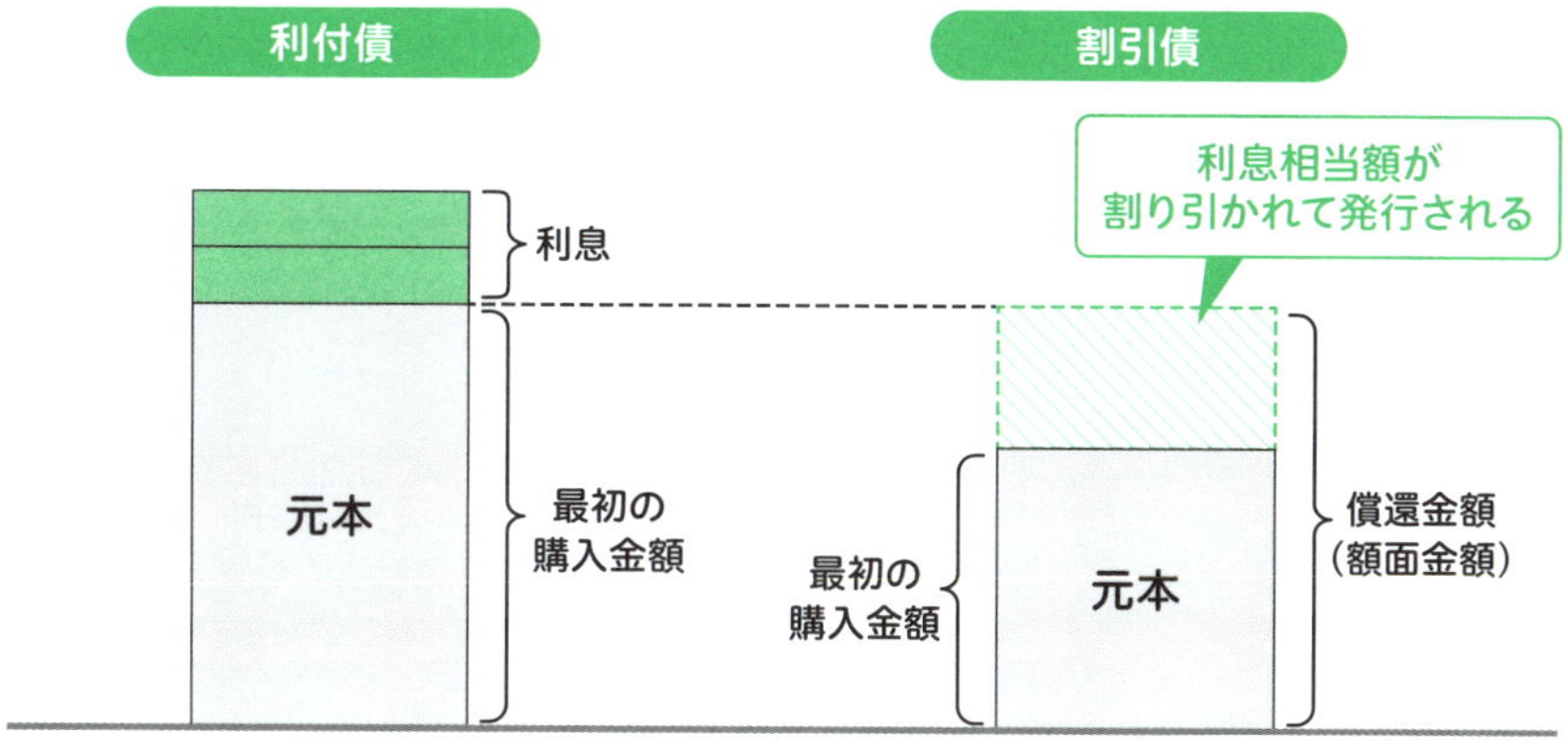

⑤

債券と株式の違い

債券と株式の違い

代表的な投資対象である株式と債券について、安全性と収益性の2つの観点から比較してみましょう。

①安全性

安全性の観点から見ると、債券は満期まで保有することで額面金額が償還されますし、保有期間中は定期的に利子収入を得られます。

一方、株式には償還の概念がなく、業績や市場動向によって株価が大きく変動します。また、業績が悪化すると配当が減少したり廃止されたりする恐れもあります。

したがって、債券の方が変動幅は小さく、安全性は高いと言えます。

②収益性

収益性の観点から見ると、債券から得られるリターンは、**利子**、**売却益**、**償還差益**の3つです。

債券投資の主な利益は利子収入であり、基本的に保有期間中に増減しないため、安定した収益が期待できます。

一方、株式から得られるリターンは、売却益や配当です。株価が下落したり配当が減少するリスクはありますが、業績が好調であれば、配当が増加したり株価が数倍になることもあります。

株式は安全性が低いものの、大きなリターンを狙えるため、資産を大きく増やせる可能性があります。

債券には投資した方がいいの？（資産保全期にはおすすめ）

債券は株式と比較すると相対的にリスクが低く、安定して定期的な利子収入を狙うことができます。そのため、資産保全を主な目的とする資産保全期の方には、債券は運用先としての一つの選択肢になります。

資産保全期のタイミングは、仕事や資産の状況などによっても異なりますが、主な収入が公的年金のみとなる60～65歳以降に設定すると良いでしょう。

定年後は収入が下がることが多いため、債券から得られる利子収入を公的年金の足しにするという考え方もできます。

債券は低リスクな金融商品ですが、償還金額や利子が固定されているため、物価上昇によって実質的には運用成果がマイナスになる可能性もあります。目的が資産保全の場合でも、資金の一部は株式や不動産で運用するなど、保有資産全体でのバランスを取ることをおすすめします。

図1 各国の株式・債券の過去20年間の最高・最低リターン

図は、過去20年間の各資産の最大のプラスリターンとマイナスリターンです。とくに金融危機などが起こった際は、株式などの資産価値が半分以下になることも珍しくはありません。投資先のリターンやリスクを理解した上で投資先を選択しましょう。

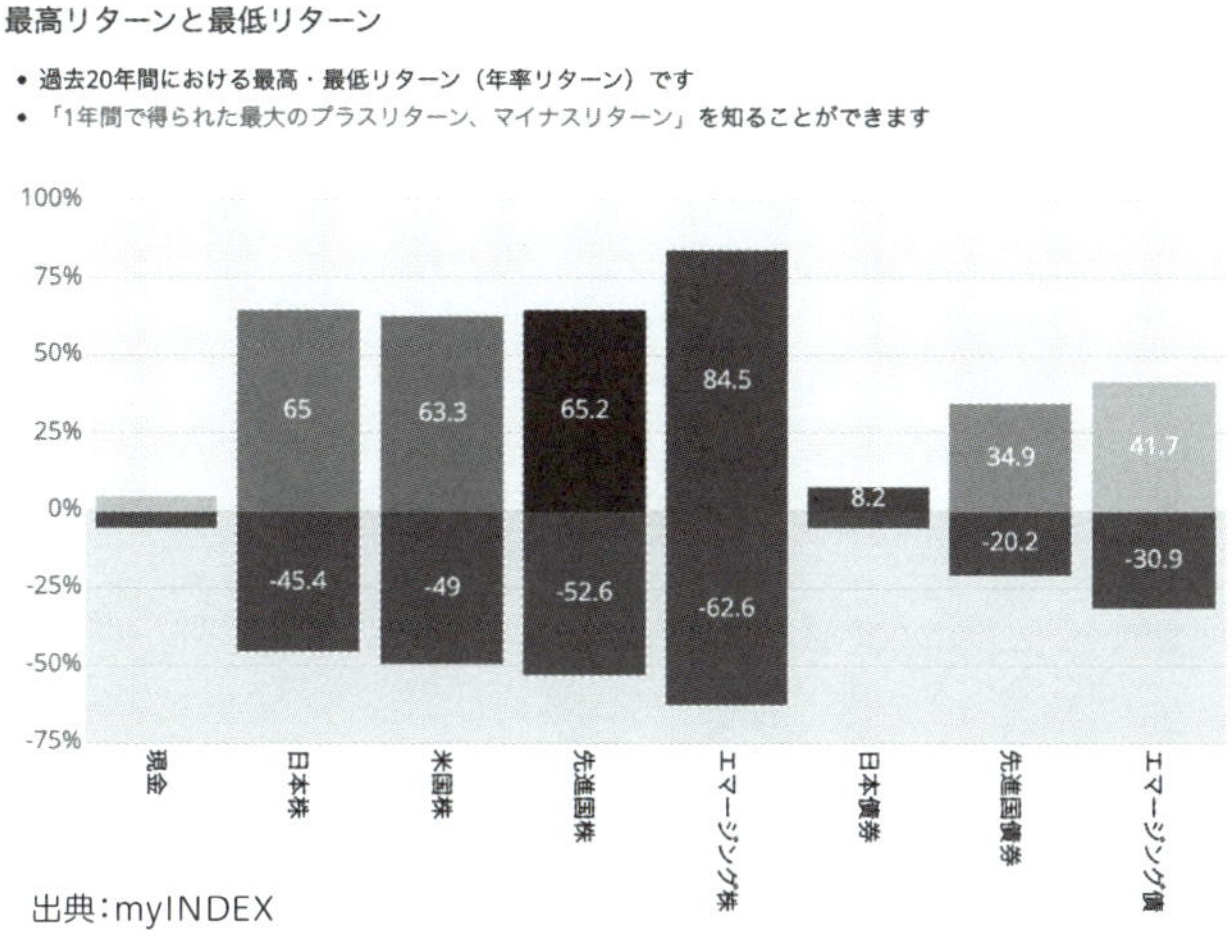

出典：myINDEX

図2 人生における資産運用のイメージ

資産保全を第一に考えるのであれば、株式よりも債券の方が適しています。ただ、債券は資産を効率良く増やしたい資産形成期にはあまり向いていません。自身の年齢や投資目的などに応じて、株式や債券などの運用先を選びましょう。

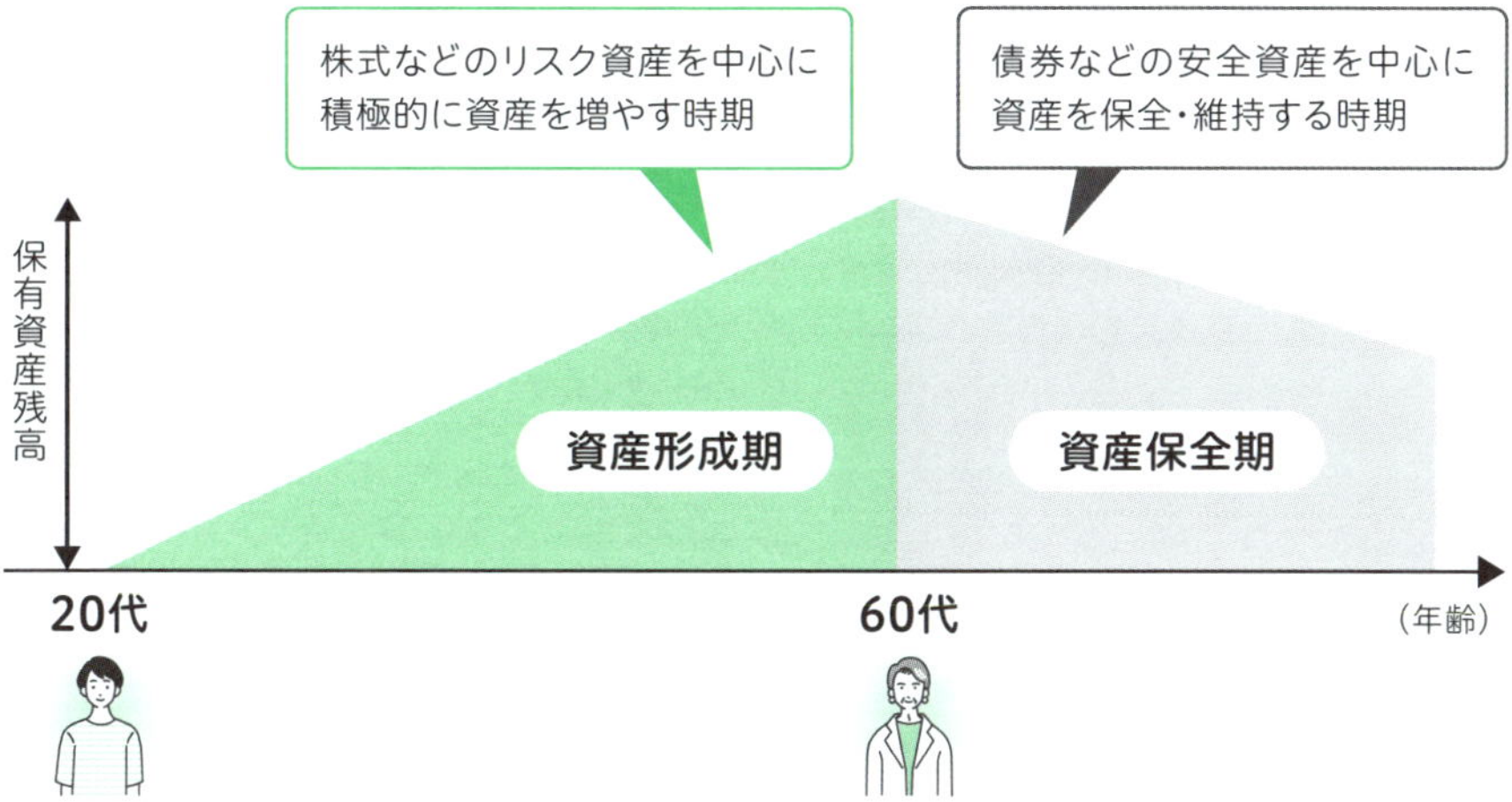

5

6 実際に債券に投資をするには？

債券に投資する2つの方法

債券に投資する方法には、次の2つがあります。違いは主に取引の自由度と分散効果です。

①自身で債券を購入する方法

自身で債券を購入して、直接投資する方法です。その債券の利率等に応じて、定期的に利子を受け取り、満期には額面の返済を受けることができます。

ただし、債券の価値は、金利等によって変動しますし、利率が高い債券が後に発行されることもあります。

債券は数万円から購入できるものもありますが、100～1000万円単位の資金が必要なものもあります。基本的に証券会社と投資家が直接売買する店頭取引のため、予想よりも不利な条件での取引となる可能性もあります。

②債券で運用を行う投資信託を購入する方法

投資信託や**ETF**を通じて債券に投資する場合は、それらを購入することで、間接的に債券へ投資を行うことになります。

投資家には債券そのものの所有権はありませんが、投資信託やETFの価格変動や利回りに応じて損益が発生したり、利子収入を受け取ることができます。

投資信託やETFは複数の債券で運用されるため、少額から手軽に複数の債券に分散して投資できます。

基本は投資信託やETFがおすすめ

個人投資家が債券に投資する場合、少額から手軽に分散できるという理由で、投資信託やETFを通じて間接的に投資することが一般的です。

ただし、これらには基本的に満期という概念がないため、長期間保有しても額面金額が返済されることはありません。換金したいときは市場で売却する必要があります。換金時に債券価格が下落している場合は、売却損が発生することもあります。

また、利回りが変動することによって、当初の予定よりも利子収入が減少するリスクもあります。

個別の債券を取引する場合、基本的に手数料はかかりません。ただし、証券会社と取引を行う際に、債券価格にはいくらか上乗せされており、この上乗せ分をスプレッドと言います。つまり、個別の債券を取引する場合も、投資家は実質的に手数料を負担する形になっているのです。

図1 個別債券と投資信託の違い

投資資金に余裕がある方や自身で投資判断ができる方は、目的に合わせて個別の債券に投資してもよいでしょう。ただ、個別の債券では投資が難しい地域がありますし、流動性や売買の自由度等に難があります。必要に応じて投資信託やETFを活用しましょう。

	個別債券	投資信託	ETF
売買手数料	不要	必要	必要
保有コスト	不要	必要	必要
最低購入金額	1万円〜	100円〜	1株(数万円)〜
流動性	低い	高い	高い
分散効果	なし	あり	あり

図2 世界主要国の債券指数のイメージ

図は、日本を除く世界主要国の債券指数のイメージです。債券とはいえ、それなりに値動きがあることがわかります。債券ファンドには満期がないため、下落局面で資金が必要な場合、売却時に損失が発生しやすく、資金確保が難しくなるリスクもあります。

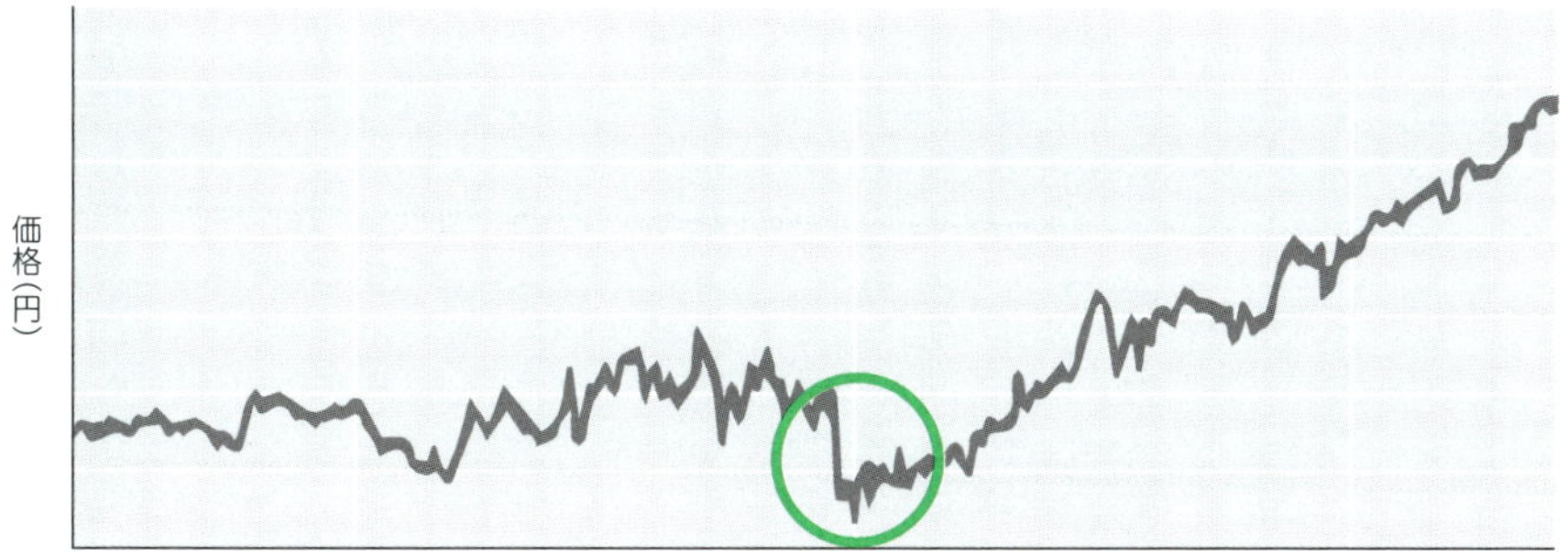

5

7 どんな債券を購入したら良い？

おすすめは主に3つ

債券には多くの種類があり、目的によって様々な運用方法がありますが、資産保全が主な目的の場合は、「**個人向け国債**」「**米国債券**」「**先進国の債券**を対象とした投資信託（またはＥＴＦ）」の中から投資先を考えるのがおすすめです。

①個人向け国債

個人向け国債は、個人でも購入しやすいように用意された日本の国債です。利率は低いものの安全性が非常に高く、近くの郵便局や銀行、証券会社などでも1万円から手軽に購入できます。

②米国債券

米国債券は、米国の連邦政府が発行する債券です。日本の国債に比べるとリスク要因は増えますが、相対的に高い利回りを狙うことができます。また、他の外国の債券と比較すると安全性が高く、証券会社での取扱が多いため、購入や中途換金が行いやすいのも大きなメリットです。

③先進国の債券を対象とした投資信託（またはＥＴＦ）

個別の債券への投資は、流動性や分散効果の点で投資信託に劣ります。しかし、「債券で運用を行う投資信託」であれば、少額から手軽に分散投資が可能です。とくに、先進国の債券で運用を行う投資信託であれば、米国や個人で投資するのが難しい欧州等の債券にも投資ができます。分析の手間を省いて、世界の主要国に分散投資できるため、投資初心者でも比較的安心して運用を行えます。

債券投資は悪魔の投資？

債券価格は金利と逆相関の関係にあるため（5-3節）、金利の上昇は債券価格の下落要因に、金利の低下は債券価格の上昇要因になります。

したがって、債券投資を行う場合は、金利の低下が見込まれるとき、すなわち、景気が後退する局面が一つの投資タイミングとなります。株式や不動産等の資産価格が下落している中、債券価格の上昇による恩恵を受けられる可能性があるわけです。

リスクをできるだけ抑えて運用を行いたい方は、まずは個人向け国債の購入を検討しましょう。利率は低いものの、郵便局や銀行などでは個人向け国債のキャンペーンを行っていることもあり、現金のキャッシュバックや粗品のプレゼントがもらえることもあります。

図1 各国の金利水準(10年物国債利回り)

日本と海外を比較すると、海外の方が金利の高い国が多いです。そのため、外国債券に投資をすることで、相対的に高い利回りを狙うことができます。また、為替変動リスクはありますが、外国の債券に投資をして外貨を保有することで、通貨の分散を図ることができます。

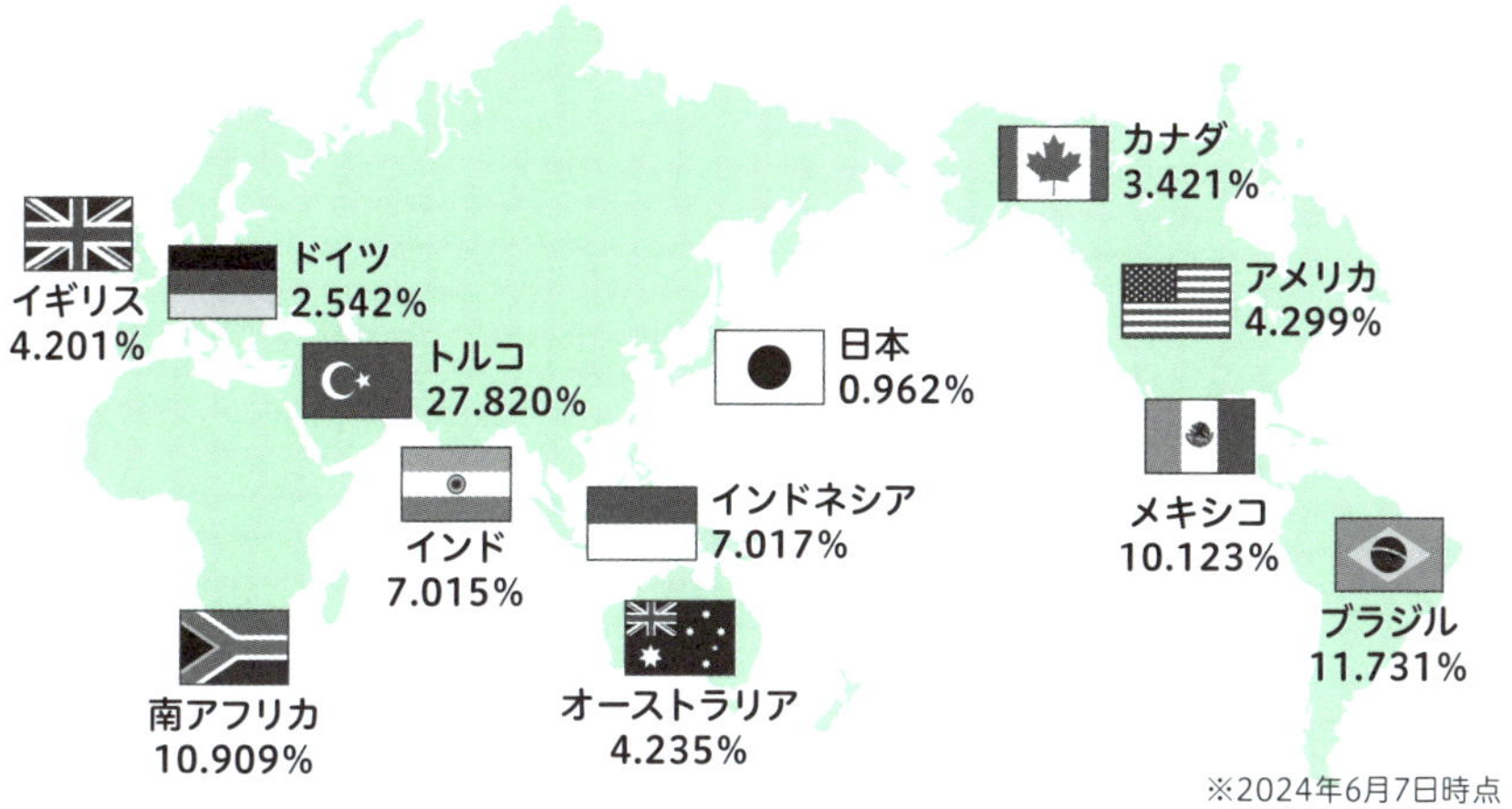

※2024年6月7日時点

図2 米国長期債と米国長期金利(10年物国債利回り)との比較

図は米国長期債と米国長期金利の約20年間の推移を比較したものです。米国長期金利が低下すると債券価格が上昇しており、両者が逆相関の関係にあることがみて取れます。今後、金利の低下が見込まれる場合、債券に投資妙味があると言えます。

出典：TradingView

コラム

5 借りたお金を返さなければならない債券

債券は国の借金？

債券には、様々な種類があります。国が発行する「**国債**」、地方公共団体が発行する「**地方債**」、企業が発行する「**社債**」、外国通貨で発行される「**外貨建て債券**」などです。

債券とは、国や企業などの発行体が、投資家からお金を借りるために発行する有価証券のことです。借りたお金は、利息をつけて返済しなければなりません。そのため、発行体は、借り入れ総額や期間を設定し、その間に支払う利息の利回りを決定します。つまり債券は、発行体と投資家との間で交わされる借用書のようなものです。発行体は、満期が来たら、元本を返済する義務があります。

債券の格付けについて

債券の利息は、発行体によって異なります。高いところもあれば、低いところもあります。利息は発行体の信用度によって決まります。

実は、債券は第三者機関による格付けがされています。日本では「日本格付研究所」「格付投資情報センター」、外資系では「ムーディーズ」「S&Pグローバル・レーティング」「フィッチ・レーティングス」などが代表的な格付け機関です。外資系の方が一般的に、厳しい格付けを行います。

格付けは、最も安全度が高いAAA（トリプルA）から始まり、AA（ダブルA）、A（シングルA）と続きます。以下、BBB（トリプルB）、BB（ダブルB）、B（シングルB）、CCC（トリプルC）と続き、下に行くほど格付けが低くなります。安全性のボーダーラインはBBBとBBで、BBB以上が投資適格、BB以下は投資不適格（投機的格付け）とされます。BB以下の債券は、「ジャンク債」とも呼ばれます。

ハイイールドがおすすめ

BB以下を投資不適格と呼ぶ理由は、デフォルト（倒産）リスクが高いためです。もちろん、全てのBB以下の債券がデフォルトを起こすわけではありませんが、信用力が低いと判断されます。低格付けの債券は、デフォルト率が高いため、高利回り（ハイイールド）を設定しています。そのため、高い利回りの債券を購入する際は、その債券の格付けを確認することが重要です。

それでも高いリターンを求めつつ、デフォルトリスクを抑えたい方には、「ハイイールド債券ファンド」があります。ファンド、つまり投資信託であれば、分散投資が効いているため、投資対象のいくつかが倒産しても、資産を失うリスクはほぼありません。そのため、資産の一部にハイイールド債券ファンドを組み入れる投資家も多くいます。

第6章

投資信託―投資商品の基礎知識③

6

① プロに運用をお任せする

投資信託（ファンド）とは何か？

投資初心者の場合、投資対象は株式や債券が一般的ですが、中には不動産（リート）や金（ゴールド）を考えている方もいるでしょう。

ただ、投資の知識や経験が少なく、時間も取れないという方もいるかと思います。また、情報の分析ができたとしても、海外の株式などの場合、国内の証券会社で取扱がないこともあります。

こうした問題を解決する手段として、**投資信託**（**ファンド**）という金融商品があります。

投資信託とは、投資家から集めた資金をプロの運用担当者（ファンドマネージャー）が株式や債券などで運用し、その運用で得た利益を投資家に分配する仕組みの金融商品です。

ただし、パフォーマンスは運用方針によって異なり、運用の成果が良ければ利益を得ることができますが、成果が振るわない場合は、投資額を下回ることもあります。つまり、運用成果は運用担当者の腕次第ということになります。

投資信託は、プロの運用担当者に成果を信じて託すものだと覚えておきましょう。

投資信託の運営に関わる3人の登場人物

投資信託は、**販売**、**運用**、**管理**の3つの専門部門が役割を果たすことで成り立っています。

流れとしては、まず証券会社や銀行などの販売会社が、私たち投資家からお金を集めます。投資家から集められたお金は、受託会社（信託銀行）で保管、管理されます。

このとき、投資信託の運用方針の決定と運用指示は、委託会社（運用会社）が担います。

委託会社（運用会社）は、実際に株式や債券の売買は行いません。実際の売買は、資産を保管・管理している信託銀行が、運用会社の指示に従って行います。

このように、投資信託はそれぞれの専門部門が連携して運営されており、投資家の資金が効率的に運用される仕組みになっています。

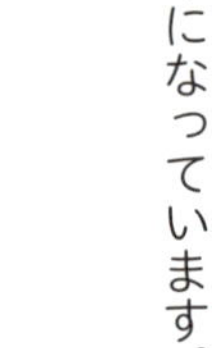

投資信託の取引の基準となる値段のことを「基準価額」と言います。証券会社のウェブサイトの多くには、1万口当たりの値段が表示されています。たとえば、基準価額が11,000円と表示されていた場合は、1口あたり1.1円ということです。

図1　投資先は専門家が選定

投資信託は、文字通り「プロの運用担当者に投資を信じて託す」ものです。ただし、世の中には数多くの投資信託があります。細かい分析や投資タイミングは任せることができますが、どの投資信託に任せるかは自身でしっかりと判断しなければなりません。

図2　投資信託の販売～運営まで

投資信託は投資家から預かった資金の運用を行いますが、金融機関は顧客の資産と自社で保有する資産を分けて保管・管理（分別管理）することが法律で義務付けられています。そのため、仮に投資信託に関わる機関が破綻しても、投資家の資産は守られます。

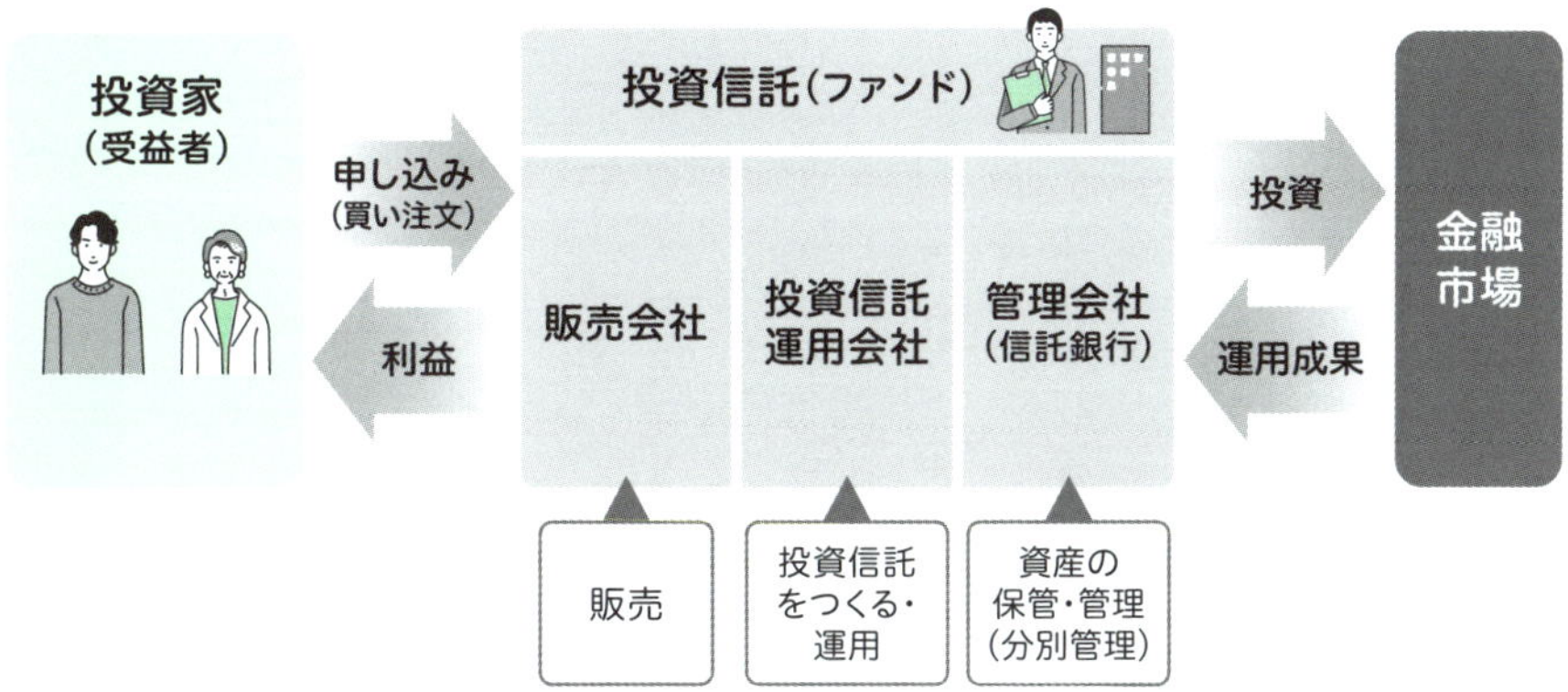

⑥

2 投資信託は投資商品のバラエティパック

投資対象と投資できる地域に特徴あり

投資家は、投資信託を通じて、さまざまな資産に間接的に投資することができます。そして、具体的な投資先は、「**資産**」と「**地域**」に分けることができます。

資産の分類では、株式、債券、不動産（リート）、金（ゴールド）などのコモディティ（商品）があります。

地域の分類では、国内と海外に大きく分かれますが、近年はインドや東南アジアをはじめとした新興国の存在感が高まっているため、「**国内**」「**海外の先進国**」「**新興国**」の3つに分けて考えるのが一般的です。

つまり投資信託は、これらのさまざまな資産や地域に分散投資ができるのが大きな魅力です。

たとえば、米国の代表的な株価指数であるS&P500に連動するように運用されている投資信託に投資すれば、米国の優良企業500社に分散投資できます。ほかにも、注目度が高い国や地域、テーマや業種に絞って投資を行うものもあります。

これにより、個人では難しい新興国や有望なIT・AI関連の企業に投資することも可能になります。

また、リスクを抑えて運用を行いたい場合は、国内外の株式、債券、リート等に分散投資ができるものもあります。

投資先の中身を理解して、かしこく投資信託を活用しましょう。

手軽に世界中に分散投資

投資信託には、日本の資産に投資するもの、アメリカの世界的に有名なIT企業に絞って投資するもの、世界中の株式に投資するものなどさまざまあります。運用方針が定まっているならば、目的に合わせて投資信託を活用すると良いでしょう。

運用方針が定まっておらず、これから資産形成を始めたいと思っているならば、経済の中心である米国や、世界経済の恩恵を享受できる全世界に分散している株式で運用をスタートするのがおすすめです。株式で運用を行う投資信託は、商品数も多く、中長期的な成長も期待できます。

投資信託はプロに運用を任せて、株式や債券などに分散投資を行う金融商品です。経済情勢などに合わせて資産配分の調整も行ってくれるため、適切に分散されており、中長期的な成長が見込める投資先に投資できているのであれば、購入後の管理の手間も少なく済みます。

図1 主な投資対象

投資信託はプロの運用担当者の方が銘柄を選定して運用を行うことから、お弁当に例えられることがあります。お肉（株式）が多く入っているお弁当もあれば、ご飯（債券）だけのお弁当もあり、種類は様々です。資産の状況を踏まえた上で、足りない栄養を取れるものを選びましょう。

投資対象地域／投資対象資産	国内	海外
株式	国内株式型	海外株式型
債券	国内債券型	海外債券型
不動産（リート）	国内リート型	海外リート型
その他	コモディティ（金・原油）など	

投資信託には、株式や債券、不動産などの様々な資産に投資するバランスファンドと呼ばれるものもあります。

図2 全世界株式インデックスファンドの構成比率のイメージ

図は全世界の株式を投資対象とした投資信託の投資比率のイメージです。経済規模に合わせて運用されているため、米国の占める割合が大きいものの、イギリスをはじめとした欧州の国々や中国、インド等の成長性が高い新興国にも100円から分散投資ができます。

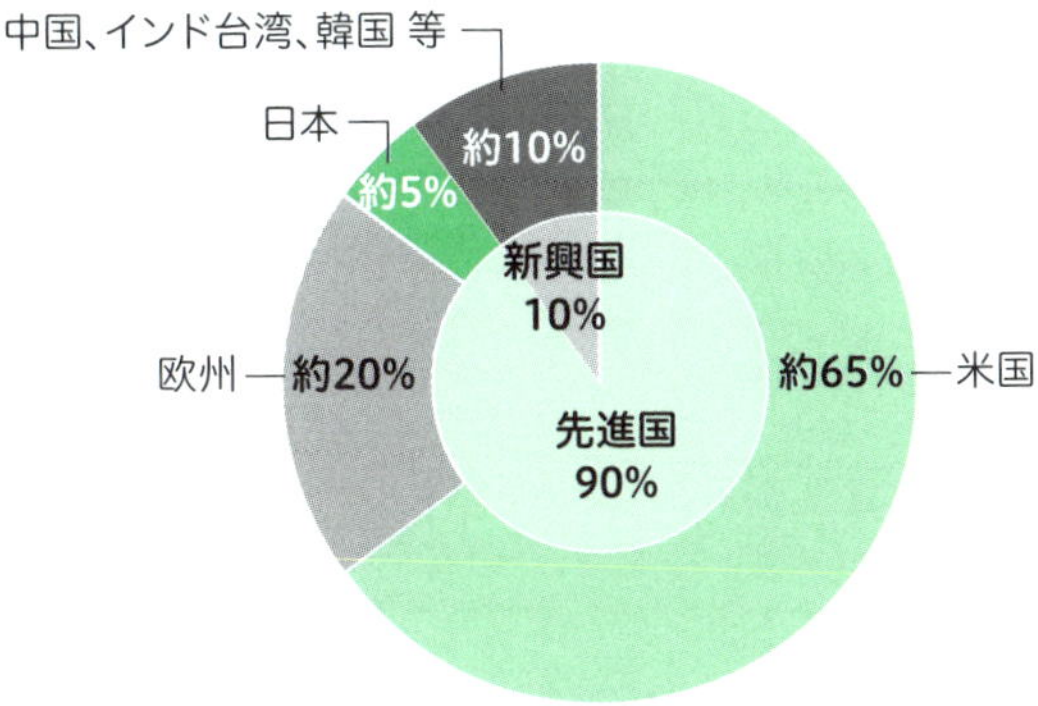

6

3 投資信託の具体的な特徴

投資信託の3つのメリット

投資信託は、プロの運用担当者に投資を信じて託す金融商品です。ここでは、投資信託のとくに大きな3つのメリットを紹介します。

①少額から分散投資が可能

投資信託は多くの投資家から集めた資金を運用するため、様々な資産や地域に分散して投資することができます。

個別の投資先に**分散投資**しようとすると、まとまった資金が必要なことが多いですが、投資信託なら少額からでも投資ができるため、手軽に分散投資ができます。

②プロに運用を任せられる

投資を成功させるためには、株式や債券などの投資に必要な知識を身につけるだけでなく、日々の情報収集も欠かせません。

投資信託なら、大まかな投資先を決めた後は、プロの運用担当者に運用を任せることができます。個人では投資しにくい、海外の資産で運用を行ってもらうことができます。

③公示や監査による透明性の確保

投資信託は、決算ごとに監査法人などによる監査を受けるため、透明性の高い金融商品です。投資信託の価値や取引価格を示す基準価額は営業日ごとに公表されているため、資産価値を確認しやすくなっています。

投資信託に投資する際の注意点

投資信託には多くのメリットがありますが、いくつかの注意点もあります。まず、繰り返し述べていますが、投資信託は金融商品のため、預貯金とは異なり投資元本を下回る可能性があります。また、投資信託は運用期間中だけではなく、購入時や売却時にも手数料がかかることがあるため注意が必要です。

投資信託は分散投資を行うためリスクを抑えることができますが、その分、個別の企業に投資をする場合と比較すると短期間で大きな利益を狙うのは難しいことも押さえておきましょう。

投資信託は、換金時にも注意点があります。換金（売却）の申し込みは、原則としていつでも行うことができますが、実際にお金が振り込まれるまでには、最低でも申し込みから4営業日ほどかかります。申し込みをした後に即日入金されるわけではないため注意しましょう。

図1 投資信託のメリット

投資信託は少額から分散投資ができるため、中長期的な資産形成に向いた金融商品です。資産形成を後押しする制度として、利益が非課税となるNISAもありますので、税制メリットを活かすためにもNISA口座で投資信託を運用しましょう。

メリット

1. 少額から分散投資が可能
2. プロに運用を任せられる
3. 公示や監査による透明性の確保

図2 投資信託の注意点

投資信託は様々な資産や地域に分散投資ができる一方、短期的に大きな利益を狙いにくいのも特徴です。そのため、短期的な利益を狙うのは株式にして、投資信託は中長期的な利益を狙うといったように、目的を分けて運用するのもおすすめです。

デメリット

1. 投資元本を下回ってしまう可能性がある
2. プロの運用担当者に運用を任せるための手数料が継続的に発生する
3. 分散投資ができるものの、短期間で大きな利益は狙いにくい

⑥

4 投資信託から得られるリターン

投資信託から得られる2種類のリターン

投資信託で得られるリターンには、次の2つがあります。

①売却益（キャピタルゲイン）

売却益は、投資信託を売却（解約）した際に得られる利益です。基準価格が購入時よりも売却時の方が高ければ、その差額が利益となります。反対に、購入時よりも売却時の方が低ければ、売却損が発生します。

②分配金（インカムゲイン）

分配金は、投資信託の運用方針や運用成果に応じて、投資家に還元されるお金です。通常、決算時に支払われますが、支払い頻度や金額は投資信託によって異なります。

ただし、分配金の支払い原資は、投資信託の資産であるため、分配金が支払われると**基準価額**は下がります。そのため、分配金を支払わずに、運用益を再投資して、資産（信託財産）の成長を優先する投資信託もあります。分配金が多い投資信託が、必ずしも良いわけではありません。

分配金は受取型と再投資型どちらがお得？

投資信託の分配金は、受け取らずに再投資できる場合もあります。どちらが良いかは投資家のライフスタイルや投資目標に依存します。

①受取型

分配金を定期的に現金として受け取る方法です。現在の収入に上乗せして追加の現金収入を得たい場合に適しています。

定年後の生活費や家計の補助として利用したい場合などに有効です。

②再投資型

分配金を受け取らずに再投資する方法です。この方法では、分配金が再投資され、複利効果を活かした資産の成長が期待できます。

中長期的に資産を最大化したい場合に適しています。

分配金が支払われる投資信託は、運用が好調のように見えますが、運用の成果が振るわないにも関わらず、高い分配金を支払っている場合は注意が必要です。中には運用で得た利益以上の分配金を支払うために、投資元本の一部を払い戻す形で分配金が支払われていることもあります。

図1 投資信託から得られるリターンのイメージ

投資信託の中には、あらかじめ運用期間を設けているものがあります。途中で売却せずに定められた償還日（満期）まで保有した場合、償還時の基準価額（償還価額）が購入時の基準価額を上回っていれば、償還差益を得ることができます。

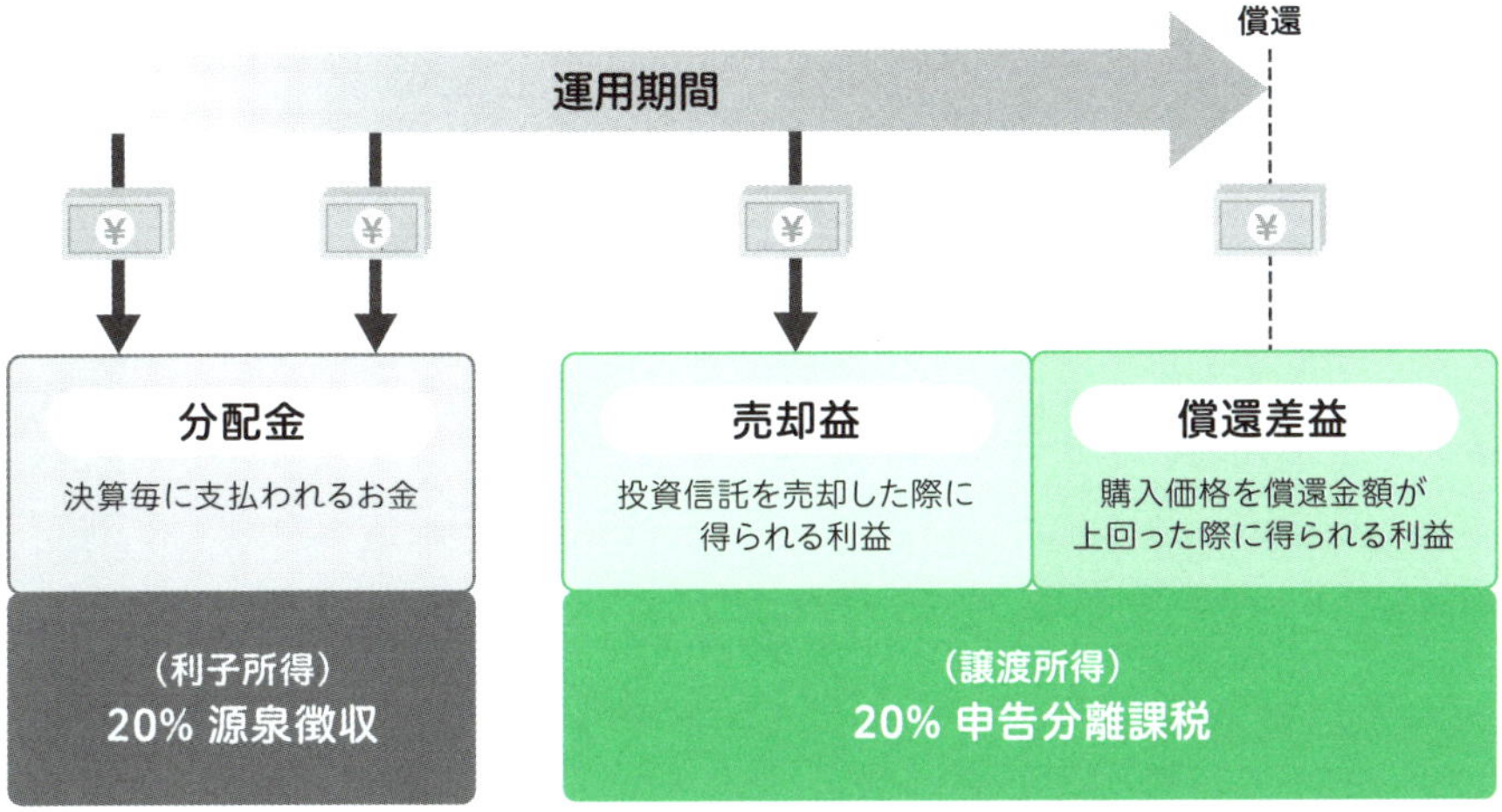

図2 受取型と再投資型の違い

通常、再投資型を選択したとしても、再投資する際は税金を差し引いた金額が再投資されます。そのため、より複利効果を活かしたい場合は、NISA口座での運用を行ったり、そもそも分配金を支払わない無分配型の投資信託に投資をするとよいでしょう。

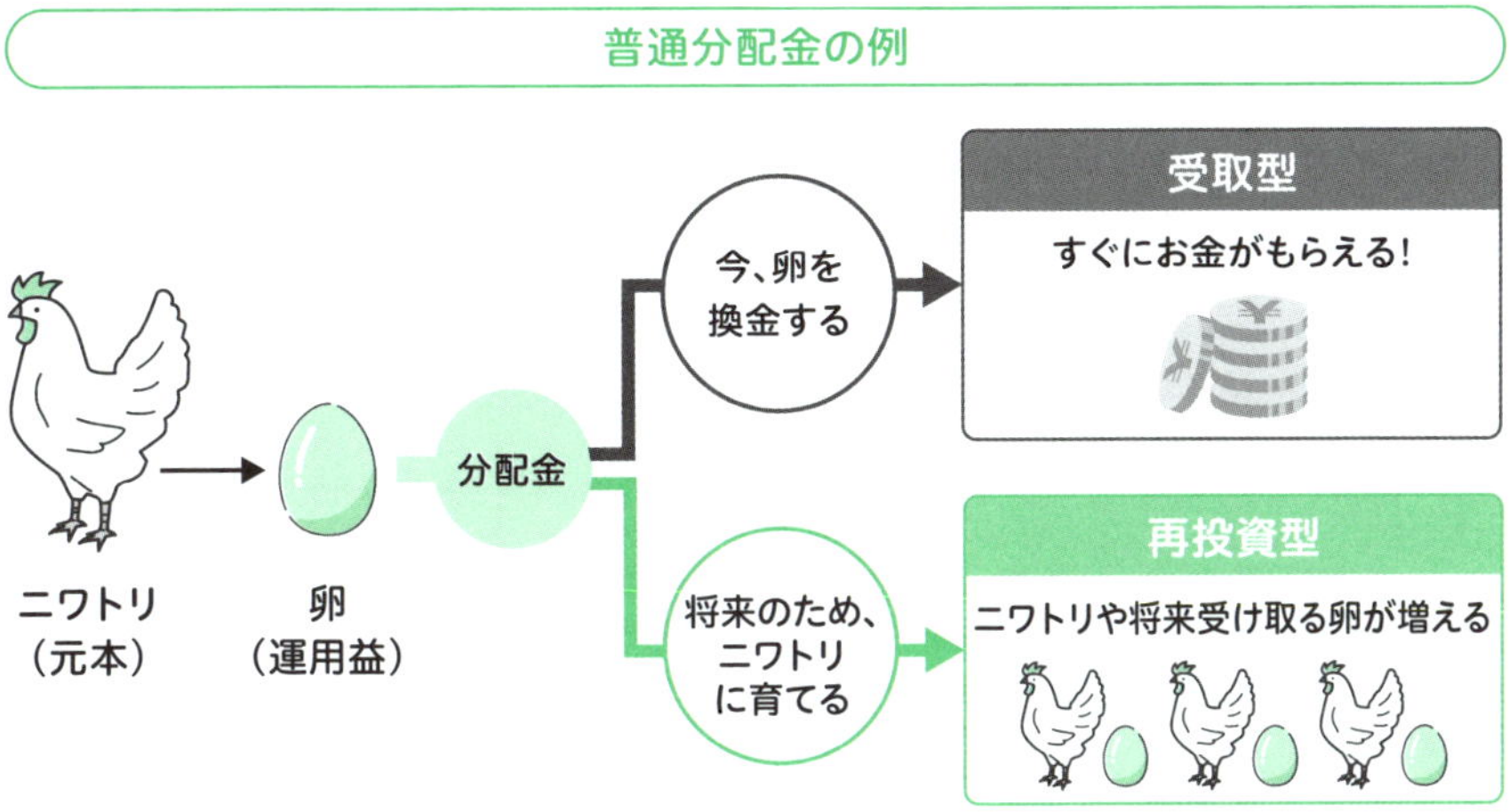

⑥

5 投資信託の運用手法

投資信託の2つの運用手法

投資信託はプロの運用担当者によって運用されていますが、その運用手法には次の2つがあります。

①インデックス（パッシブ）ファンド

日経平均株価や**ＴＯＰＩＸ**など、ベンチマークとなる株価指数に連動するように運用する方法です。

対象とする指数に含まれる銘柄をそのまま組み入れるため、調査や分析の手間が少ないことから手数料が低いので、中長期の運用に向いています。市場全体の成長を享受できるため、安定した運用が可能です。

ただし、指数が下落すると、それに連動してファンドの価値も下落します。市場平均以上のリターンは期待しにくい点も覚えておきましょう。

②アクティブファンド

ベンチマークとなる**株価指数**を上回る運用成果を目指すものです。

大きなリターンを狙うため、銘柄の調査や分析に多くの時間とリソースを投入します。そのため、手数料が高めの傾向がありますし、市場平均を下回るリスクもあります。

手数料が期待リターンに見合っているかを見極める必要があります。

インデックス運用を行う投資信託の選び方

投資初心者の方には、まずインデックスファンドをおすすめします。選ぶポイントは次の通りです。

①運用中に差し引かれる手数料（信託報酬）は、投資期間が長いほど成果に影響を与えます。できるだけ手数料が低いものを選びましょう。

②そして、投資信託の時価総額（規模）を示す純資産総額が小さすぎると、狙った運用が行いにくくなる恐れがあります。最低でも50億円以上のものを選ぶようにしましょう。

③最後に、投資するインデックスファンドが追随する指数が、自分の投資目的に合っているかを確認しましょう。たとえば、国内株式に投資したい場合は、日経平均株価やＴＯＰＩＸに連動するファンドを選びます。

長期間の運用になるほど、大半のアクティブファンドで、対象とする指数を下回っているのが現状です。要因としては、「高い運用コストが運用成果の重荷になっている」「短期的な利益も追求するため、時間を味方にした中長期での運用を行いにくい」ことが挙げられます。

図1　2つの運用手法の特徴

インデックスファンドとアクティブファンドのどちらが良いかは、運用目的によって異なります。ただ、選定の難易度という点では、まずはインデックスファンドにて運用を行い、投資に慣れてきたらアクティブファンドでの運用を検討することをおすすめします。

	インデックスファンド	アクティブファンド
運用目標	指数（インデックス）に連動	指数（インデックス）を上回る
組入銘柄	指数とほとんど同じ	プロの運用担当者が選定
手数料（コスト）	低い	高い

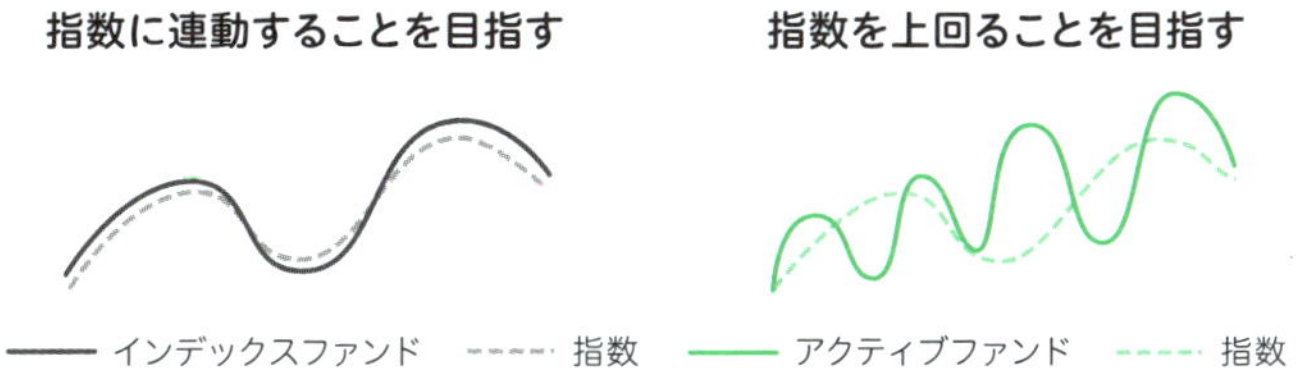

図2　インデックスファンドを選ぶ3つのポイント

純資産総額を見るときは、金額の大きさ以上に、順調に増加傾向にあるかも確認しておきましょう。純資産総額は投資信託の時価総額（規模）を表しているため、増加している場合は、運用が好調であったり、売却を上回る資金の流入が続いていることを示します。

1. 対象の指数を選ぶ
2. コストが低いファンドを選ぶ
3. 純資産総額を確認する

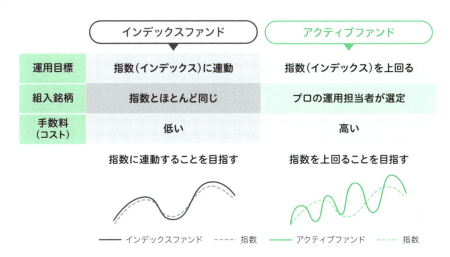

⑥ 投資信託に関する情報を調べよう

投資信託の情報を得る2つの重要書類

投資信託では、購入を検討する投資家に対して情報開示を行っています。代表的な資料は、次の2つです。

①目論見書

目論見書は、購入を検討する投資家に対して、販売会社が必ず交付するもので、投資判断に欠かせない重要事項が記載されています。インターネット取引の場合は、電子書面で提供されます。

目論見書には、取引前に交付される**交付目論見書**と、交付目論見書よりも詳細に情報が記載されている**請求目論見書**の2つがあります。投資判断に必要な情報は交付目論見書に記載されているため、交付目論見書のみを確認すれば問題ありません。

②運用報告書

運用報告書は、投資信託の決算期ごとに作成され、販売会社を通じて投資家に交付されます。投資信託の運用状況や今後の方針などが記載されており、保有中の投資信託を見直す際に便利です。

運用報告書には、**交付運用報告書**と**運用報告書（全体版）**の2つがあります。交付運用報告書は、すべての投資家に交付されます。運用報告書（全体版）は、交付運用報告書よりも詳細に情報が記載されていますが、基本的には交付運用報告書の内容を確認すれば問題ありません。

目論見書を見るポイント

投資家は目論見書を見ることで、投資判断に欠かせない情報を得ることができます。「投資信託の目的や特色」「運用におけるリスク要因」「過去の運用実績」「手数料（購入時、保有時、売却時）」などです。投資信託が投資をする資産は、間接的に皆さんが保有する資産になるので、必ず確認しておきましょう。

市場平均以上のリターンを狙うアクティブファンドの場合は、「運用方針」「過去の実績」「純資産総額の規模や推移」などを確認し、他の投資信託に対して強みがあるか見きわめましょう。

投資信託の公表資料には、「目論見書」と「運用報告書」に加えて、「月次レポート（月報）」があります。運用報告書よりもタイムリーな情報を得ることができ、投資環境の変化や運用担当者のコメント等が記載されている場合もあるので、商品の性質によって確認すべきです。

図1 公表資料のイメージ

投資信託の資料には、運用方針が記載された目論見書と、方針通りに運用されているかを示す運用報告書のほか、月次レポート（月報）があります。購入前に目論見書で運用方針を確認し、保有中は運用報告書などで運用状況を確認しましょう。

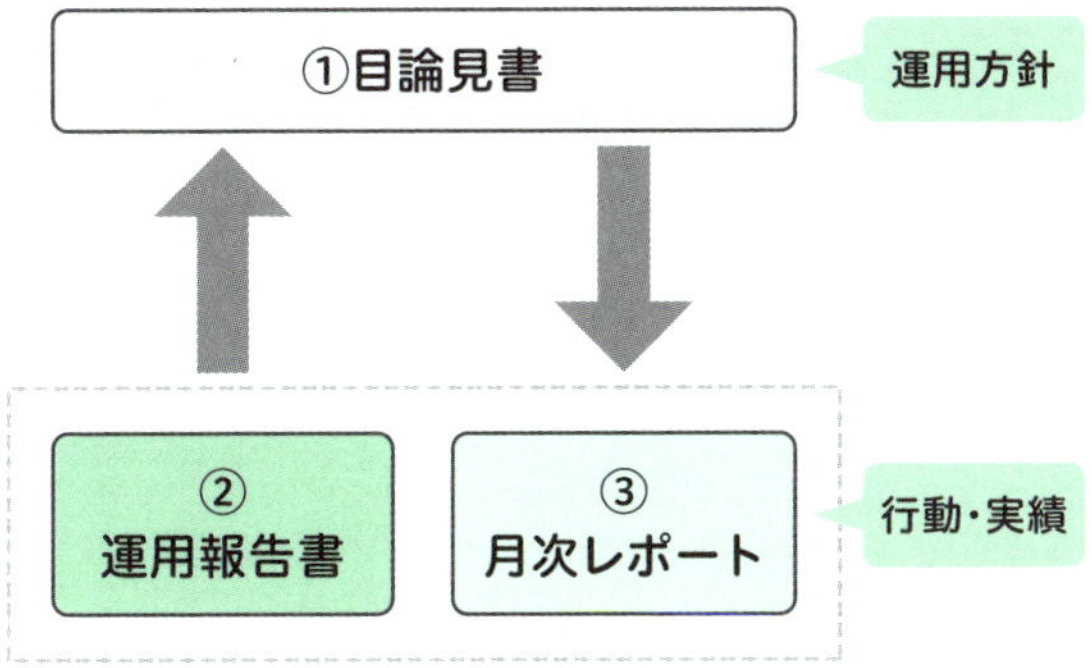

図2 目論見書で必須情報を確認しよう

投資信託を購入する際は、必ず目論見書を確認し、自身の運用方針に合った商品を選定しましょう。最初は難しく感じるかもしれませんが、どの投資信託も目論見書の内容は大きく変わりません。数本分見ることで、要領がつかめてくるでしょう。

⑥

7 分散投資を心がける—運用の注意点①

リスクを抑える3つの分散

投資の世界には「卵は一つのカゴに盛るな」という格言があります。これは分散投資が、リスクを抑えた安定的な運用に不可欠なことを示しています。投資信託は仕組み上、ある程度分散されていますが、改めて分散の方法を理解しておきましょう。

①資産の分散

資産には株式や債券、不動産（**リート**）などがあります。これらに分散して投資することで、特定の資産クラスの価格変動リスクを抑えることができます。

たとえば、株式のみで運用するよりも、値動きが異なる債券やリートにも投資することで、株式市場が下落した際の損失を抑えることができます。

②地域（通貨）の分散

複数の地域に分散して投資することで、各地域の経済情勢の違いによるリスクを軽減できます。国内資産に加えて、外国株式や外国債券などの外貨建て資産も保有することで、資産の価値を維持しやすくなります。

③時間の分散

購入や売却のタイミングを分散させることで、リスクを抑えながら利益を上げることができます。定期的に定額ずつ買い付けを行う「ドルコスト平均法」が代表的な方法で、平均取得単価を低く抑える効果が期待できます。

資産や地域の分散の考え方

地域の分散に悩んだ場合は、世界の経済規模に合わせて投資するのがおすすめです。自分で複数の投資信託を組み合わせる方法もありますが、手間をかけたくない場合は、全世界の株式や債券に投資する投資信託を活用するとよいでしょう。

なお、資産配分については、基本的に株式と債券の比率を考えるだけで問題ありません。不動産（リート）の商品ラインナップは、株式や債券に比べて少なく、株式に対する分散効果はそれほど大きくないためです。

投資には「リスクが大きいほど高いリターンを狙える」という原則があります。そのため、分散投資はリスクを抑える一方で、リターンも分散されてしまいます。しかし、リスクが高い投資先が必ずしも悪いわけではありません。目標やリスク許容度に合わせて投資先を選定しましょう。

図1 各資産の過去20年の最大（最低）リターン

図は、過去20年間における国内外の資産について、1年間で得られた最大のプラスリターンとマイナスリターンを示したものです。相場が大きく下落したときの対策として、資産の分散を考えるのと同時に、リスク管理の観点から手元資金も確保しておくことも重要です。

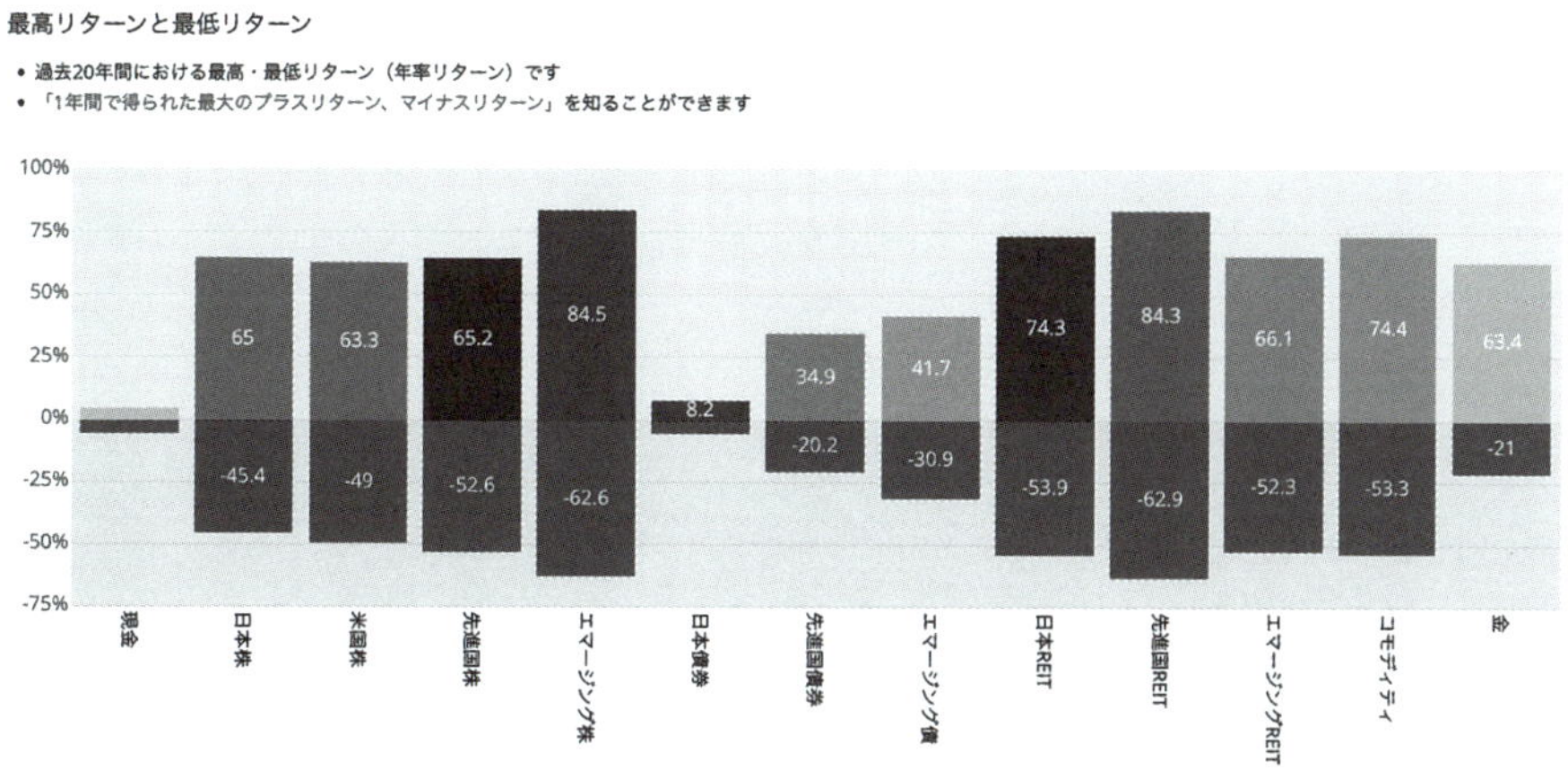

出典：myINDEX

図2 資産配分比率のイメージ

一例ですが、株式と債券の配分比率を考える方法として、「株式の割合＝100－年齢」（債券の割合＝年齢）とするものがあります。この考え方で株式と債券を配分した場合、高齢になるにつれて債券の比率が高まるため、運用資産全体のリスクを抑えることができます。

「100－年齢」で資産配分比率を計算

※平均寿命の延びに伴い、「株式の割合 ＝ 120－年齢」で資産配分比率を求めてもよい

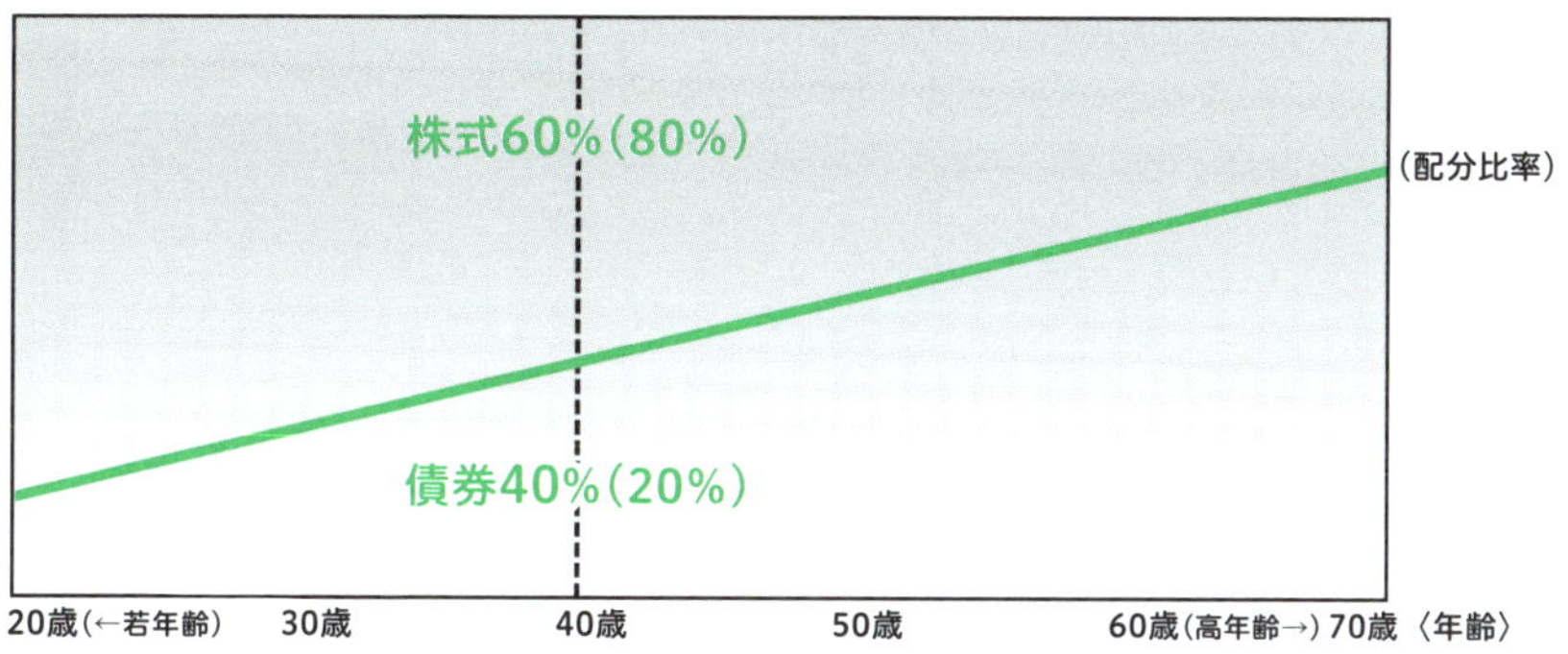

6

8

運用方針を把握しておく ―運用の注意点②

ファンドの目的と特色を押さえよう

投資信託を購入する際は、投資先や運用方針をしっかりと把握しておく必要があります。これらは、目論見書の「ファンドの目的・特色」の項目で確認できます。

ファンドの目的を調べることで、そのファンドがどのような指数をベンチマークとしているのか、運用手法はインデックス運用かアクティブ運用かを確認できます。

また、ファンドの特色を調べることで、そのファンドがどの地域のどの資産に投資しているかを確認できます。たとえば、株式に投資をしているのであれば、組入比率の高い上位10銘柄ほどがわかります。複数の地域を投資対象としている場合は、地域別の構成比率がわかります。運用手法や投資対象によって、期待できるリターンは大きく異なるため、必ず確認しましょう。

また、ファンドの特色には、分配金の方針を示す**分配方針**も記載されています。分配方針は、①「原則として分配を行う」、②「運用成果に応じて分配を行う」、③「資産の成長を目指すために、原則として分配は行わない」の大きく3つに分かれます。「定期的に分配金を受け取りたい」または「複利効果を活かして中長期的に資産を増やしたい」など、それぞれ投資を行う目的や目標があると思いますので、自分に合ったものを選びましょう。

リスク要因についても確認を

株式や債券などは、様々な要因によって価格が変動し、それに伴って基準価額も変動します。投資信託も株式や債券などに投資を行っているため、投資先に応じたリスク要因についても想定しておく必要があります。

代表的なものに、「価格変動リスク」や「流動性リスク」のほか、外貨建て資産を保有する際の「為替変動リスク」や「カントリーリスク」などがあります。これらのリスク要因は、目論見書に詳細が記載されているため、投資信託を購入する前に一通り確認しておきましょう。

外貨建て資産へ投資を行う場合、投資信託によっては為替ヘッジの有無を選択できるものがあります。為替ヘッジを行うことで、為替変動による損益を回避（ヘッジ）できますが、国内と投資先の国との金利差分のコストが発生するため、運用成果の負担となる点には注意が必要です。

図1　運用方針の見るべきポイント3選

投資信託を購入する際は、投資先や投資戦略などの運用方針を事前に確認しておく必要があります。何を確認すればよいかわからない場合は、運用手法（インデックス運用／アクティブ運用）、投資対象（構成銘柄など）、分配方針の3点だけでも確認しておきましょう。

1. 運用手法（インデックス運用・アクティブ運用）
2. 投資対象（上位構成銘柄、国・地域別比率）
3. 分配方針（分配の頻度、実施の有無）

図2　投資リスクの一例

図のように、目論見書には基準価額の変動要因となるリスクはもちろん、それぞれのリスクに関する概要も記載されています。その他、過去の運用実績も載っているため、過去に相場が大きく変動した際にどのような値動きをしたかも確認しておきましょう。

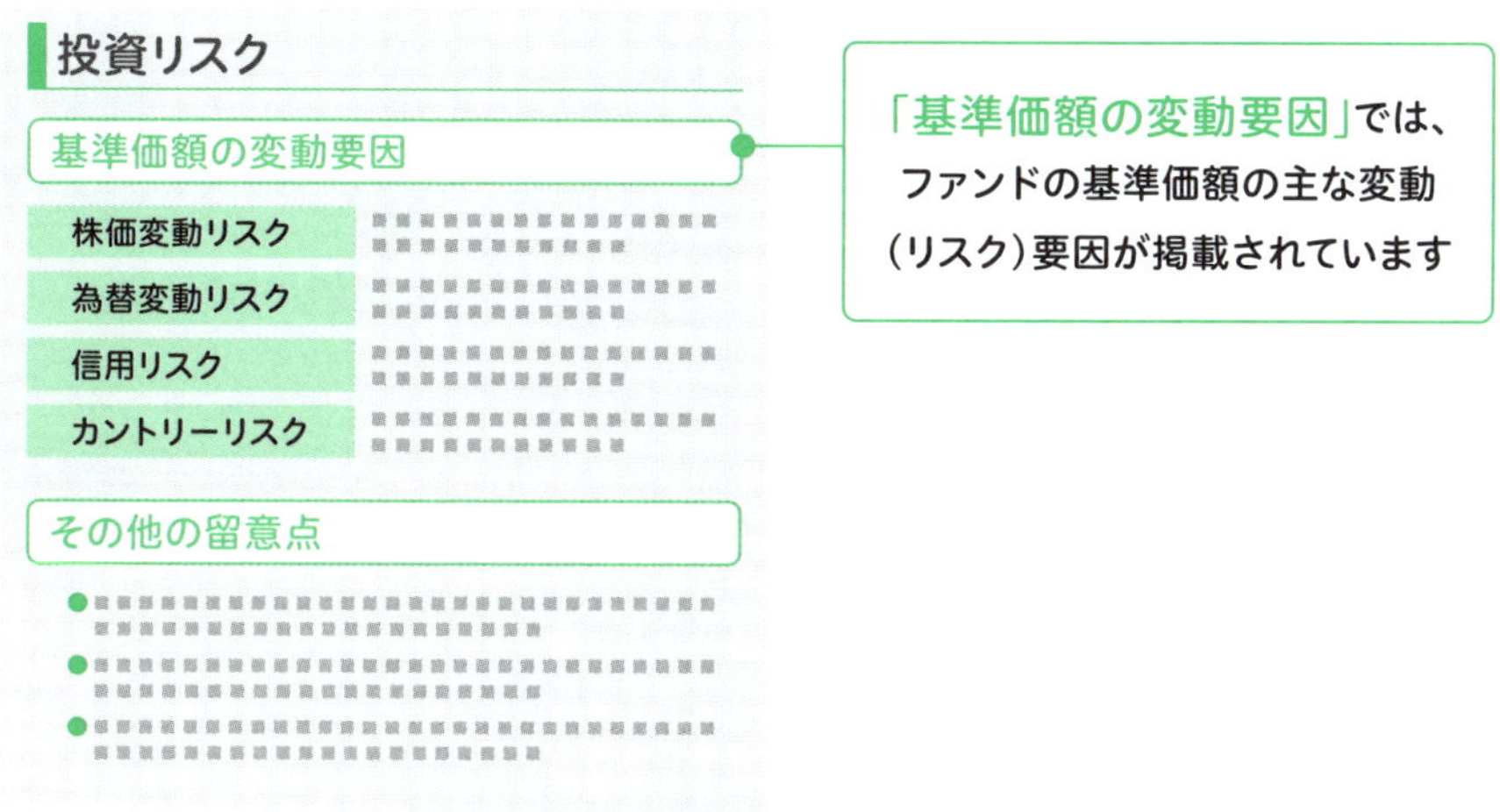

⑥ 9 コストを把握しておく ―運用の注意点③

投資信託の3つの手数料（コスト）

投資信託で運用を行う場合、「購入時」「保有時」「売却時」の3つのタイミングで手数料が発生します。

①購入時の手数料

投資信託を購入する際に、販売している銀行や証券会社に支払う手数料です。料率は概ね0～3%の間で設定されていますが、販売会社は自由に決められるため、金融機関によって異なります。最近では、ネット証券を中心に購入時手数料が無料の「**ノーロード・ファンド**」が一般的になってきています。

②保有時の信託報酬

投資信託を保有している間に負担する手数料で、「年率○%」と表されることが多いです。

保有期間中、保有額に応じて日々運用中の資産から差し引かれます。わずかな料率の違いでも、長期間保有する場合は大きな負担となります。

③売却時の信託財産留保額

投資信託を短期で売却する投資家と、長期保有する投資家との公平性や運用の安定性を確保するために徴収されます。

料率は概ね0・1～0・5%程度ですが、現在では設定していない投資信託がほとんどです。

特に信託報酬には注意しよう

投資信託はプロに運用を任せるため、購入時と売却時以外に、保有している間も日々手数料（信託報酬）が発生します。

証券口座の預かり金からではなく、運用資金から徴収されるため、実感しにくいコストですが、運用期間が長くなるほど、運用成果に与える影響が大きくなります。

将来のリターンは不確実ですが、手数料は確実に発生します。投資対象や運用手法が同じであれば、信託報酬が低いものを選びましょう。

投資信託にかかる手数料（信託報酬等）は、目論見書や証券会社のWebサイトで確認できます。投資信託の運用方針や過去の実績、投資先のリスク要因と合わせて、どのくらい手数料が発生するかを確認しておきましょう。

図1 投資信託にかかる手数料

中長期で運用を行う場合、投資信託の保有中に発生する信託報酬が大きな負担となることがあります。投資対象にもよりますが、インデックス運用の投資信託の場合は、0.1～0.5%程度を目安にするとよいでしょう。

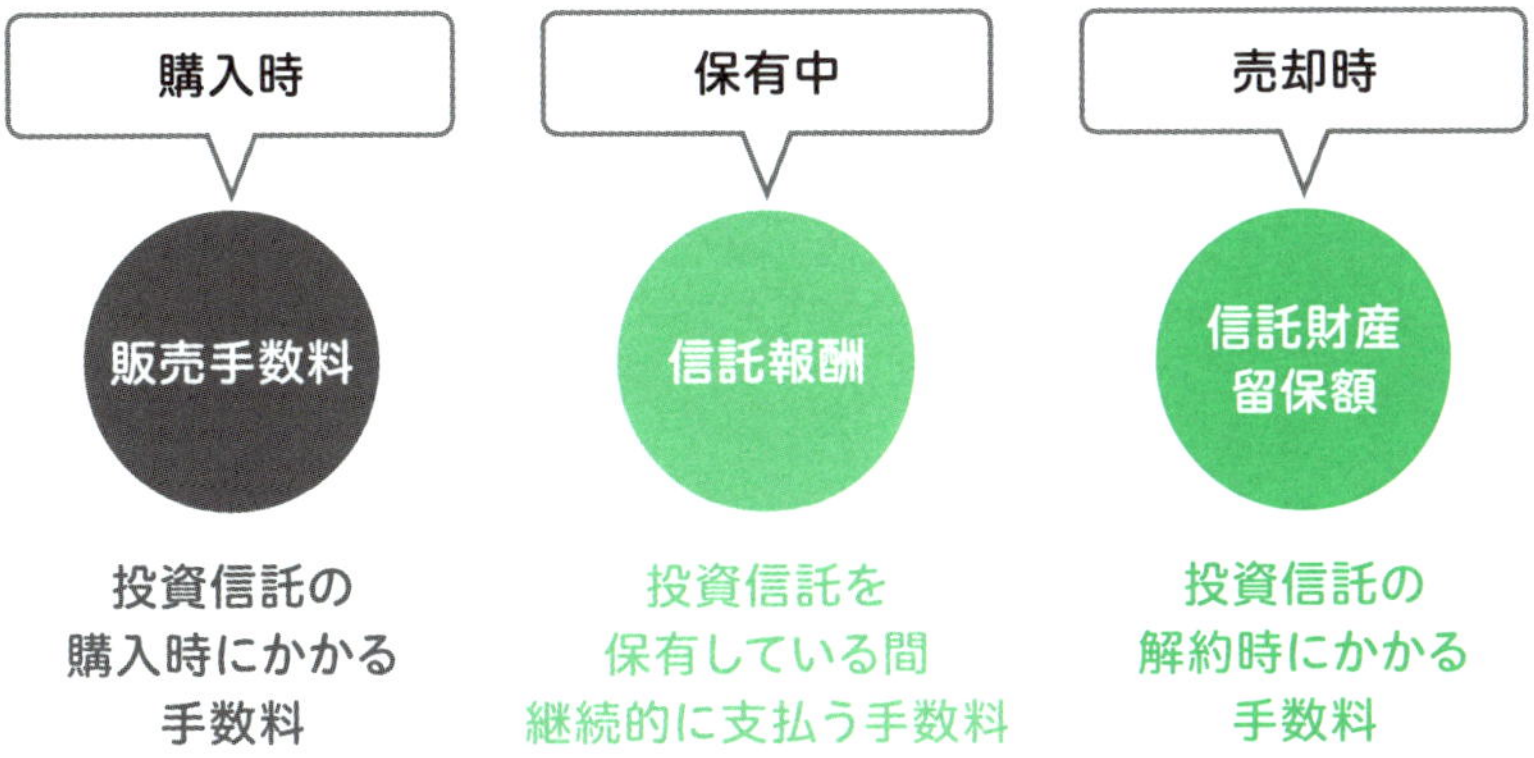

図2 信託報酬による運用成果の比較

信託報酬の差は、運用成果に大きな差をもたらします。図のように、500万円を年利8%で20年間運用した場合、信託報酬が0.5%／年であれば、資産総額は2,124万円になります。これに対し、1.5%／年であれば、1,762万円となり、約360万円の差が出ます。

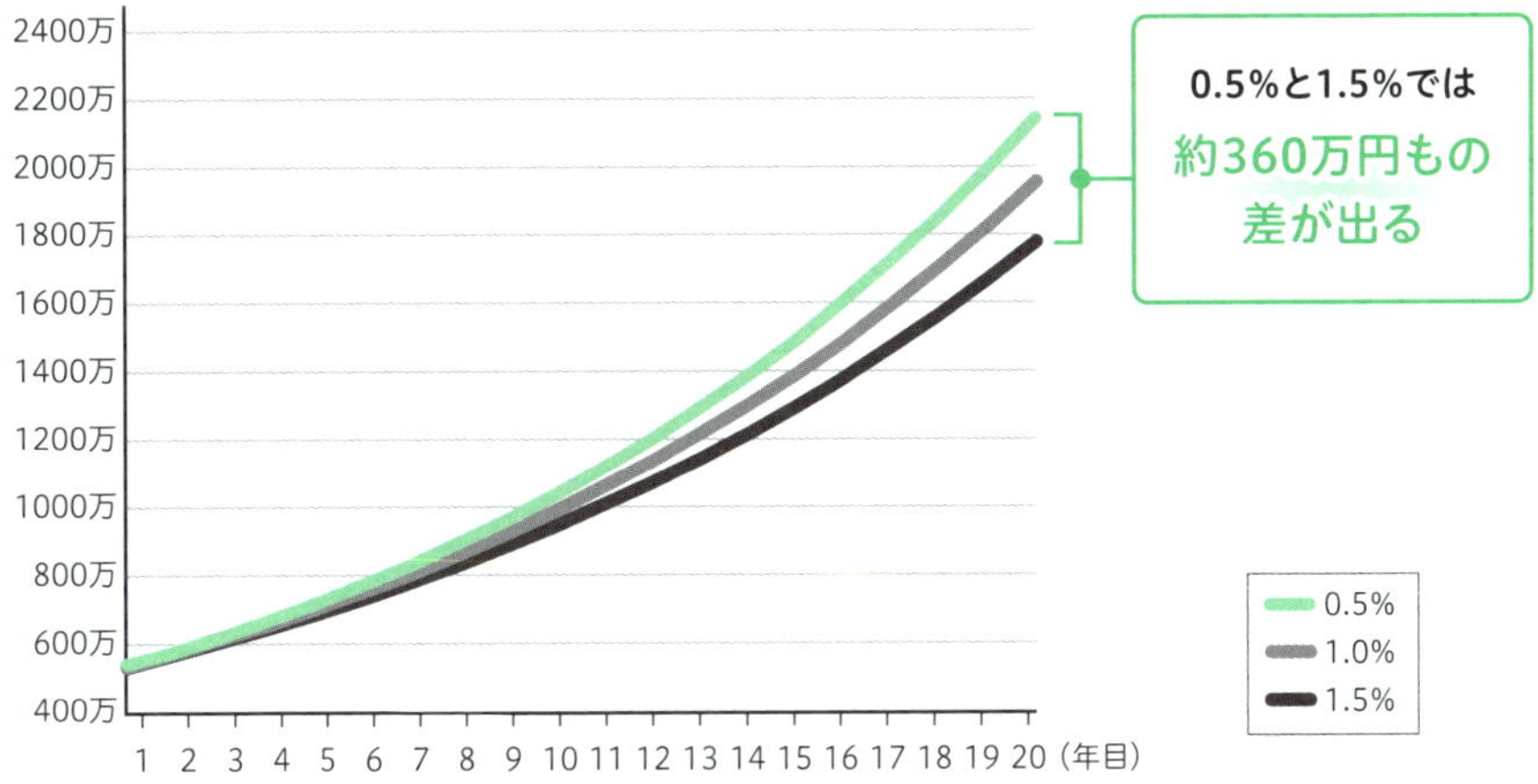

6

10 投資信託とETFの違いとは？

ETFの特徴を押さえよう

ETF（上場投資信託）は、株式市場に上場している投資信託のことで、投資信託と同様に分散投資ができる金融商品です。つまり、ETFと投資信託との違いは、上場か非上場かということになります。

ETFは、株式市場に上場しているため、株式と同様に市場が開いている間、リアルタイムで取引が可能です。取引時の手数料は、株式の手数料と同じです。一方、投資信託は、1日1回算出される基準価額を参考に、証券会社などの販売会社に購入の申込みを行います。ただし、申込時点では適用される基準価額が決まっていないため、正確な取引価額がわかるのは翌営業日以降になります。わずかな価格差にもこだわる方や、機動的に売買を行いたい方には、ETFの方が向いているでしょう。

また、ETFは取引所で取引が行われるため、販売会社に信託報酬を支払う必要がないため、信託報酬は低めに設定されることが一般的です。信託報酬が低いということは、保有中のコストを抑えられるということになります。購入を検討している投資信託と同じ運用手法（インデックス運用、アクティブ運用）、同じ投資対象のETFがあるならば、そちらへの投資を検討してもよいでしょう。

ただし、ETFは投資信託に比べて商品数が少ない点には注意してください。

ETFよりも投資信託が向いている人は？

少額からコツコツと積立投資を行いたい方には、投資信託の方が向いています。ETFは、リアルタイムで取引できますし、信託報酬が投資信託よりも低い傾向にありますが、最低買い付け金額は数千円～数万円ですし、分配金を自動で再投資する仕組みがありません。

とくに、NISA制度を活用してこれから資産形成を行っていきたい方には、投資信託をおすすめします。NISAの非課税投資枠を圧迫せずに、分配金を再投資することで、不必要に非課税投資枠を消費せず、複利効果を活かすことができます。

ETFの分配原資は、投資対象株式から受け取った配当金が主な原資となるため、元本払戻金（特別分配金）がありません。そのため、投資信託のように自身の投資元本がいつの間にか戻るといったことを避けることができます。

図1 投資信託とETFの主なポイント

国内の投資信託は約6,000本ありますが、各金融機関で取扱本数は異なります。一方、ETFは、どの証券会社でも銘柄は同じで、取扱本数は変わりません。ただそれでも、選択肢の数では投資信託に分があります。

	投資信託	ETF
上場	非上場	上場
銘柄数	約6,000銘柄	約300銘柄
売買コスト	0% ～ 3%程度	0% ～ 1%程度
保有コスト	0.6% ～ 1.8%程度	0.03% ～ 1%程度

リアルタイムでの取引の可否や商品ラインナップ、保有中のコストなど、それぞれの特長を活かして目的別に活用しましょう。

図2 投資信託とETFの使い分けのポイント

投資信託は、クレジットカードを利用して積立を行うことができます。貯まったポイントは、ギフト券等と交換したり、カードの請求額に充当できたりします。ポイントの活用方法に悩んでしまう方は、ポイントを投資に回すのもおすすめです。

	投資信託	ETF
最低購入金額	100円～	数千円～数万円（銘柄による）
分配金の自動再投資	あり	なし
クレジットカード積立	あり（上限10万円）	なし

少額から資産形成を始めたい方には、総合的に見ると投資信託の方がおススメです。

⑥

11 長期保有に向かない投資信託がある!?

ブル型ファンドとベア型ファンド

投資信託は、基本的に中長期での保有を前提として運用されているものが多数です。

ところが、中には**デリバティブ**（**金融派生商品**）を活用することで、ハイリスク・ハイリターンになりすぎていて、中長期の運用に向かないものもあるため注意が必要です。一例として、次の2つが挙げられます。

①ブル型ファンド

ブル型ファンドは、相場（日経平均など）が上昇したときに、基準となる指数の値上り幅以上に利益が出るように作られたファンドです。「ブル」は、雄牛が角を下から上へ突き上げる仕草に由来します。

ブル型（ベア型）ファンドの主流は、日経平均株価やTOPIXなどの株価指数に連動するものです。**レバレッジ**をかけて、通常よりも2～3倍の値動きになるように設定されたものもあります。

予想通りに相場が変動すれば大きな利益を得ることができますが、逆方向に変動すると大変です

②ベア型ファンド

ベア型ファンドは、相場が下落したときに、基準となる指数の値下り幅を上回る利益が出るように作られたファンドです。「ベア」は、熊が攻撃する際に前足を下に振り下ろす仕草に由来します。

ベア型ファンドは、下落相場でも利益が狙えることがメリットです。

実は危険なテーマ型の投資信託

投資信託の中には、AIやDX、脱炭素のように、特定のテーマに関連した業界や企業に投資を行うものがあります。

ただ、株価はそもそも、将来の成長を見込んだ上で変動するものです。そのため、商品が設定された時点で、株式市場での注目度はピークに達しており、投資直後に暴落するということは珍しくはありません。もし投資を行う場合は、今後も持続的に成長が見込めるテーマかどうかを見極める必要があります。

レバレッジをかけたブル型（ベア型）の値動きは、あくまでも前営業日と比較した場合に、その変動率が保たれる仕組みです。そのため、値動きによっては、対象としている指数よりも低い基準価額になる可能性があります。こうしたことから、中長期保有には不向きとされています。

図1　ブル型とベア型のイメージ

ベア型ファンドを活用することで、相場の上昇局面だけでなく、下落局面でも利益を狙えます。レバレッジ倍率が設定されたものであれば、市場の値動きよりも大きなリターンを狙うこともできますが、商品の性質上、投資初心者の方の投資先にはおすすめできません。

図2　テーマ型ファンドのイメージ

テーマ型ファンドは、特定のテーマに集中投資するため、分散効果が低くなってしまう可能性があります。ただ、「注目しているテーマはあるけれど、個別企業の特徴がわからない」という場合は、テーマに沿った銘柄に分散投資ができるという見方もできます。

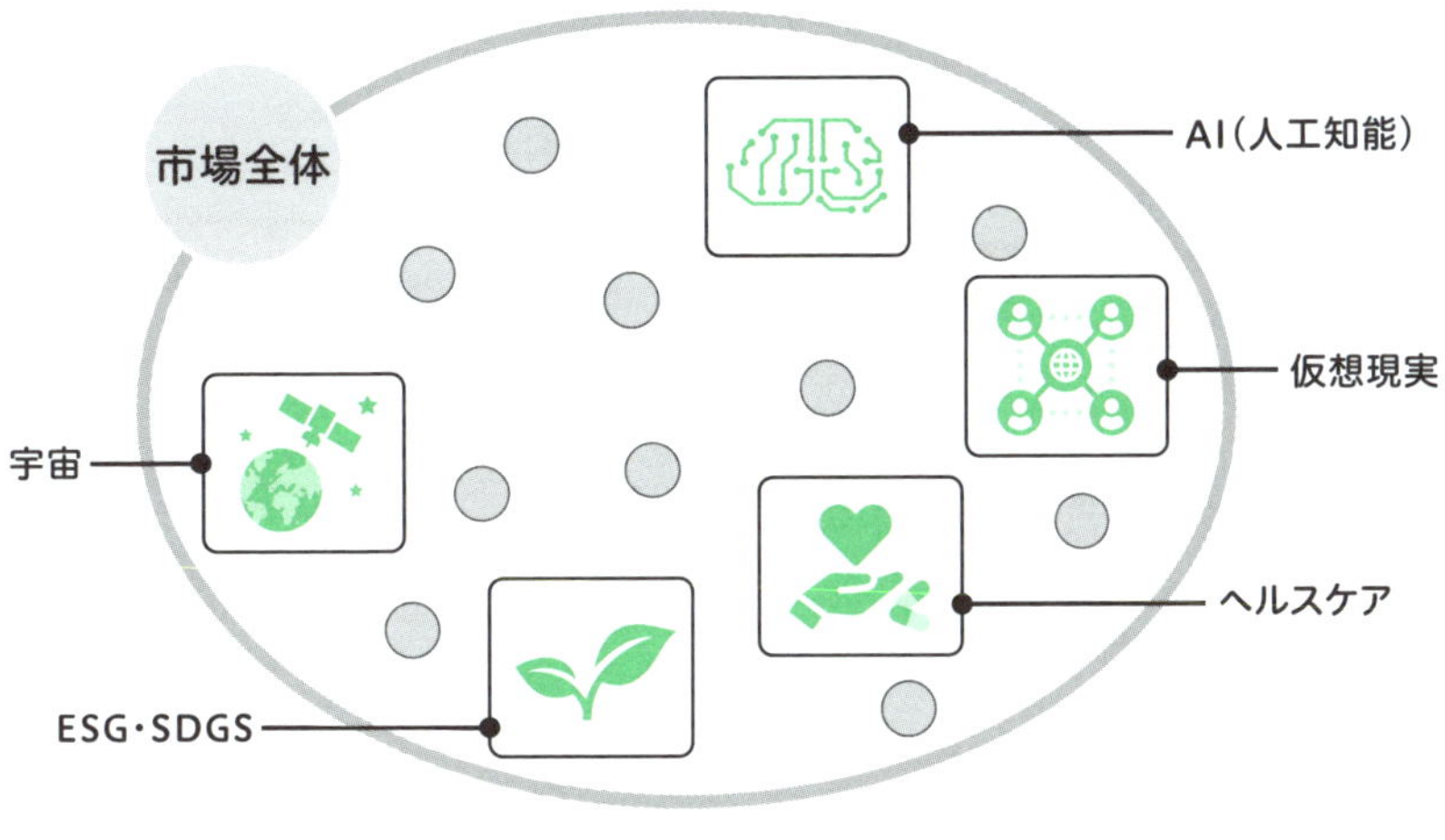

⑥

12 投資信託は基本的にほったらかしでよい？

ほったらかし投資の方が良い理由

投資をした後、頻繁に取引をせず、長期間放置することが**ほったらかし投資**です。ほったらかし投資が良い理由をいくつか挙げます。

①複利効果

第3章で述べたように、年間数%の利益でも、複利効果を活かすことで、資産を大きく増やすことができます。「**複利**」とは、得られた利益を再投資することで、利益が利益を生み資産が増える効果のことです。

②安定した利益

投資信託は、株式や債券などの資産に投資しています。株式や債券など、それ自体が価値を生み出す資産に投資をすると、長期間保有するだけでも、投資家に利益をもたらしてくれます。

③一時的な値動きの影響を受けにくい

長期的に保有することで、短期的な市場の値動きの影響を受けにくくなり、運用の成果が安定しやすくなります。

④経済成長に伴う資産価値の増加

とくに株価は、歴史的なデータを見ると、中長期的には経済の成長に伴って上昇する傾向にあります。

ただし、中長期的に保有をするとしても、投資元本を下回る可能性はありますし、短期間で大きなリターンを得ることは難しいと言えます。

積立投資と一括投資はどちらが良い？

ほったらかし投資に限らず、投資資金に余裕がある場合、まとめて一括投資を行うか、コツコツと積立投資を行うか迷う方も多いでしょう。

過去の実績を見ると、早い段階で複利効果の恩恵を受けられる一括投資の方が、積立投資よりもリターンが上回っていることが多いです。ただし、一括投資の方が、積立投資よりも高値で投資をしてしまうリスクは高くなります。

投資資金に余裕があり、リスクを許容できる場合は、一括投資が推奨されます。一方、リスクを抑えたい場合は積立投資が適しています。

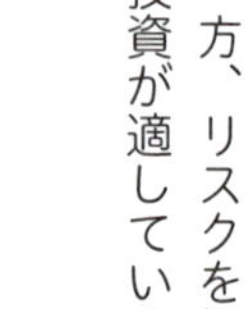

ある運用会社の調査によると、運用成績が良かった方は、結果的に長期保有をした方でした。運用していることを忘れるのは良くないですが、投資をした前提条件が崩れてないのであれば、一時的な価格変動に惑わされずに保有を継続することが大切です。

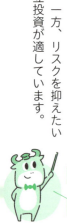

図1 中長期保有に適した投資信託のポイント

ほったらかし投資を行う場合は、どんな投資信託に投資をするかがとても重要です。長期間安心して保有を継続できるよう、最低でも①「適切に分散されている」、②「中長期的に成長が見込める投資先に投資をしている」という条件を満たした投資信託を選ぶようにしましょう。

ポイント

1. 様々な資産（地域）に分散されている
2. 中長期的な成長が見込める

図2 積立投資と一括投資の特徴

相場が大きく下落したタイミングを見きわめて一括投資を行うことで、短期間で大きなリターンを狙うこともできます。投資資金にもよりますが、基本は積立投資で、状況に合わせて一括投資を行うなど、2つの投資方法を併用してもよいでしょう。

特徴

一括投資	積立投資
● 短期間で大きなリターンを狙うこともできる	● 短期間で大きなリターンを狙いにくい
● 積立投資よりも複利効果を活かしやすい	● 投資タイミングを分散することができる
● 高値つかみをしてしまうリスクが大きい	● 購入するタイミングを考えなくても良い

コラム

6 人気ファンドの類似商品に注意

名前は違うが中身は？

2024年からNISA制度が恒久化されたことで、投資への関心が高まっています。とくに、つみたて投資を始めるきっかけとして、投資信託を活用する人が増えています。皆さんの中にも、NISAのつみたて投資枠を活用して、「S&P500」や「全世界株式インデックス」（通称「オルカン」）に投資している方が多いのではないでしょうか。

SBI証券の投資信託販売金額人気ランキングを見てみると、第1位は『三菱UFJ-eMAXIS Slim 全世界株式（オール・カントリー）』、第2位が『三菱UFJ-eMAXIS Slim 米国株式（S&P500）』、第3位が『SBI-SBI・V・S&P500インデックス・ファンド』となっています。このランキングからも、オルカンとS&P500が圧倒的に人気であることがわかります。

この人気シリーズの中でも、とくに『三菱UFJ-eMAXIS Slim』が支持されています。理由は、購入後の手数料が圧倒的に安いからです。長期投資を前提としているため、運用管理費用（信託報酬）をできるだけ安く抑えたいという投資家にとって魅力的です。さらに、『eMAXIS Slim』シリーズは、過去に信託報酬の値下げを行っており、今後も他社の値下げに応じて値下げする可能性があります。

なお、三菱UFJには『eMAXIS Slim』シリーズと『eMAXIS』シリーズの2種類があります。『eMAXIS Slim』シリーズは、ネットでしか購入できませんが、手数料が安いことが特長です。類似の商品がある場合は、どちらのシリーズなのか、手数料の違いがどのくらいあるのかを確認するようにしましょう。

第7章

FX（外国為替証拠金取引）投資商品の基礎知識④

⑦ 1 FXはギャンブルではない!?

FXは「ゼロサムゲーム」

投資とギャンブルは、本質的に異なります。

投資は、企業や資産が成長し、価値が増大することによって利益を得る仕組みです。これは**プラスサムゲーム**（プレイヤーの利得の合計がプラスになる）であり、全体の利益は増加します。

一方、投機は、誰かが利益を上げれば、誰かが損をする仕組みです。これは**ゼロサムゲーム**（プレイヤーの利得の合計がゼロになる）であり、全体の利益はゼロになります。**FX**（**外国為替証拠金取引**）は、このゼロサムゲームに該当します。

一部では、短期運用を投機、長期運用を投資とする見方もありますが、これは必ずしも正確ではありません。株式投資におけるデイトレードは短期トレードですが、株式自体は広義の意味で「投資」に分類されます。

株式投資やFXが「投資」なのか「投機」なのか議論はありますが、本書では株式投資は「投資」、FXは「投機」と位置づけています。

FXがギャンブルではない理由

FXがギャンブル的なものであることは否定できませんが、FXは短期間の値動きの差により利益を得ようとするゼロサムゲームです。

つまり、運だけでなく、知識や経験によって結果をたぐり寄せるものと言えます。

運の要素はもちろんありますが、相場を分析して、値動きの見通しを立てて取引するのがFXです。金融商品取引法で「店頭デリバティブ取引」として認められていることからも、ギャンブルとは異なることがわかります。

投資も投機も、知識や分析を必要とする行為です。勘や運に頼った一か八かのゲームではなく、ある程度の素養と分析力がなければ継続的に利益を得ることは難しいと言えます。

とは言え、運に左右される要素も多分にあるため、やはりある程度の知識がないと気軽に手を出すのは危険でしょう。

では、ギャンブルとは何でしょうか。それは「遊戯」であることではないでしょうか。FXはギャンブル性の強い行為ではありますが「取引」です。一方、ギャンブルは娯楽の要素が強く、遊戯の一環と言えます。

図1 FXがゼロサムゲームである理由

取引行為を経て、勝者と敗者が存在するゼロサムゲーム。FXはまさにこの図式にあてはまります。市場の予測方法、目的、知識とスキルの必要性、各種規制などを加味すると、ギャンブルとは全く異なる行為であることがわかります。

ゼロサムゲーム

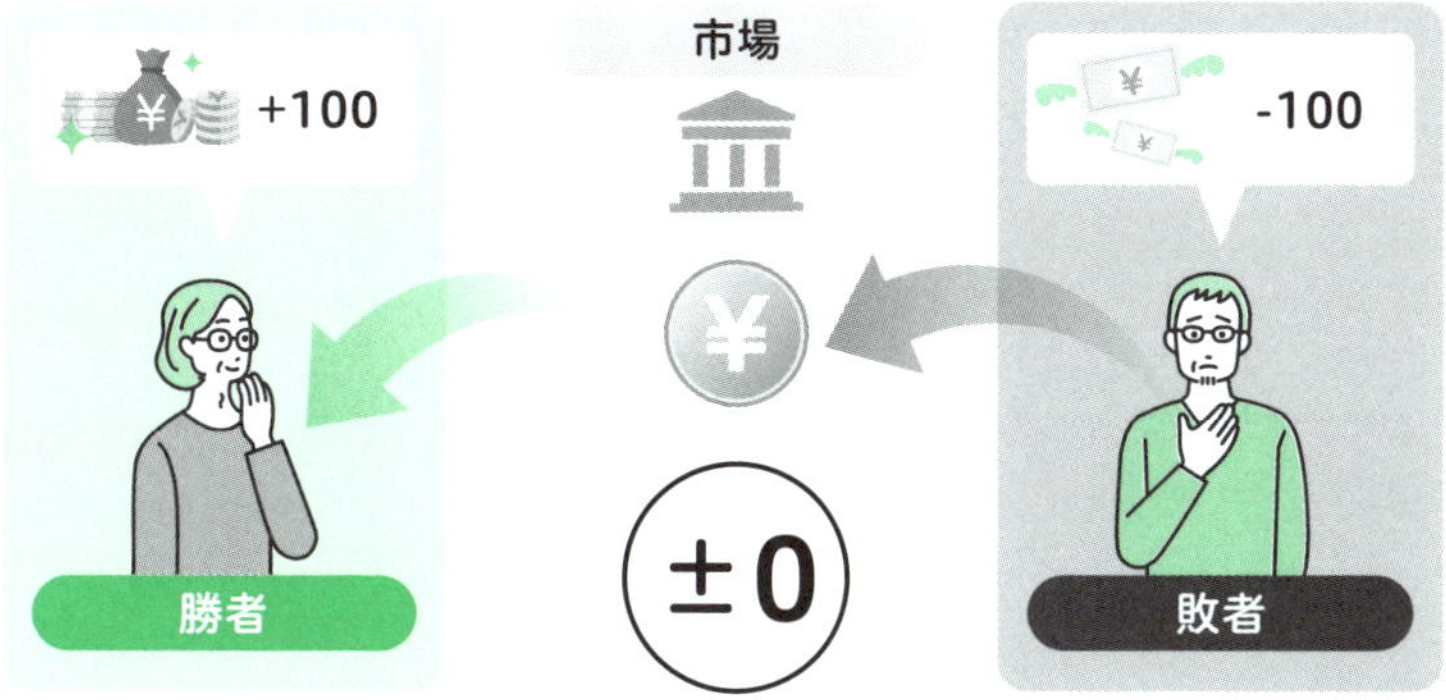

図2 FXとギャンブルの違いについて

ギャンブルが「遊戯」であるのに対し、FXは金融商品取引法で定められた「取引行為」です。社会性云々を差し引いても、FXがギャンブルと一線を画すのは明白だと言えます。

FXとギャンブルは似て非なるもの

通貨の売買を行う「取引」　　偶然の結果で決まる「遊戯」

7

2

FXの概要について

為替レートの「差」を狙う

FX（Foreign Exchange：外国為替）は、正式には「外国為替証拠金取引」と言い、外国為替取引によって利益を得る行為です。

日本円と米ドル、ユーロ、ポンドなど、2つの通貨（通貨ペア）を選び、**通貨ペア**のレートが変動したときに、一方を買って一方を売り、その差益を得ます。値上がりしたときに売り、値下がりしたときに買うのが基本的な戦略となります。たとえば、アメリカへ旅行したとしましょう。日本を発つときに、1ドル＝100円で円をドルに交換しましたが、帰国後に余ったドルを円に交換したところ、1ドル＝110円になって戻ってきました。このとき、1ドル当たり10円得をしていることになります。これが為替差益です。FXはこの為替差益を得る取引です。

このように説明すると簡単なようですが、レート変動のタイミングを誤ると、利益どころか損失を被ります。上がっていたはずの価格が、瞬く間に下がるということもよくあります。

FX取引は、土日を除いてほぼ24時間行えるため、利益も損失も短時間で大きく動きます。短時間に大きな利益を得ることがある一方、あっという間に大きな資金を失うこともあるのです。取引に時間を要するため、まとまった時間が取れる週末に取引が集中することが多いのもFXの特徴です。

為替の仕組みを知ることが大事

たとえば、アメリカに旅行して、日本円を米ドルに両替するとします。為替レートが1ドル100円とすると、1万ドルへ両替したい場合、100万円が必要となります（両替手数料は考慮していません）。

この100万円を1万ドルに交換する両替行為が外国為替にあたります。そして、為替の差額を狙う行為こそがFX取引です。

このように、FXは通貨ペアの為替レートの変動を利用して利益を得る取引です。ただし、リスクも伴うため、為替の仕組みを十分に理解することが重要です。

FX取引を始める場合は、投資で使う証券取引口座ではなく、FX専用の口座を開くことになります。このとき、証券会社によっては口座開設手数料、もしくは口座維持手数料がかかる場合があります。

図1 FXとは何か？

FXは、通貨ペアを売買して、その価格差を売却益として得ることを目的とする取引です。カギとなるのは、為替レートが変化するタイミングで売買できるかどうかです。

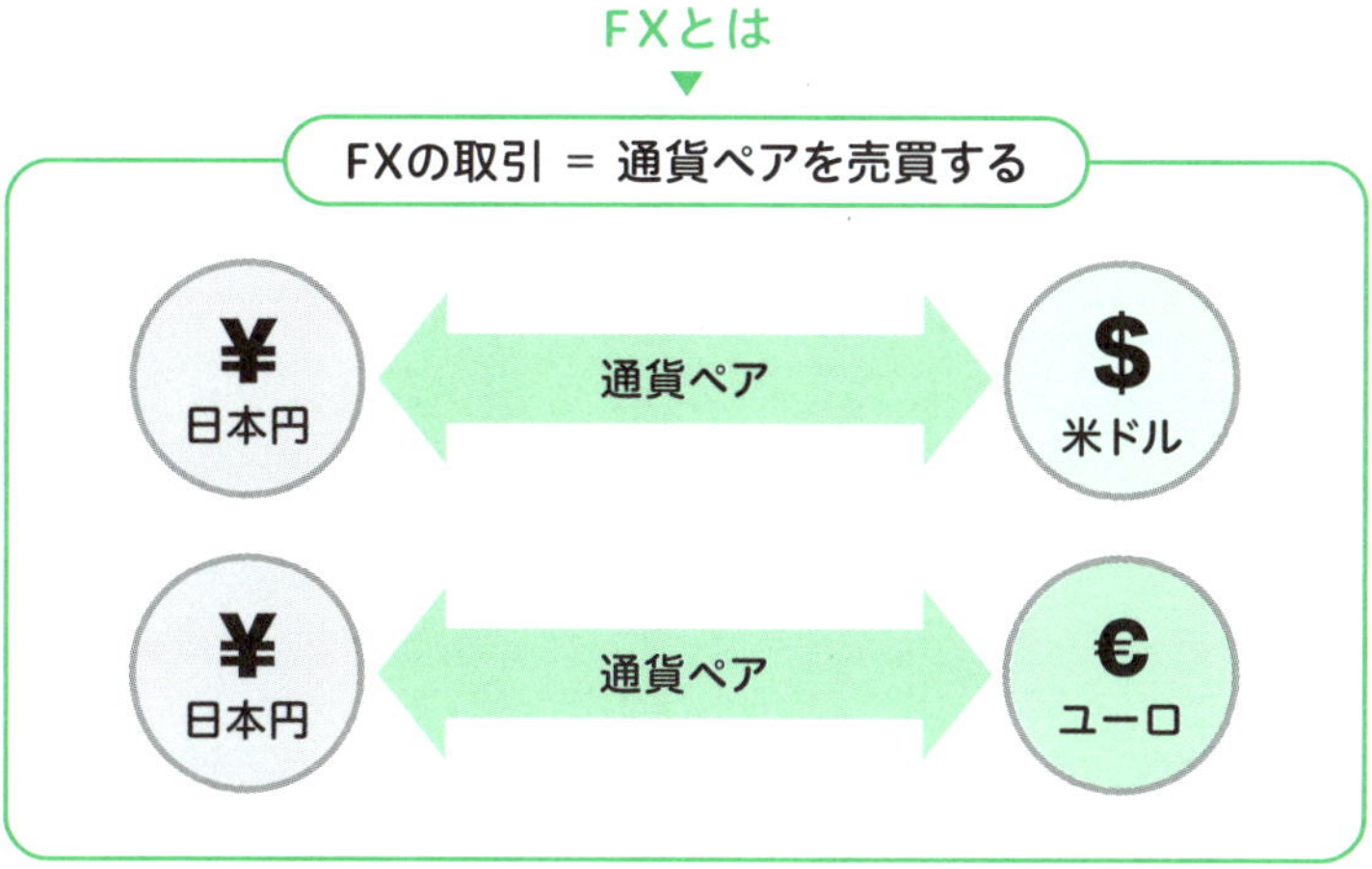

図2 FX取引の仕組み

たとえば、1ドル115円のときにドルを買い、一年後、1ドル130円のときに売却したとします。1万ドルの取引だった場合は、利益は17万円弱に及びます。もちろん、1万ドルという高額ではなく、数百円からでも取引はできます。

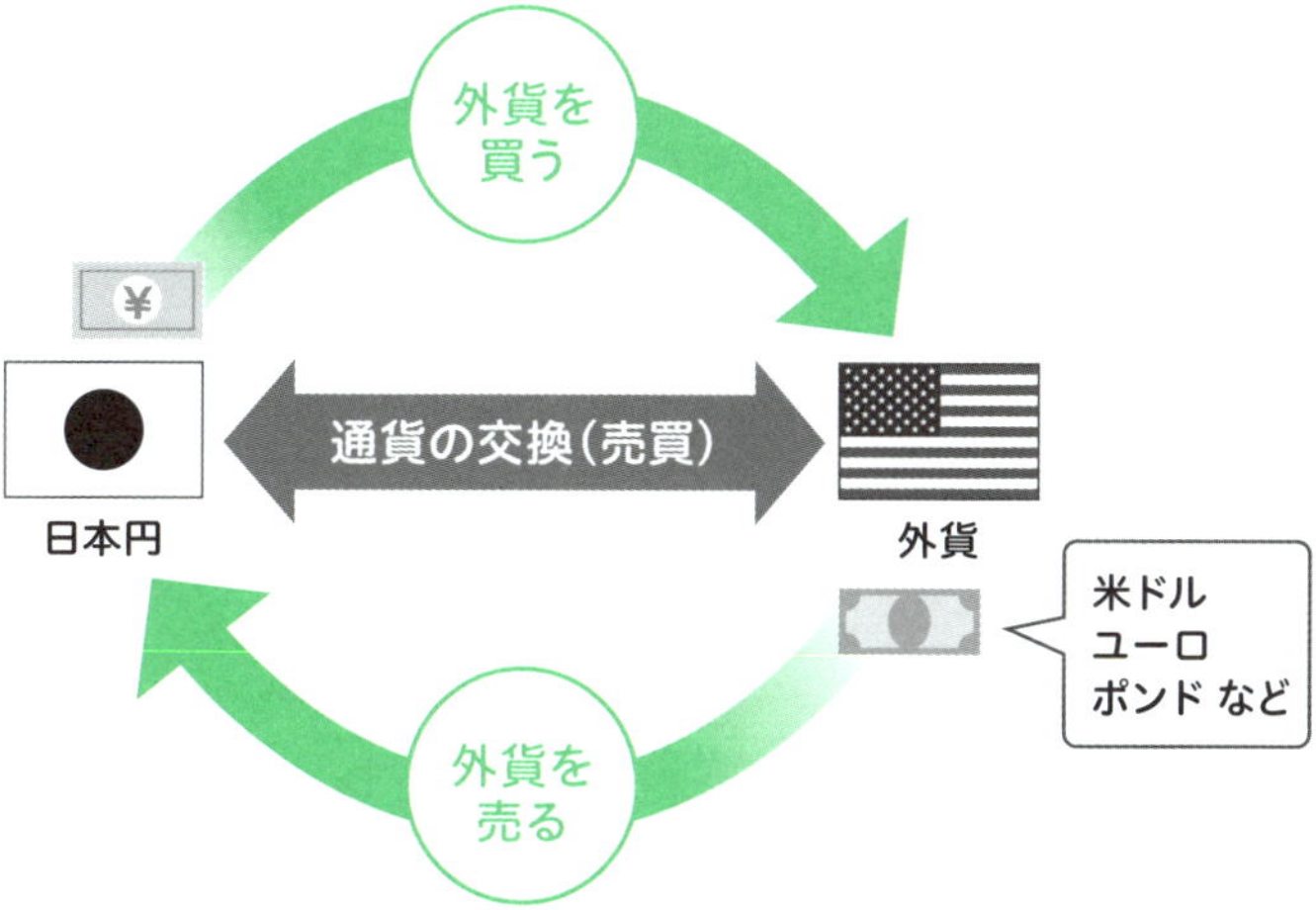

3 FXの利益について

FXで利益を得る方法は2パターン

FXで利益を得る方法には、株式や投資信託などと同様に**キャピタルゲイン**と**インカムゲイン**の2つがあります。

キャピタルゲインは、資産自体を売買することで得られる利益です。FXで言うと、通貨ペアの為替レートの変動を利用して、安く買って高く売ることで得られる利益を指します。たとえば、ドル・円の為替レートが1ドル＝100円のときにドルを買い、1ドル＝120円まで円安が進んだときにドルを売ると、1ドルあたり20円の利益が得られます。1万ドル取引した場合、20円×1万ドル＝20万円の利益が生じます。

FXは購入時と売却時の価格の差額だけをやり取りする**CFD（差金決済取引）**という仕組みを採用しており、「売り」からでも取引を始めることができます。たとえば、1ドル＝150円の時にドルを売り、1ドル＝130円の時に買い戻すと、1ドルあたり20円分の利益を得ることができます。CFDの利点は、売りからでも取引できるため、下落相場でも利益を狙うことができます。

なお、CFDとFXは別のサービスと考えて相違なく、為替が取引対象となるFXに対し、CFDは株価指数や株式、商品、ETFなど、投資対象が幅広いのが特徴です。

ほぼ24時間取引可能であり、後述しますが、レバレッジをかけて資金効率を高めることもできるなど、FXはメリットがとても豊富です。

2つ目の方法は「インカムゲイン」

インカムゲインは、資産を保有することによって得られる利益で、株式投資における配当金や、不動産における賃料収入に相当します。FXにおいては、投資する2国間の通貨の金利差から発生するスワップポイントがインカムゲインにあたります。

たとえば、低金利通貨の日本円を売って、高金利通貨のドルを買った場合、その金利差を毎日受け取ることができます。この「毎日」という点が大きな魅力です。

FXと外貨預金は比較されることが多いですが、両者は全く異なる性質を持っています。最大の違いは、レバレッジをかけられるかどうかです。FXは1～25倍までレバレッジをかけられますが、外貨預金は「1」が限度です。

図1 キャピタルゲインイメージ

FXでは、買ったときの差と、売ったときの差、どちらからでも利益を得ることができます。図のように「上がりそうだから買い、実際に上がったから売る」こともできれば、「下がりそうだから買い、下がったから利益が出るうちに売る」ことが可能なのです。

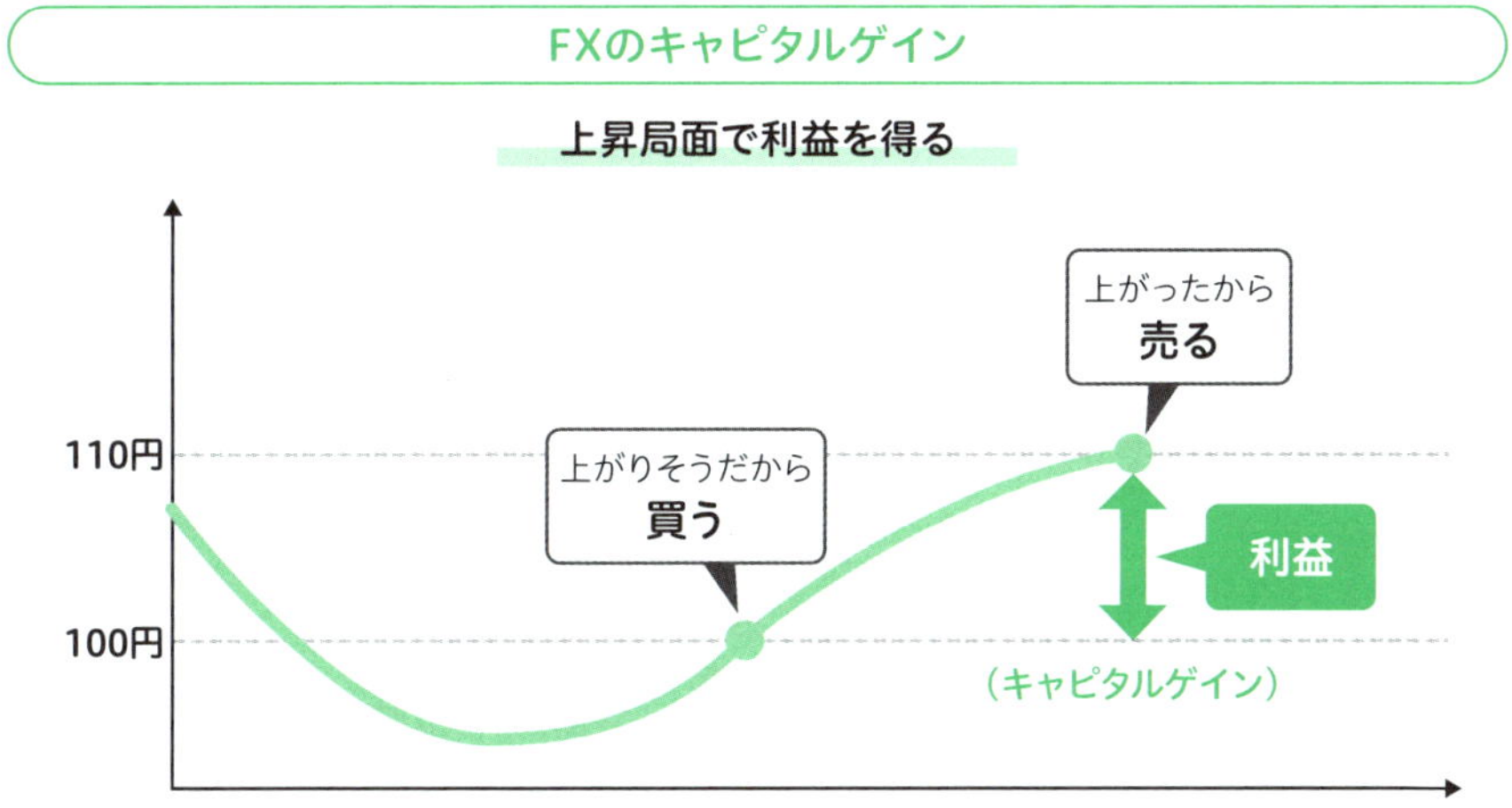

図2 スワップポイントとは？

図は、日本円を売って米ドルを買った場合に受け取ることができる金利差を表しています。実に、0.35％もの金利を毎日受け取ることができます。例ではありますが、これは現実的な数値であり、FXの大きな魅力の一つと言えます。

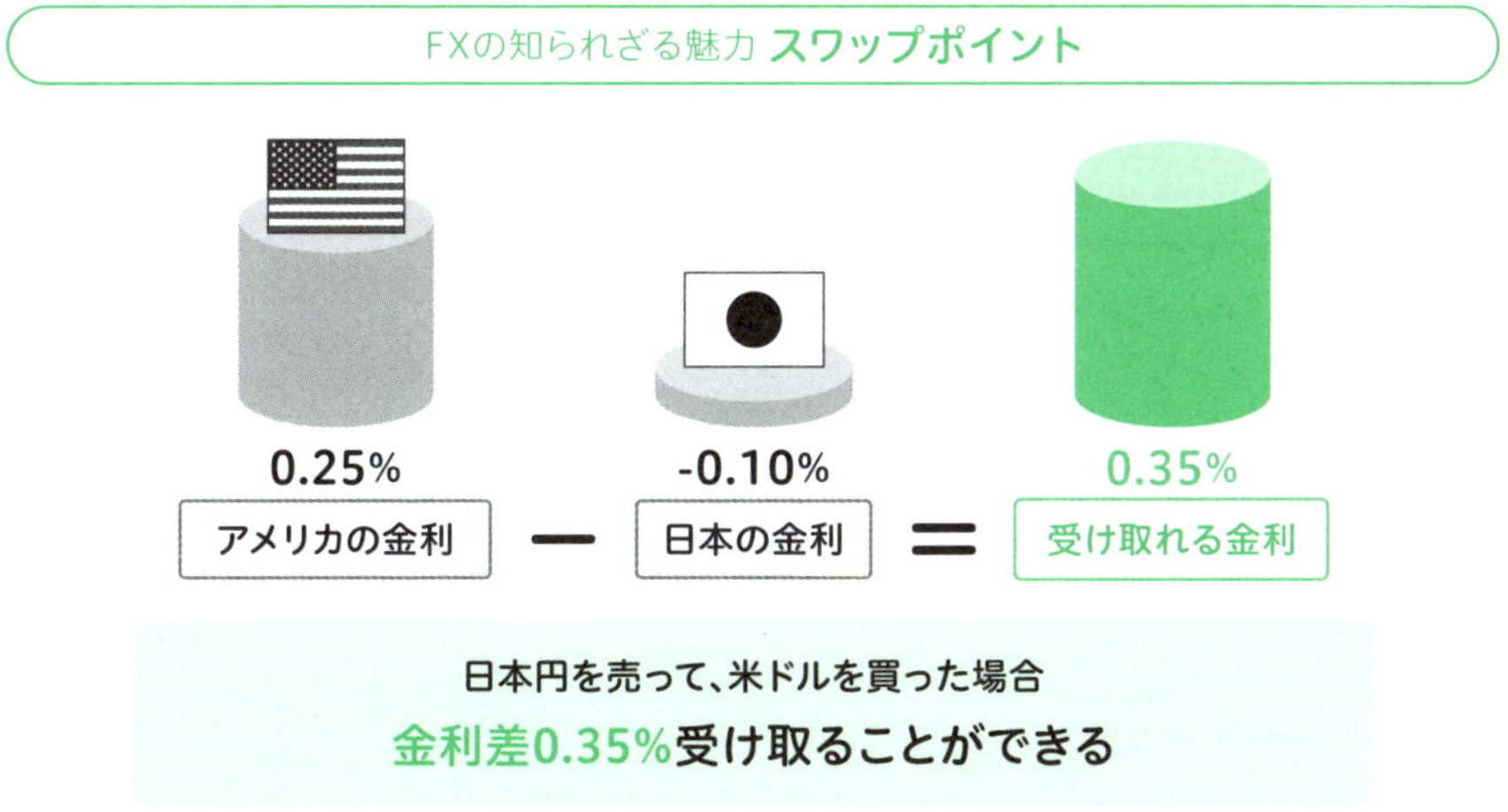

⑦ 4 FXは本当に高リスクなのか？

高リスクであると言われる理由

為替差益を得るというFXの仕組みを見ると、それほど高リスクではないと思うかもしれません。為替の差は数円～数十円程度であり、それほど大きな額ではないからです。しかし、FXには**レバレッジ**という仕組みがあり、これが高リスクと言われる理由となっています。

たとえば、手元に1万円の資金があり、1ドル＝100円のときに円を売ってドルを買う取引をするとします。このとき、外貨預金で1万円を預ければ、手数料や金利などを考慮せずに単純計算すると100ドルになります。ところが、FXでは10倍のレバレッジをかけることで、元手の1万円で10万円分の取引ができ、1000ドルになります。9万円を借りてドルに換えるイメージです。

この時点で少し怖く感じるかもしれません。さらに、1ドル＝100円から120円まで円安・ドル高が進んだとすると、1000ドルを円に戻せば12万円になり、9万円を差し引いても3万円が手元に残ります。一方、1ドル＝90円まで円高・ドル安が進んだ場合は、1000ドルが9万円になり、元手の1万円は無くなってしまいます。

つまり、円安になれば大きな利益を得られるけれど、円高になれば多額の損失を被る可能性があるということです。これが「ハイリスク・ハイリターン」の理由です。

マズい局面でやるべきこと

レバレッジは莫大な利益を生む可能性があるため、その魅力から時として制御が効かなくなることがあります。大きな利益が出たときは、誰しも気が大きくなってしまいます。

逆に、証拠金を上回る大きな損失が出てしまっときは、どうすることもできません。そんなときは、すぐに**ロスカット**（強制決済）して、損失を抑えるべきです。契約口座によっては自動ロスカットが行われる仕組みがありますが、急激な相場の変動やロスカット判定までの時間差によって、元本以上の損失が出ることもあります。

言うまでもなく、FXは元本保証ではありません。為替や金利の変動によっては、取引開始後、当初預入れた証拠金（資金）が減ったり、証拠金額を超える損失が発生する可能性があります。自己防衛策としてのリスクヘッジは必須です。

図1 レバレッジイメージ図

FXの個人口座における最大レバレッジは25倍（法人口座は100倍）までと決められています。つまり、1万円の証拠金に対し、最大25万円分の通貨ペアを売買できるということです。資金効率は飛躍的に上がりますが、リスクも大きくなることを忘れないようにしましょう。

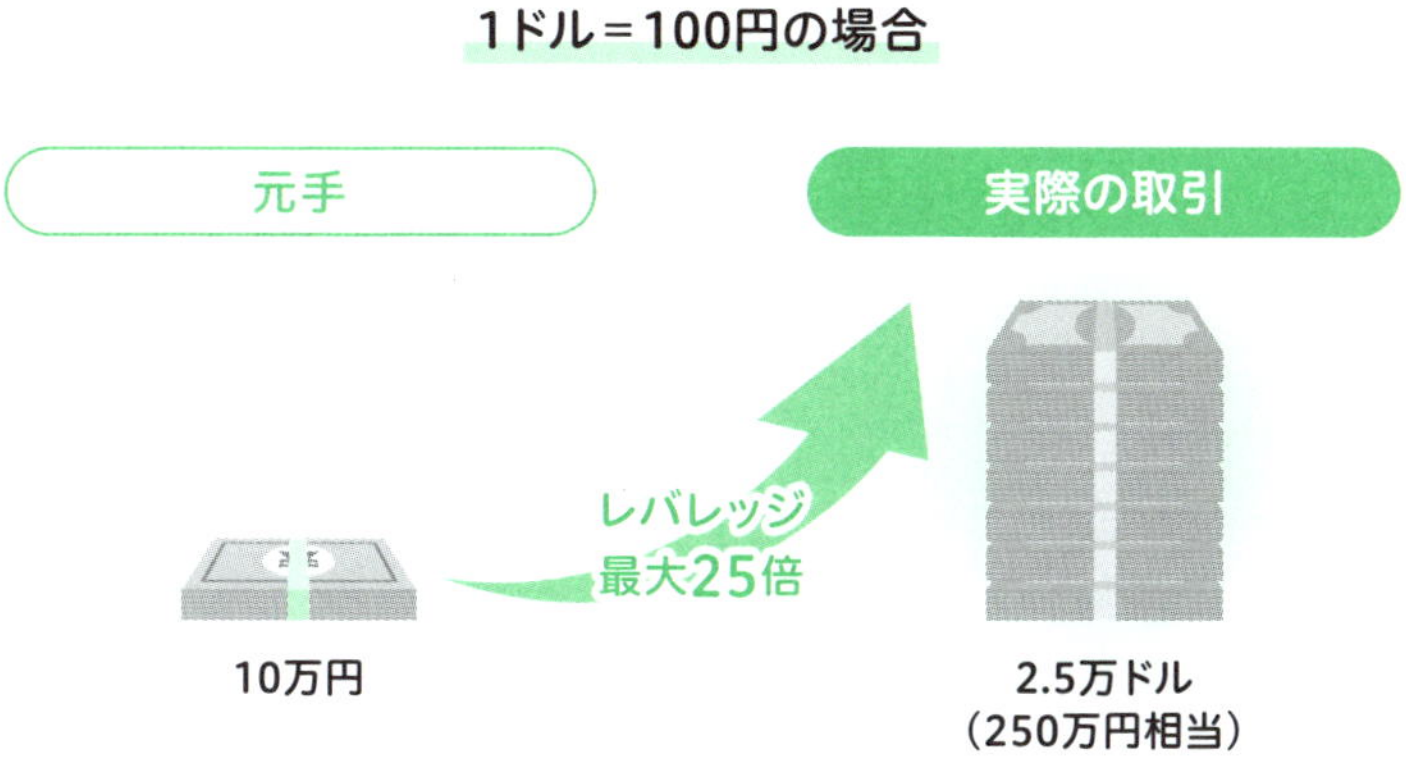

図2 自動ロスカット発動について

口座によっては、証拠金を上回る損失が出そうなタイミングで、強制的にロスカットしてくれる「自動ロスカット制度」があります。これにより、意図せず大きな損失を出すことは免れることができます。しかしタイミングによっては、発動が遅れることもあるので要注意です。

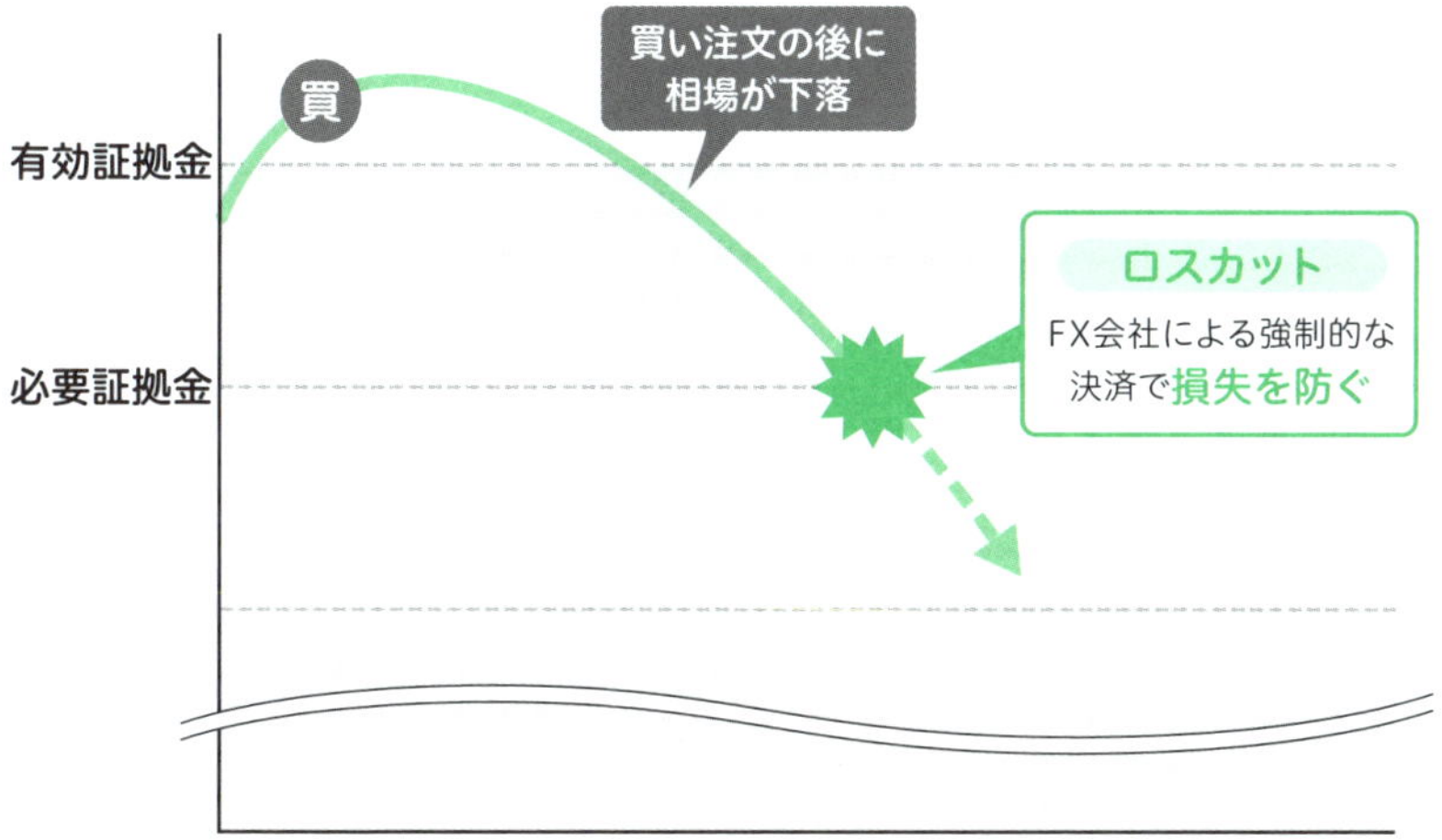

⑦

5 FXのメリット

4つのメリットを把握しよう

ここであらためて、ＦＸのメリットについてまとめておきます。

①少額から始められる

ＦＸは理論上、４０００円から取引できます。レバレッジの話を聞いて、少額でも大きな取引ができるため危険だと感じる方も多いと思いますが、節度を守ればリスクを抑えて取引することができます。

②取引時間が長い

株式投資が平日の9時～15時までなのに対し、ＦＸはほぼ24時間取引が可能です。ただし、取引時間が長い分、自制心が必要です。ダラダラと取引を続けて損失を増やさないよう注意が必要です。

③上昇局面でも下落局面でも利益を狙える

株式投資では上昇局面でしか利益を得られませんが、ＦＸは上昇局面でも下落局面でも利益を狙うことができます。つまり、株式投資よりも利益を得るチャンスが多いのです。

④コストが安い

投資信託の場合、購入時手数料や**信託報酬**などのコストがかかりますが、ＦＸは手数料が安く、多くの業者が無料をうたっています。もちろん、口座開設時にかかる費用は、事前に調べておきましょう。

メリットを十二分に活かすには？

投資全般に言えることですが、ＦＸにおいても「学び」が重要です。メリットを活かすには、それなりの知識が必要です。為替相場は、各国の中央銀行の政策や世界経済など、多くの要因によって変動します。そのため、ＦＸや為替相場の仕組みを理解することはもちろん、日々の経済ニュースに目を通し、常に状況の変化を把握しておく必要があります。

ＦＸを単なるハイアンドロー的なゲームと捉えている初心者の方も多いですが、実は確固たる知識が必要な取引であることを認識しておきましょう。

ビギナーにおすすめなのが「シミュレーター」の活用です。証券会社や金融機関の中には、サイト内にFXシミュレーターを設置しているところがあるので、実践前の利用をおすすめします。入金額や取引数量などから、ロスカット発動レートやレバレッジなどを体験することができます。

図1 FXが持つ4つのメリット

リスクが大きいことから、デメリットばかりが目立つFXですが、実はメリットも豊富です。使う時間と資金をあらかじめ決めておき、無理なレバレッジをしないようにすれば、資産を増やす手段としてとても優良であると言えます。

FXのメリット

- **少額で始めることができる**
- **平日ほぼ24時間取引が可能**
- **上昇局面／下落局面の両方で利益が狙える**
- **手数料が無料で、取引コストが安い**

図2 FX取引実践前にやるべきこと

実践前にやるべきことは、まず目標額を決め、次に学習することです。時事情報を収集し、知識を溜めてから実践にのぞみましょう。曖昧な知識で始めても、結局ギャンブルのように運任せになってしまいます。

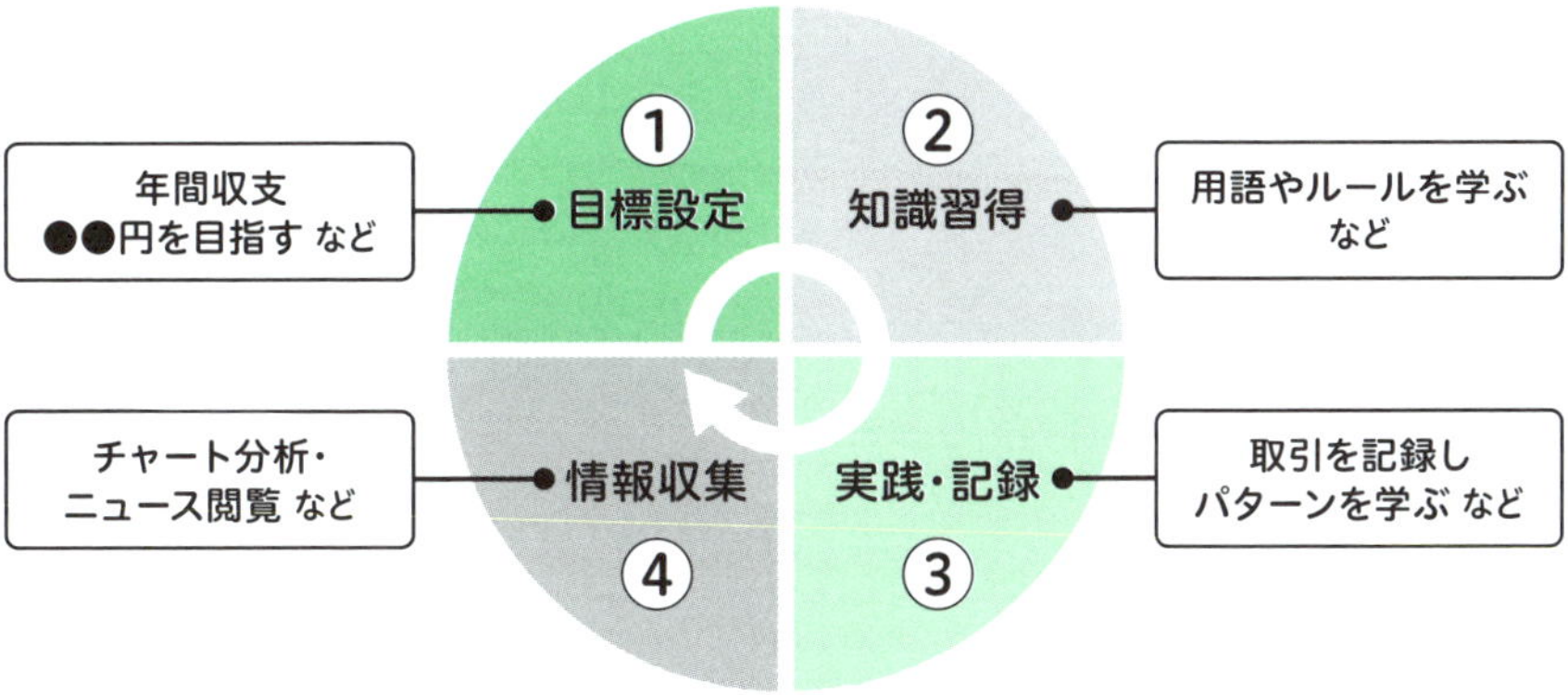

⑦ 6 リスクの把握ービギナーが注意すべき点①

リスクを把握する

ハイリスク・ハイリターンのＦＸにおいて、リスクの把握は必須です。以下のようなリスクが存在します。

①価格変動リスク

通貨ペアのレートは、市場の状況により24時間変動します。為替レートの変動により、予期せぬ損失が生じる可能性があります。

②信用リスク

取引の相手方となるＦＸ提供会社の信用状況によっては、ユーザーに損失が生じる恐れがあります。たとえば、「レートが提示されない」「注文ができない」などのエラーが発生することがあります。

③流動性リスク

主要国の祝日や市場のクローズ間際、市場のオープン時など、流動性が低下した状況では、為替レートの提示や注文の成立が困難になることがあります。

これらのリスクに適切に対処するには、**リスクリワード**を考えることが重要です。リスクリワードとは、取引におけるリスク（損失の可能性）とリワード（利益の可能性）の比率を表す指標です。これを定量化することで、トレードをするかどうかを判断したり、トレードの利益率を向上させることができます。

リスクリワードの改善方法

リスクリワードを改善することで、トレードの利益率を向上させることができます。

まず行うべきは、ムダなエントリーを減らすことです。エントリーとは、新規で注文を出し、約定後、まだ決済していない建玉のことです。ムダなエントリーを減らすことで、損失のリスクを減少させることができます。

次に、エントリーする前に、**損切りライン**と**利確ライン**を明確に決めることです。これにより、感情に左右されずにトレードを行うことができ、リスクリワードを改善することができます。

リスクリワードの計算方法は、「リスクリワード＝勝ちトレードの平均利益÷負けトレードの平均損失」となります。リスクリワード比率が「1」を超えると、勝ちトレードの平均利益が上回っていることを、「1」を下回ると、負けトレードの平均損失が上回っていることを意味します。

図1 リスクリワードイメージ図

買いエントリーから利確ラインまでがリワードとなり、買いエントリーから損切ラインまでがリスクとなります。自身が過去に行った利益を公式に当てはめて、どんな結果が出るか試してみるとわかりやすいでしょう。

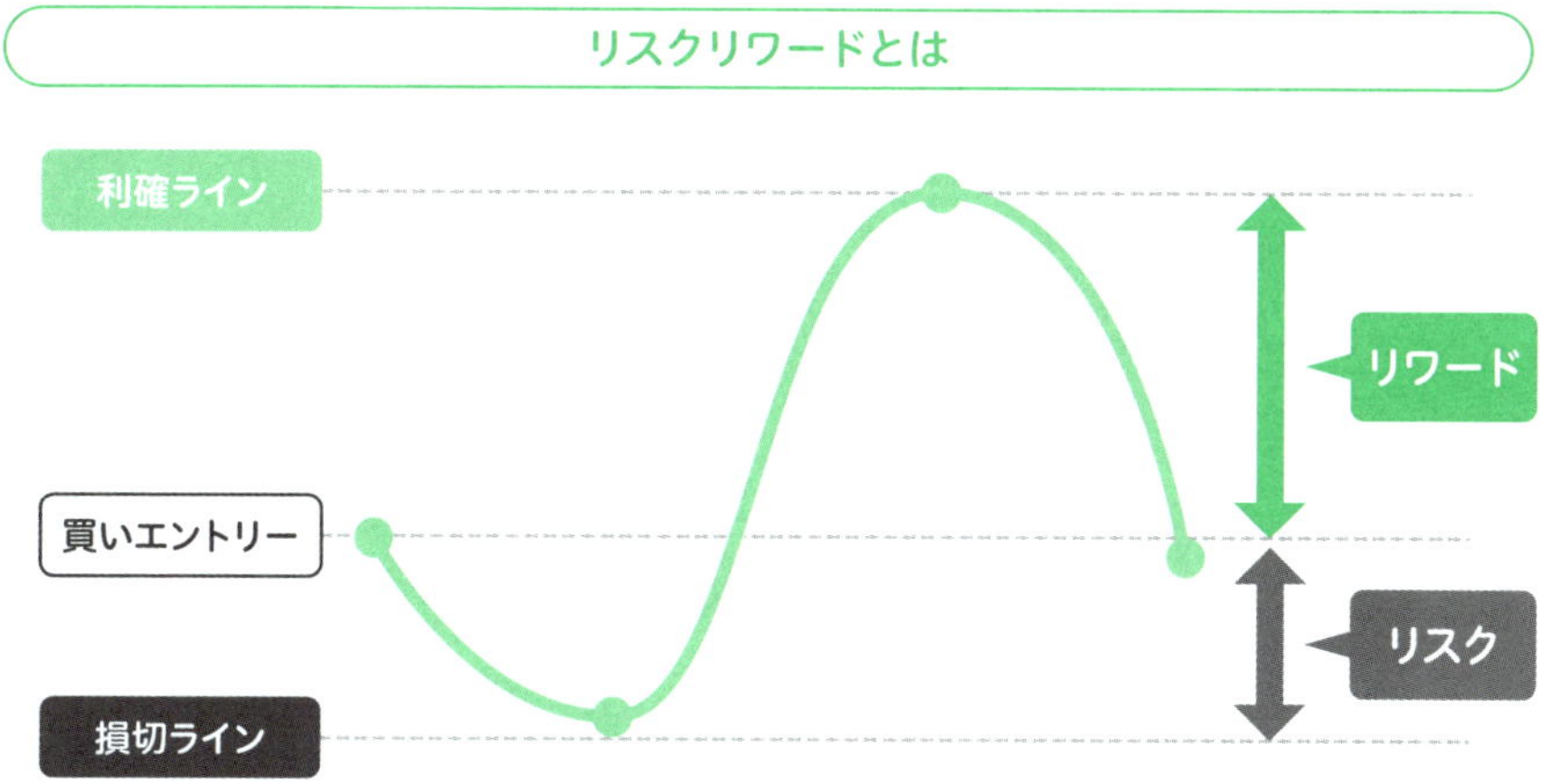

図2 損益比率と勝率の関係

公式にあてはめた結果、リスクリワードが「1」の場合、勝率50％が損益分岐点となります。「1」を超えると、勝率はさておき利益が出ます。ちなみに、リスクリワードが「1」を下回ると利益は出ません。

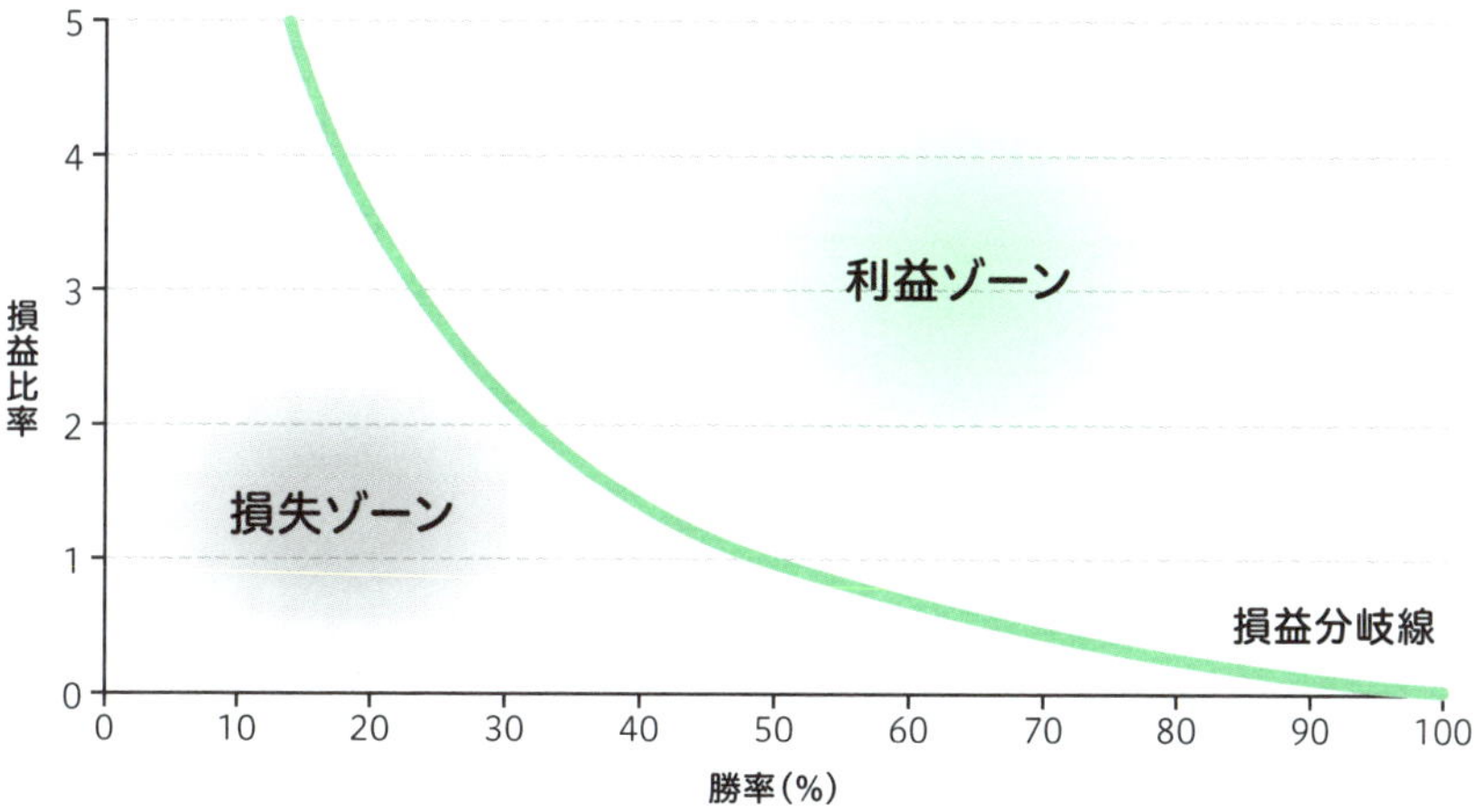

7 スリッページの把握ービギナーが注意すべき点②

スリッページを把握しよう

FX取引をする上で知っておくべきことに**スリッページ**があります。スリッページとは、注文発注時に提示されたレートと、実際に約定したレートとの間に生じるズレを言います。ユーザーの発注した注文が、FX会社のサーバーに到達（約定）するまでの間に、レートが変動した場合に発生します。

スリッページは、事前に「設定」しておくことで回避できます。注文時に「マーケット注文」という方法で、スリッページのズレ幅をどこまで許容するかを決めることができます。たとえば、許容値を超えて不利な方向へレートがずれた場合、その取引は不成立となり、逆に有利な方向へずれた場合、取引は成立します。

スリッページの許容値は、細かく設定できます。許容値を「0」に設定すると、少しでも不利な方向にスリッページが発生した場合は、すべての注文が不成立となります。

「発注時に提示された通りのレート」または「有利な方向へずれたレート」でのみ約定させるように設定すれば、不利な動きに関してはすべて注文できなくなるので、この設定がおすすめです。

スリッページのおすすめ設定は？

スリッページの許容値は「0」に設定するのも一つの方法ですが、これでは注文が成立しにくくなります。一般的に、初期設定は「50pips」に設定するとちょうど良いと言われています。

ただし、約定を優先させたい場合は大きめの値に設定し、価格を重視する場合は小さめに設定するなど、状況に応じて変更するとよいでしょう。

実践の経験が少ないと判断が難しいかもしれませんが、取引を続けるうちに自分に合った設定を見つけていくことができます。

初めは少しずつ設定を変えながら、取引の状況を確認し、適切なスリッページの許容値を見つけていきましょう。

指値注文では、スリッページは基本的に発生しません。一方、逆指値注文では、実勢レートが指定レートに到達してから注文が執行されるため、スリッページが発生することがあります。相場変動が激しいときは注意です。

図1　スリッページイメージ図

スリッページは、注文してから注文先のサーバに情報が届くまでの時間に価格が変動した場合に起こる現象です。あらかじめ許容幅を設定することで、スリッページによるリスクを回避することは可能になります。

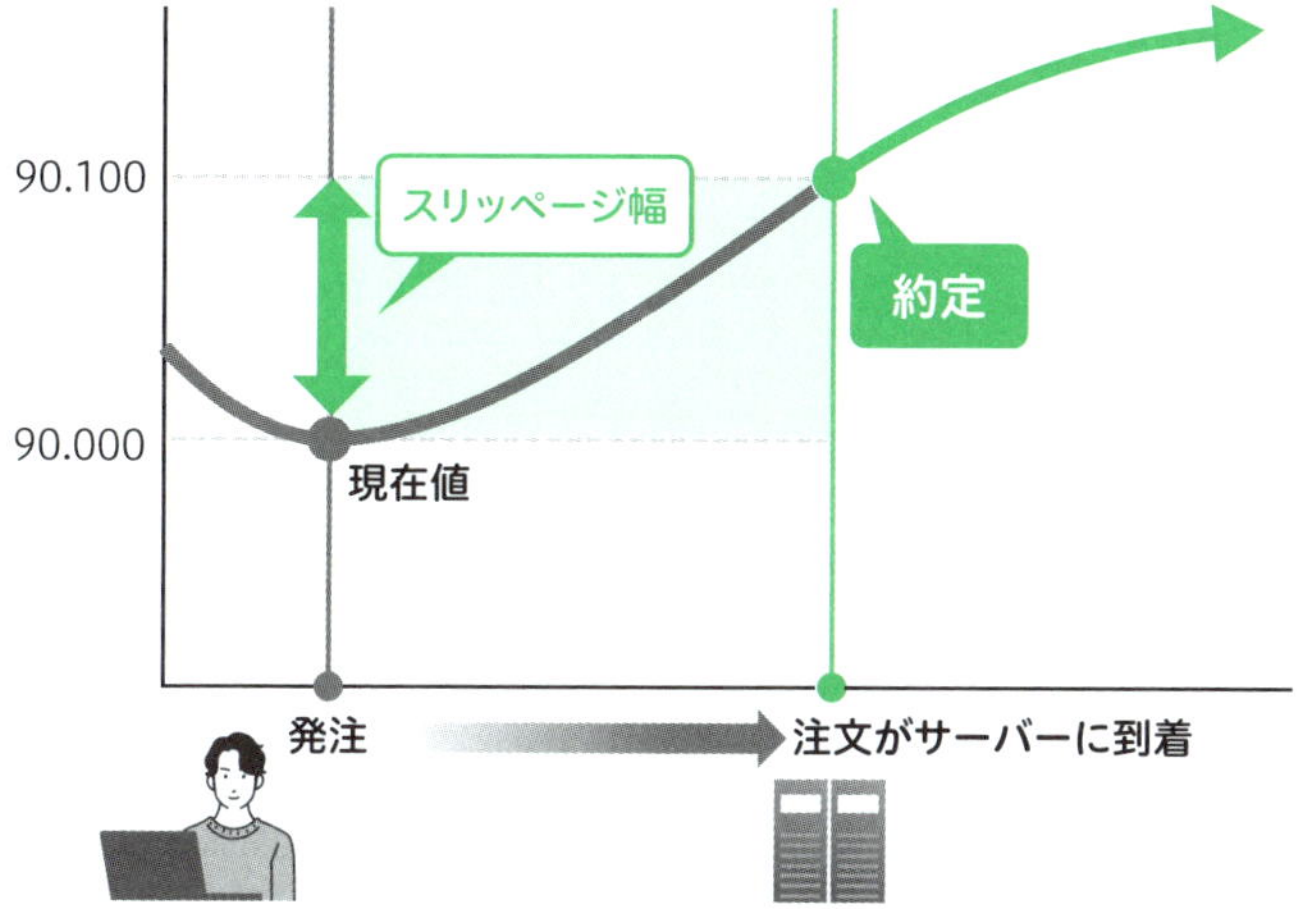

図2　買い注文の場合のスリッページ

買い注文で設定した許容値を超えた場合、つまりユーザーにとって不利なスリッページとなった場合、許容値を超えた時点で注文は不成立となります。したがって、初期設定の許容値をどこに定めておくかが重要です。

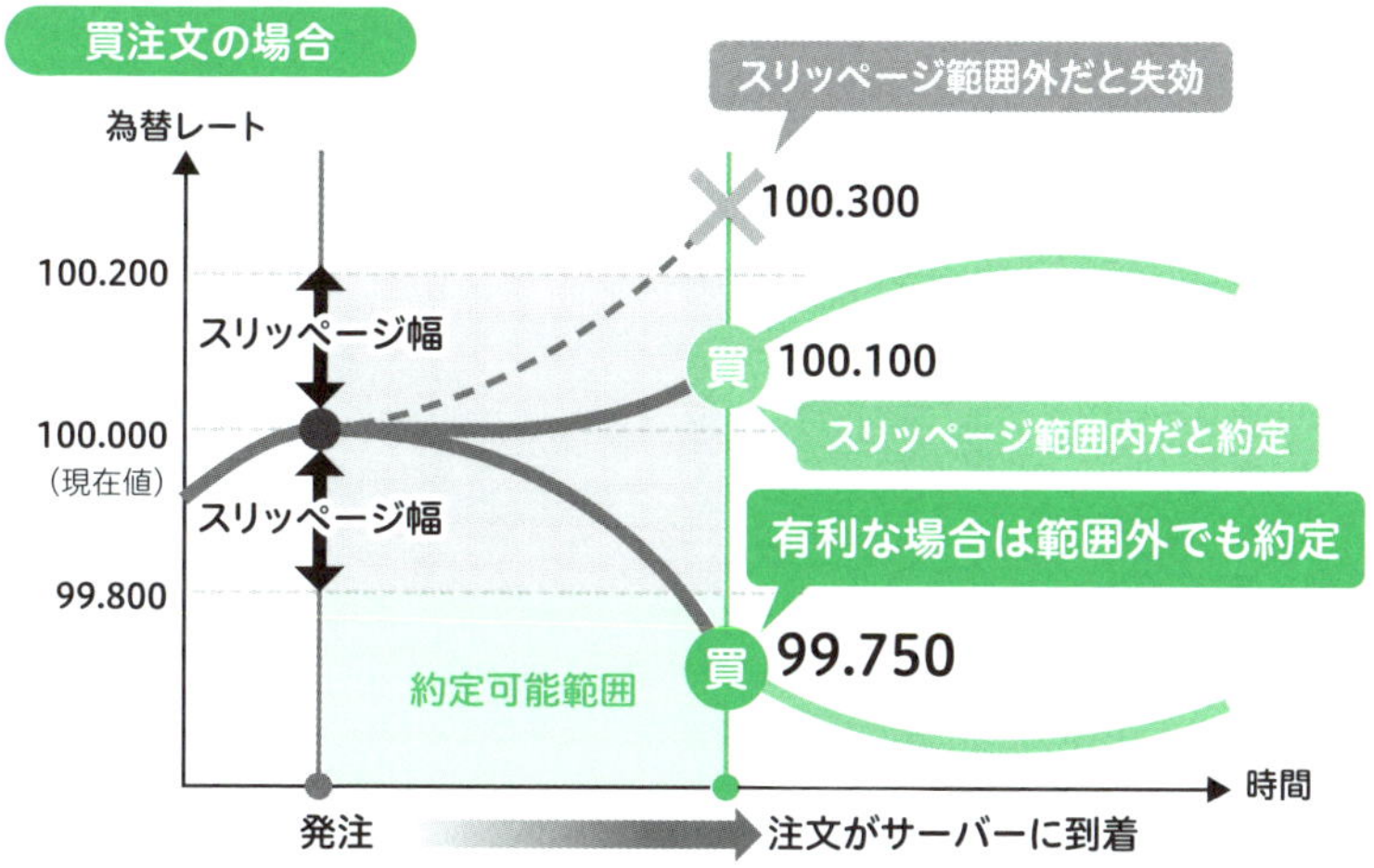

⑦

8 まずは少額から ―ビギナーが注意すべき点③

ビギナーの立ち回り方法について

初心者の方は、いきなり大きなレバレッジをかけず、少額から取引を始めましょう。ＦＸは理論上、ドル／円の取引なら４０００円から始められますので、家計の余剰分から出せる範囲だと思います。

初めは、まず取引に慣れることが大切です。少額で取引することで、万が一損失を出しても大きなダメージにはならないようにしましょう。

ＦＸ取引において重要なことは、適切な取引を数多く体験し、感覚を養うことです。自己資金に見合った適切な取引を心がけ、まずは取引の基本を学ぶことが大切です。

損切りのタイミングを養う

適切な取引を経験するために欠かせないのが**損切り（ロスカット）**です。損切りのタイミングを誤ると、損失額が大きくなってしまうことがあります。損益がプラスに転じるまでポジションを保有し続けるという考え方は危険です。確証がない場合や理由がない場合は、迷わず損切りを実行するべきです。

損切りを適切に行うことで、大きな損失を避け、利益を最大化することができます。ビギナーは特にこのスキルを身につけることが重要です。ポイントは以下の通りです。

①事前に損切りラインを設定する

エントリーする前に、どの地点で損切りするかを明確に設定しておきます。これにより、感情に左右されずに冷静に取引を行うことができます。

②計画的な損切り

計画的に損切りを実行することで、予期せぬ損失を最小限に抑えることができます。損切りラインを設定し、それを厳守することが重要です。

③市場の状況を常に把握する

日々の経済ニュースや市場の動向をチェックし、常に最新の情報を把握することで、適切な損切りタイミングを見極めることができます。

ロスカットは、FX会社が定める一定の損失額を超えると、強制的に決済される仕組みです。投資家保護のために定められています。預けた保証金以上に損失を出さないようにする、いわばブレーキの役割をしています。取引は自己資金に見合う内容で行いましょう。

図1 ロスカットの仕組み

図のように買い注文の後に相場が下落し、必要証拠金（取引に使う資金）を下回った場合、ロスカットされて強制的に決済されます。投資家保護の観点から必要な制度ではありますが、ハイリスクな取引は成立しにくいという特徴があります。

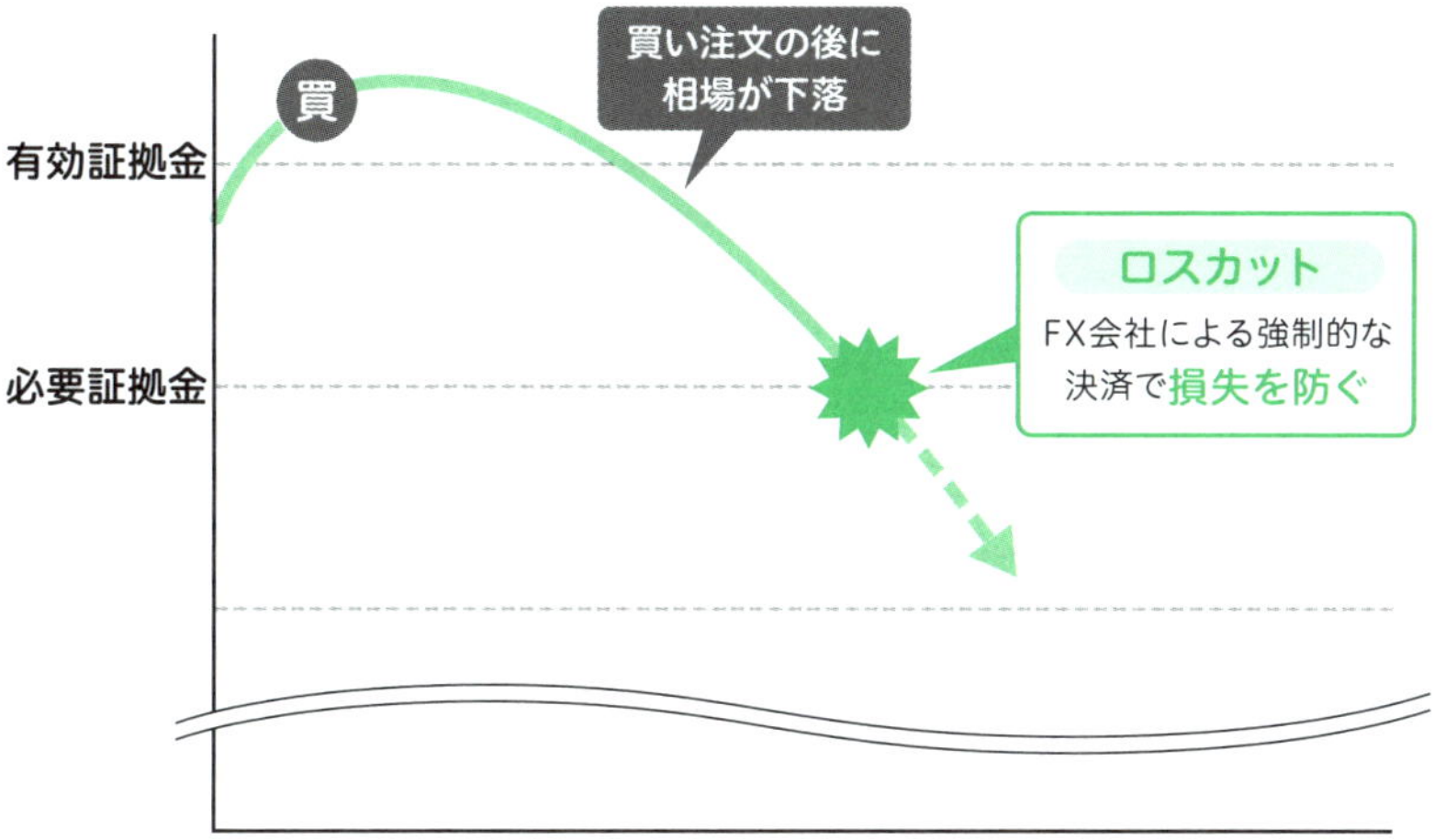

図2 損切りイメージ図

図には「1,000円で損切り」と書かれていますが、取引をする際には必ずルールを設けることが重要です。損切りラインの明確化は、ビギナーだけでなくユーザー全員が据えるべき重要事項です。

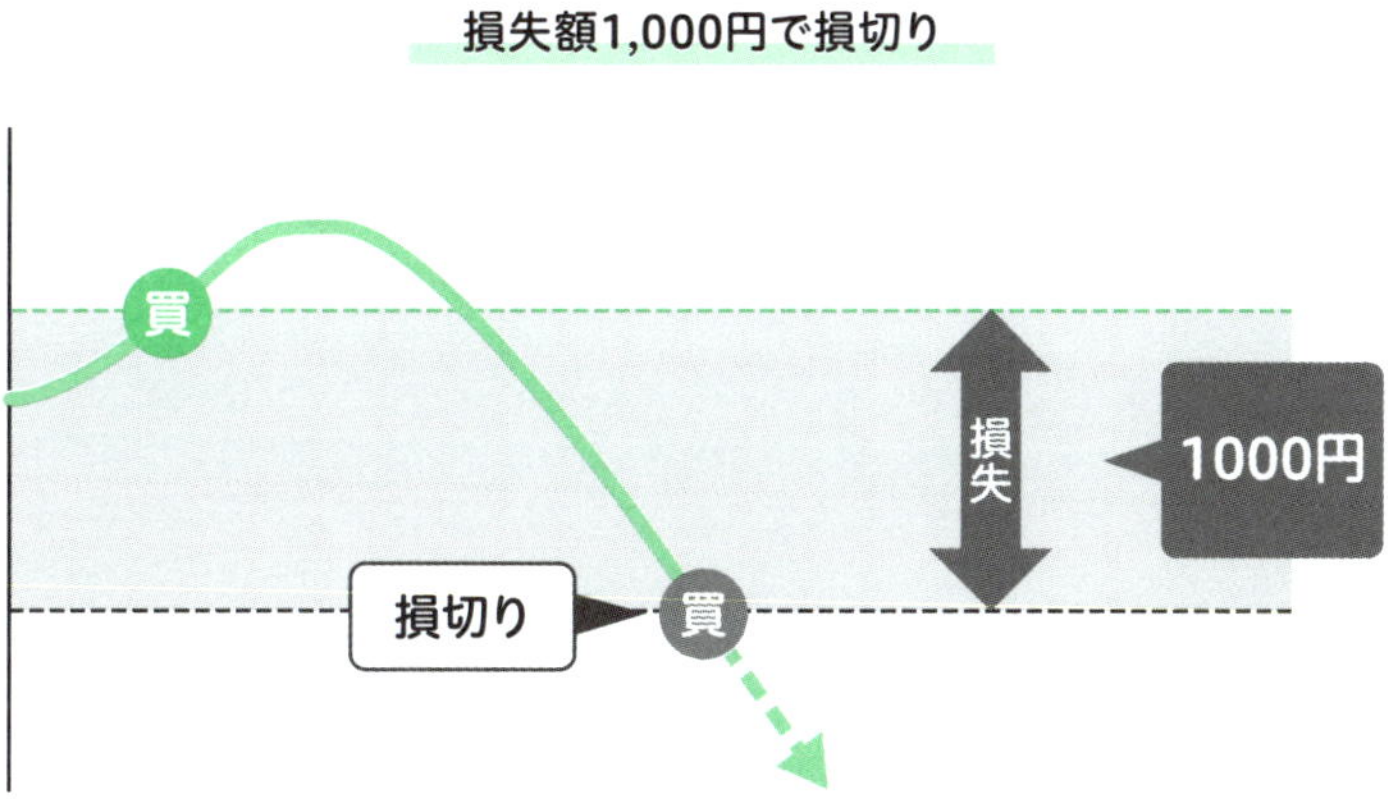

コラム

7 ＦＸは儲かるのか？

24時間営業故に危険？

「24時間眠らない世界」と言われるのが為替市場です。24時間いつでも取引できることから人気を集めているのが、外国為替証拠金取引、通称「ＦＸ取引」です。

ＦＸ取引は、異なる通貨を取引するもので、手持ちの資金よりも大きな金額の取引ができることが特徴です。これを**レバレッジ**（テコ）を効かせると言います。取引口座に差し入れた証拠金の最大25倍まで取引できます。たとえば、証拠金として10万円を入れると、その25倍の２５０万円までの取引が可能になります。

ドル円の取引を例に考えてみましょう。1ドルが１００円だとすると、その相場でドルを買う場合、25倍の2万５０００ドルまで取引ができます。小さな資金で大きな取引を行うため、予想通りにいけば大きな利益が得られますが、逆に予想に反した動きになると、証拠金をすべて失って取引を終えるか、追証として追加の証拠金を投入する必要があります。

人の心理は恐ろしいもので、損失を出すと、その損失を取り戻そうと追証を入れ続けてしまいます。結果的に大きな損失を抱え、最悪の場合は全財産を失うことになりかねません。実際、私の周りにも、ＦＸで財産を失った人が何人かいます。

やるなら少額から！

ＦＸ取引を否定するつもりはありませんが、ＦＸ取引は投資というよりは、投機に近いものであると認識しておきましょう。暗号資産（仮想通貨）も同様です。暗号資産はレバレッジを効かせる取引ではありませんが、こちらも投機的なものです。

もしＦＸ取引を始めたいのであれば、まずは少額で、かつレバレッジを利用せずに取引してみましょう。外国為替の動きを予測するのは、非常に難しいです。外国為替のトレーダーや専門家でも、為替の動きを的確に予測できる人はいません。

外国為替は株と違ってインサイダー取引がないため、どんな情報を基に取引しても問題ありませんが、それだけに難しい世界であることを認識しておいてください。

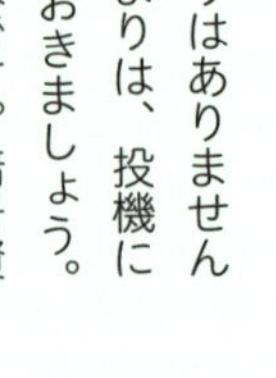

第8章

不動産投資―投資商品の基礎知識⑤

8

1 不動産投資＝オーナーは間違い？

不動産投資と賃貸経営の違い

不動産投資は一般に、株式投資やFX取引に比べて低リスクで安定した投資方法と認識されています。しかし、「賃貸経営」と混同されることが多いのも事実です。ここでは、不動産投資と賃貸経営の違いについて説明します。

不動産投資は、不動産を「資産」ではなく「投資」として捉えます。不動産投資の目的は、不動産（土地や建物）の購入や賃貸に資金を充てて運用し、収益を得ることです。収益は、不動産価格の**上昇益**（キャピタルゲイン）や、賃貸料収入（インカムゲイン）として得られます。

一方、賃貸経営は、単に利益を追求するだけでなく、一般的には土地活用の手段とされます。所有している土地にマンションやアパートなどの賃貸不動産を建て、それを貸し出すことで収益を得ます。

「不動産を使って収益を得る」という意味では、不動産投資と賃貸経営は共通しています。しかし、両者で異なる点は「手間」です。賃貸経営では、賃借人の募集や交渉・契約、賃貸料の徴収・管理、賃貸不動産の維持管理など、多くの業務が発生します。不動産投資よりも圧倒的に手間がかかります。

不動産管理会社に一部の業務を委託することは可能ですが、その際には家賃の3～6％の手数料がかかります。物件の購入資金はもちろん、維持管理業務に十分な時間を割くことができなければ、賃貸経営は難しいでしょう。

不動産投資は本当に低リスク？

不動産投資は、結論から言うと、他の投資と比べて、ミドルリスク・ミドルリターンです。

不動産投資は、現物資産のため、FXや株式投資など他の投資に比べてリスクはやや低いと言えますが、元本保証がないため、銀行預金などに比べればリスクはやや高いと言えます。

不動産投資は、運用次第では高い利益を生む可能性もあるため、リターンは決して低くはありません。

賃貸経営をするには、特別な資格がいるのでしょうか。実は、特別な資格は必要ありませんが、賃貸経営を支援する事業のうち、賃借人の斡旋など賃貸の媒介をする事業については、宅地建物取引業の許可が必要となります。

図1 賃貸経営イメージ図

賃貸経営は基本的に、投資家はオーナーという立場になり、管理会社に管理・雑務諸々を委託し、経費を払いつつ、賃料を得ていくイメージです。ただし、機器の故障などによりつど修繕費がかかるため、現金をプールしておく必要があります。

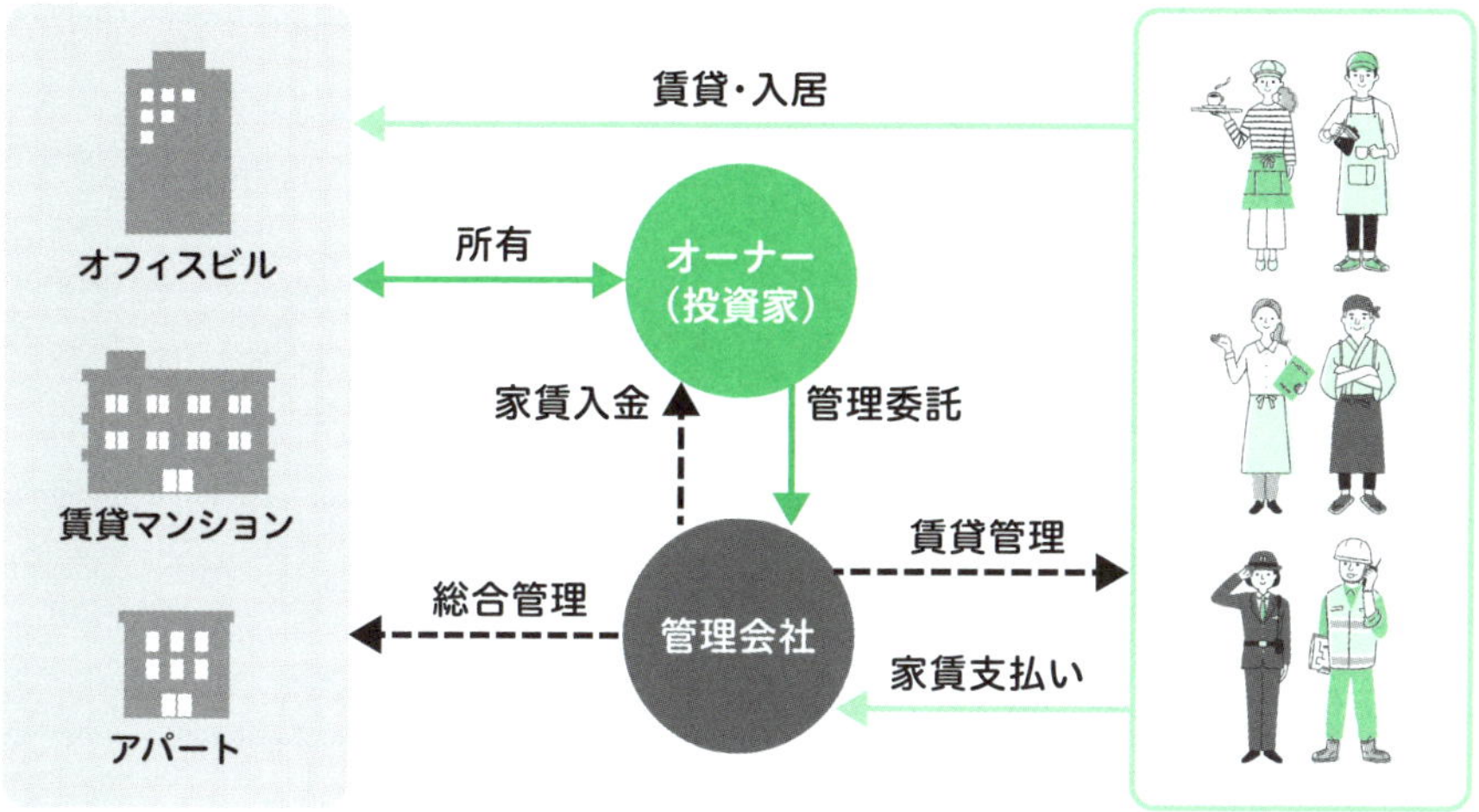

図2 投資ごとのリスク・リターン表

不動産投資は、数ある投資商品のちょうど真ん中、ミドルリスク・ミドルリターンの位置になります。ただし、リターンは、物件次第、運営次第で高くなることもしばしばあります。

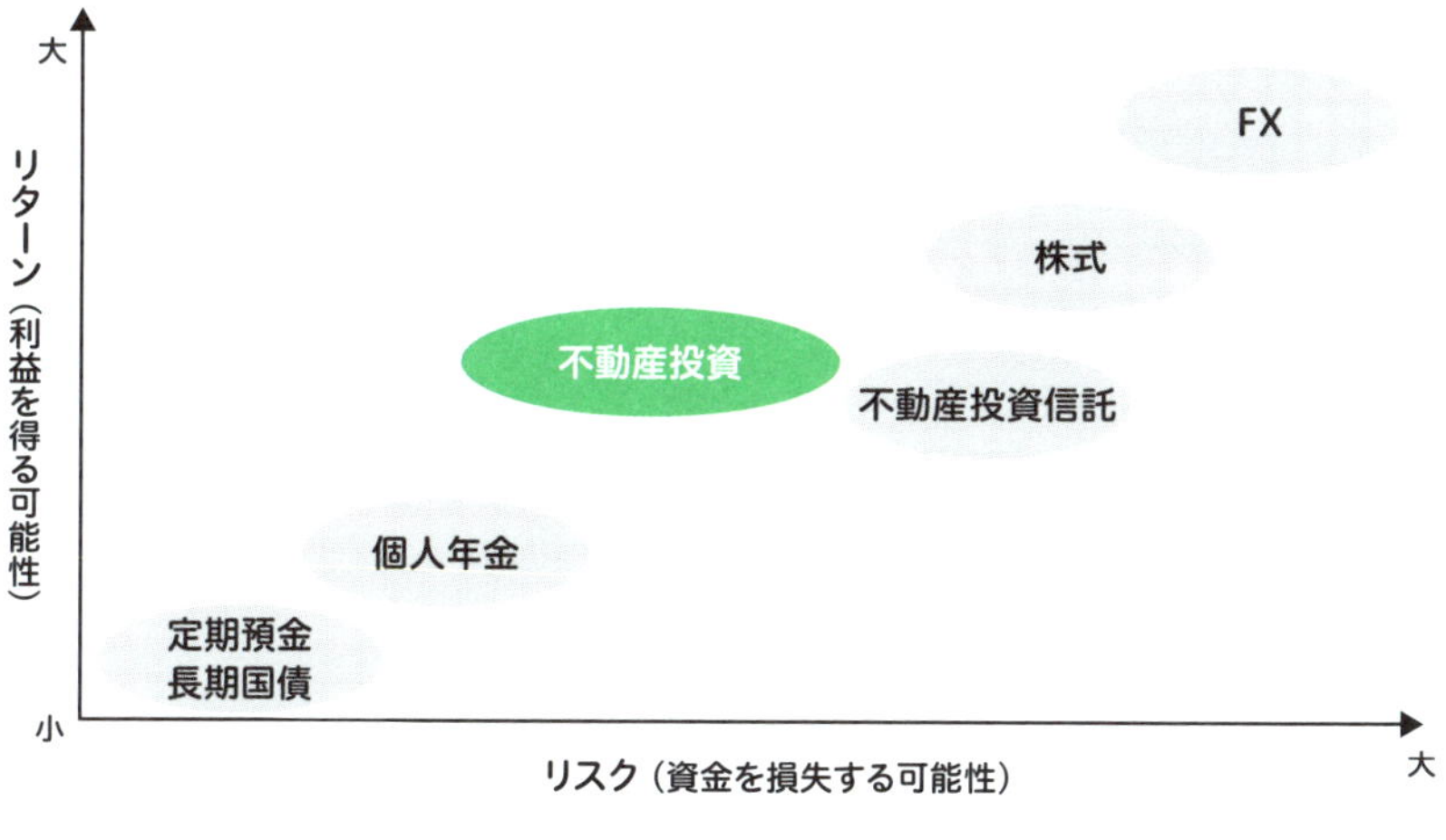

8

2 不動産投資とＲＥＩＴの違い

両者の決定的な違いは？

ＲＥＩＴ（リート）は、「不動産投資信託」とよばれ、投資家から集めた資金で不動産に投資を行い、賃貸料収入や売買益を原資として投資家に配当する商品です。投資家は、ＲＥＩＴを通じて間接的に様々な不動産のオーナーになり、不動産のプロによる運用の成果を享受します。

ＲＥＩＴと不動産投資は、どちらも不動産に投資をして利益を得る方法ですが、大きな違いがあります。

まず、不動産投資は、投資対象となる物件を自分で探して購入します。一方、ＲＥＩＴは、投資家が購入するのはＲＥＩＴが発行する投資証券であり、実際の不動産はＲＥＩＴが選定・購入・運用します。現物の不動産を購入することはありません。

ＲＥＩＴと不動産投資は、収入・利益の獲得方法も異なります。不動産投資の場合、主な収入源は居住者からの賃貸料です。ＲＥＩＴの場合、年に1～2回の決算後に支払われる分配金が主な収入となります。投資対象は不動産であっても中身は全くの別物なのです。

ＲＥＩＴは、投資商品を運用するのと同じであるのに対し、不動産投資は、現物を運用することになります。不動産投資では、物件の購入費用や管理費が必要となりますし、とくに管理修繕費は突然必要になることがあります。そのため、不動産投資はある程度の資金力が必要です。

損得で考えたらどちらが良い？

不動産投資は、まず不動産を購入するための資金を要し、さらに経費がかかるため、資金力が必要です。一方、ＲＥＩＴは一般的な投資商品を購入するのと同じように、簡単かつ安価に始めることができます。時間と資金に余裕がない方にとっては最適な選択肢の一つと言えます。

ただし、税率や流動性を考えると、はっきりとどちらが良いとは断言できません。利益の大きさで見ると、不動産投資の方が期待できるでしょう。ＲＥＩＴの分配金は年に数回のみですが、不動産投資は収入の機会が多く、金額も期待できます。

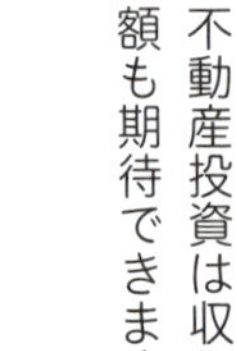

不動産投資＝資金必須と思われがちですが、実は多くの方がローンを使っています。いわゆる「不動産投資ローン」という商品です。住宅ローンよりも金利が高く、原資は賃料からとなります。なお、原則として住宅ローンは使えません。

図1 不動産投資・REIT簡易比較

両者の大まかな特徴を見ると、REITは手軽に始められる一方、不動産投資は手間がかかるように思えるでしょう。基本的にREITは高いリターンを見込めるサービスではないため、リスク・リターンともに現物よりも低いのが大きな違いと言えるでしょう。

	REIT	不動産投資
値動き	株価のように変動	賃料ベースのため変動小
出資の仕組み	不動産投資信託（証券）	不動産ファンドへ出資
売却時期	いつでも	運用期間は原則解約できない
投資家を守る仕組み	特になし	優先劣後マスターリース契約

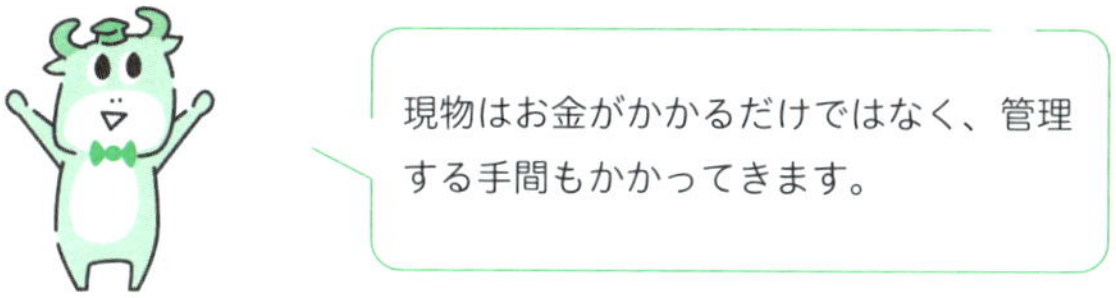

図2 REIT・不動産投資簡易フロー

REITよりも不動産投資の方が、リターンは高い可能性はあります。しかし、不動産投資の場合は、もし借り手が見つからなかった場合、当然利益は出ません。一方、REITの場合は、確実に損益が発生するため、投資の値動きが確実にあります。

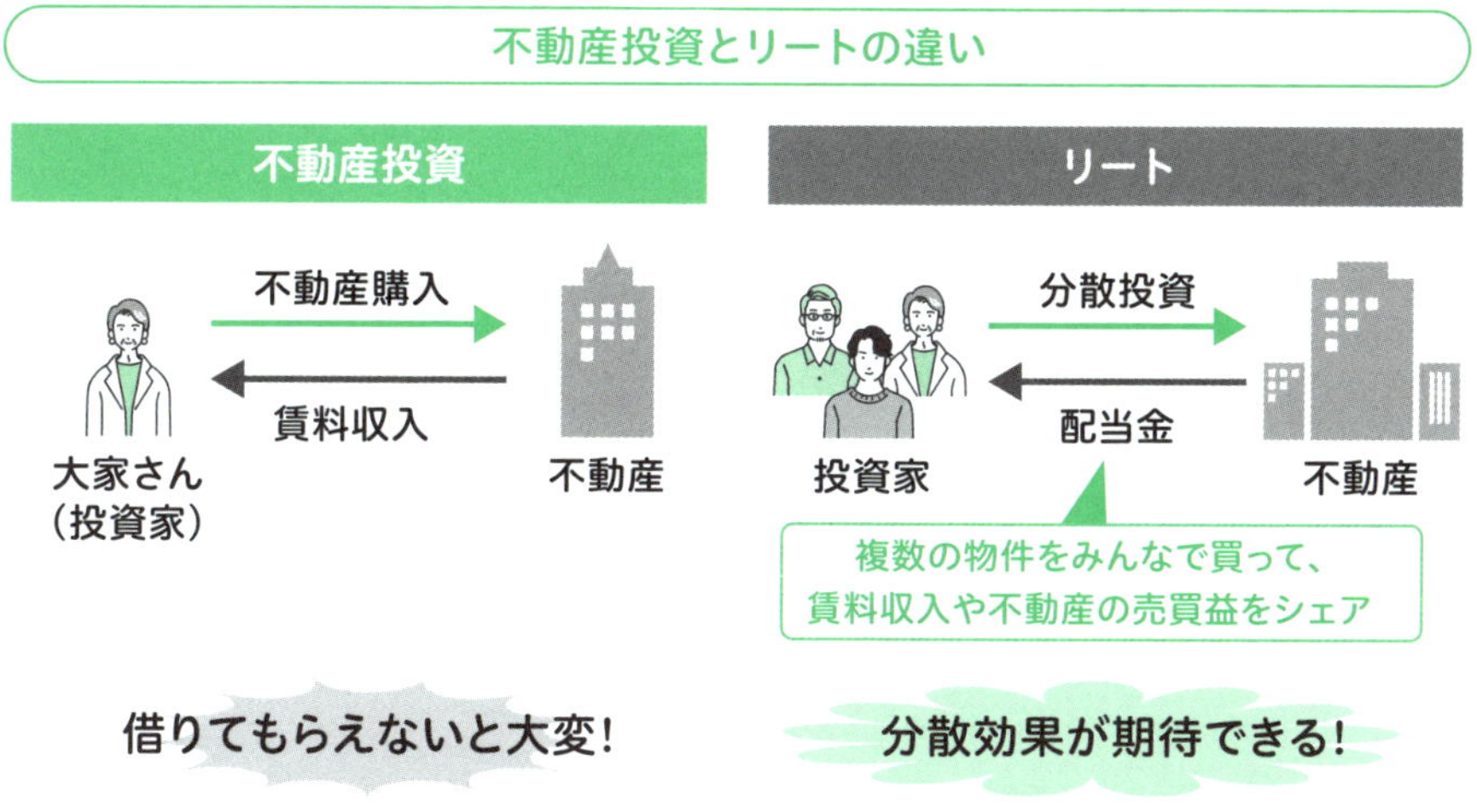

8

3 不動産投資とREITのメリット

ハイリターンの可能性があるのは？

不動産投資とREITでは、利益面ではどちらの方が大きいでしょうか。不動産投資は、現物不動産を所有することになるため、それ自体が資産となります。この資産を担保に、さらにレバレッジをかけて人気の出そうな物件を所有することもできるため、高い収益を期待することができます。もちろん、その分高リスクでもあります。

また、不動産投資は、相続面でのメリットとして、ローン契約時に団体信用生命保険に加入すれば、契約者が死亡した際にローンの残債なしで家族に所有不動産を残すことができます。

一方、REITは、1口単位の少額から始められることと、分散投資ができることが特長です。さらに、換金性が高いため、売買の手間なくすぐに現金化することが可能です。REITは手軽にローリスク・ローリターンの運用を行うことができるため、投資ビギナー向けサービスと言えます。

どんな方に向いているのか？

不動産投資が向いているのは、大きな**レバレッジ効果**を得たい人です。不動産の現物はほとんどの場合、ローンを使って購入することになりますが、これにより高額な物件に投資することができ、ハイリターンを期待できます。

一方、REITは、ローリスク・ローリターンなサービスなので、利益の大きさよりも手間をかけずに手軽に投資をしたい人におすすめです。

ちなみに、「手間がかからない」という理由は、現物の不動産投資とは違い、証券市場で取引されるためです。一般的な金融商品と同じ方法で取引できるため、現物では難しい即金性に優れている点がとても魅力です。

現物の不動産への投資は、ハイリターンが見込める一方、管理などの手間や、修繕費用などのランニングコストがかかります。低コストで不動産を運用したいなら、REITを選ぶべきでしょう。

実は不動産投資は、節税効果が高いことでも知られています。減価償却を行うことで、本業の所得を圧縮し、支払った所得税・住民税の還付を受けることができます。減価償却費は実際の支出を伴わないため、手元に現金を残しながら節税できます。

図1　不動産投資とREITのメリットまとめ

不動産投資はミドルリターンと言われていますが、レバレッジをかけて成功した場合、それなりに高い利益が見込めます。一方、REITは、少額でじっくりコツコツと資産を増やすもので、低リスクが最大のメリットです。

	メリット
不動産投資	・購入した不動産が資産になる ・ローンを利用することでレバレッジ効果が期待できる ・運用に成功したときのリターンが大きい ・生命保険の代わりになる
REIT（リート）	・数万円～数十万円で投資を始められる ・証券会社で売買でき、流動性が高い ・不動産の購入や運用に手間やコストがかからない ・分散投資でリスクヘッジしやすい

現物はリターンが高いだけではなく、資産になるのも大きなポイントです。

図2　不動産投資レバレッジイメージ

以下の比較は、レバレッジを効かせた場合と効かせない場合の比較です。結果からわかるのは、レバレッジ効果をうまく活用することで、同じ投資予算でもより多くの利益を得ることができること。そのためには低い金利で、かつ利回りを高くすることがポイントになります。

レバレッジを効かせない場合

自己資金 …… 1,000万円
物件価格 …… 1,000万円
利回り …………… 10%

年間収入　100万円

レバレッジを効かせる場合

自己資金 …… 1,000万円
物件価格 …… 5,000万円
利回り …………… 10%

年間収入 ……500万円
利息 …………120万円※

実質年間収入　380万円

レバレッジを効かせたほうが、280万円の収益増！

※金利3%、初年度として計算。

⑧ 4 不動産投資とREITのデメリット

どちらがどれだけ高リスク？

どんな投資にもリスクとデメリットはありますが、不動産投資とREITについてはどうでしょうか。

①不動産投資のデメリット

不動産投資のデメリットは、まず**空室リスク**です。入居者がいなければ、家賃収入は得られません。また、入居者がいても、家賃を払ってくれない**滞納リスク**もあります。さらに、修理・修繕などの突発的な出費（**修繕リスク**）もあります。

どれも現実的に起こり得るリスクであり、不動産投資を始めるなら、あらかじめリスクヘッジを講じておく必要があります。

②REITのデメリット

REITのデメリットは、まず元本が保証されていないことです。空室によって家賃収入が減少したり、不動産価格が下落したりして価格が下がり、**元本割れ**が生じることがあります。

さらに、不動産を運用する投資法人（投資先）が、収益の悪化などにより、上場廃止になったり、倒産してしまう可能性もあります。また、投資法人側の運用が上手くいっていない場合、分配金が減額される可能性があります。

これらはデメリットというよりもリスクというべきかもしれませんが、良くも悪くも、REITにおいて重要なのは投資法人の状況と言えます。

両者に共通するデメリットは？

不動産投資とREITは、全く異なる商品・手段であり、デメリットやリスクも異なります。ただ、どちらも不動産であり、共通するデメリットもあります。それは自然災害や事故によるリスクです。

不動産は、台風や地震などがあると、大きな修繕費がかかってしまいます。保険でまかなうことはできますが、賃料を含め全額補填できるかどうかはわかりません。REITの場合でも、自然災害などによる影響によって収益が低下すると、分配金が減額される可能性があります。

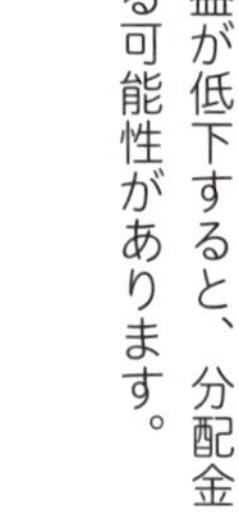

REITには節税効果はありません。ビギナーの中にはNISAと同じような制度と考えている方も多いようですが、REITによって得た分配金や売却益には、必ず20％課税されることになります。ただし、NISAを利用していれば非課税になります。

図1 不動産投資とREITのデメリットまとめ

リスクの大きさは、物件の価格や投資金額によって大きく異なります。現物である不動産投資の方がREITに比べて明らかにリスクが多く、状況によっては金額が大きく跳ね上がってしまうことも考えられます。

	デメリット
不動産投資	・物件を購入するために多くの資金が必要 ・流動性が低く、換金しにくい ・購入後も管理や修繕に多くのコストがかかる
REIT（リート）	・元本割れリスクが高い ・上場廃止リスクがある ・投資法人が経営破綻する場合がある ・配当金が大きく減少するリスクがある

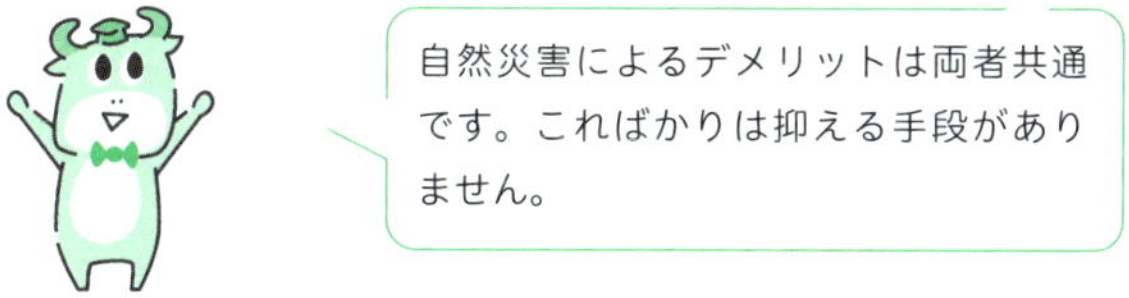

図2 2023年に起きた国内の自然災害

一年の間に、全国でこれだけの自然災害が発生しています。被害を受けた物件の数も相当数あり、保険ですべての修繕をまかなうことができなかったものも少なくありません。不動産に関わる投資は、現物でもREITでもリスクは付き物なのです。

総務省消防庁「令和5年災害情報一覧」より

※2023年11月30日段階、事故ならびにミサイル情報を除く

台風・大雨・大雪による全国的な被害			
1月20日～27日	大雪	8月3日～10日	大雨
2月10日～13日	大雪	8月6日～18日	台風6号
6月2日～26日	大雨/台風2号	8月12日～25日	台風7号
6月29日～7月28日	大雨	9月8日～15日	台風13号
7月15日～28日	大雨		

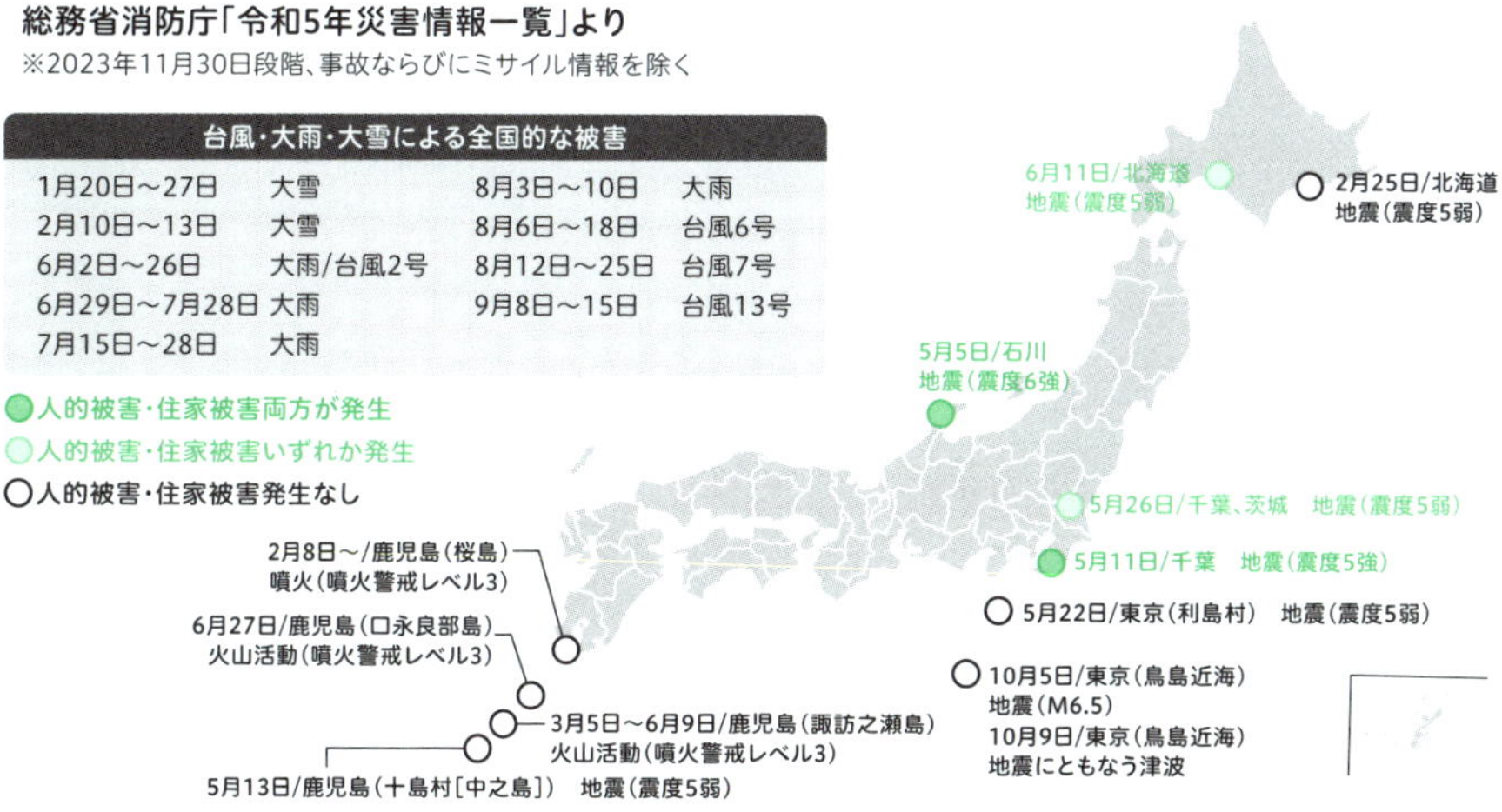

8 5 不動産投資に向いている人とは？

不動産投資かREITか

①不動産投資に向く方

不動産投資に向いているのは、経営者タイプの方です。まず、安定的な収入と、不動産投資ローンの審査を通過できる資金力が必要です。さらに、オーナーとして立地やターゲット、金融機関、管理会社を適切に選定でき、相場や入居率、収支のシミュレーションなどを冷静に判断するスキルも必要です。不動産投資を始めるということは、オーナーになることを意味します。経営者スキルが求められるのは当然と言えます。

また、REITのように年数回ではなく、できれば毎月副収入を得たいと考える方には不動産投資が向いています。ただし、相応のリスクに耐える資金力と、手間をかける時間的な余裕が必要となります。

②REITに向く方

REITに向いているのは、少ない資金で少しずつ資産を増やしたい方です。時間効率が良く、手間がかからないため、普段忙しい方にもおすすめです。投資ビギナーはもちろん、株式投資や投資信託の経験がある方も違和感なく始められるでしょう。

不動産投資が**ミドルリスク・ミドルリターン**であるのに対し、REITは**ローリスク・ローリターン**です。微増・微減の穏やかな波に耐え、根気よく運用を続けられるかどうかが重要です。

向いていない方はどんなタイプ？

①不動産投資に向かない方

不動産投資に向かないのは、収入が不安定な方です。不動産を維持するには資金力が必要です。収入が不安定だと、スムーズな運用はできません。

②REITに向かない方

REITに向かないのは、大きなリターンを望む方です。REITは短期間で大きな利益を得る手段ではなく、長期でコツコツ積み上げるものです。リターンの大きさで選ぶなら、不動産投資の方が適しています。

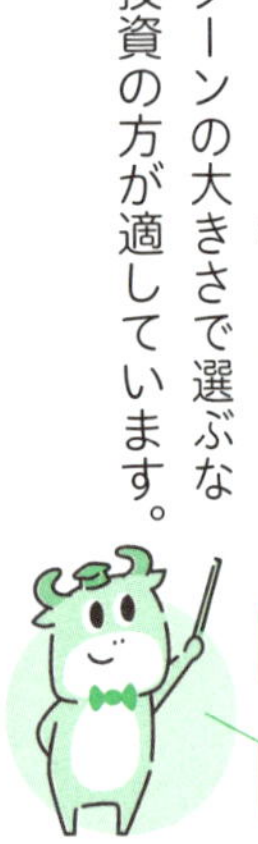

REITの投資対象は住宅だけではありません。オフィスビル、デパートやショッピングセンターなどの商業施設、倉庫や物流センター、ホテル、病院、有料老人ホームなど、様々な投資対象を選択することができます。これもREITの大きな魅力です。

図1　不動産投資に向いている・向いていない人の特徴

資金力と管理能力がカギとなる不動産投資は、住宅の管理・運用に対する興味がないと始められません。単に副収入を得る手段として運用したいのであれば、REITもしくはその他の投資商品に目を向けるべきです。

不動産投資に向いている人の特徴

- 安定収入を得られる人（資金力がある）
- 行動力や決断力のある人
- 動力や決断力のある人
- 投資効率を重視する人
- 節税したい人

不動産投資に向いていない人の特徴

- 流されやすい人（人の話に振り回される人）
- リスクを負うのが嫌な人
- 収入が不安定な人
- 管理能力が低い人

図2　REITに向いている・向いていない人の特徴

不動産投資が時化（しけ：風雨のために海が荒れている状態）」ならば、REITは凪（なぎ：風が一時的に吹きやんだ状態）です。収益だけでなくリスクも同様です。REITに向いている方は、少ない元手でコツコツと根気よく資金を増やしたいと考えている方です。

REITに向いている人の特徴

- 自己資金が少ない人
- 手間や時間をかけずに投資をしたい人
- 分散投資をしたい人
- 投資効率を重視する人
- 投資経験のある人

REITに向いていない人の特徴

- 大きなリターンを得たい人
- 人に委ねるのが苦手な人
- 副収入を得られる機会が少ない

コラム

8 不動産投資も金融商品で投資できる！

不動産は現物よりファンド

世の中には、不動産をたくさん保有し、それで財を成している人が多くいます。現金という資産を持っていれば、良い物件に投資ができ、その物件が購入時よりも高騰したときに売却すれば、大きな利益を得ることができます。

現物不動産を購入するには、まとまった現金資産がなければ、銀行からの借り入れが必要です。銀行からの借り入れには審査があるため、誰もが手軽に現物不動産に投資できるわけではありません。

しかし、少額から不動産に投資できる方法もあります。それが不動産投資信託、通称「REIT」（リート）です。日本国内のリートの場合は、「J-REIT」と呼ばれます。

J-REITの投資対象は、オフィス、商業・店舗施設、レジデンス（住居）、ホテル、物流（倉庫）、ヘルスケア施設、病院など多岐にわたります。個別の対象不動産に投資する場合もあれば、いくつかを組み合わせた複合型や総合型として投資する場合もあります。

ちなみに米国では、刑務所などを対象とした特殊施設のリートや、デジタル広告や看板などを対象としたユニークなリートも存在します。最近では、データセンターのリートも増えてきています。

REITはミドルリスク

J-REITの場合、利益の90％超を分配金とすることで法人税を支払わず、その法人税分も投資家に分配される仕組みになっています。J-REITの平均分配率は92～93％で、多いものでは利益の98％を分配しているものもあります。

J-REITへの投資方法としては、個別のリートに投資する方法、リートの投資信託に投資する方法、東証REIT指数に投資する方法などがあります。個別のリートは、約60の不動産投資法人が上場しています（2024年5月22日現在）。平均分配金利回りは、4.46％程度（2024年5月17日現在）です。

世界のリート市場は拡大しており、世界最大のリート大国は米国、第2位が日本となっています。日本の株式市場の中で、東証グロース市場の時価総額は6兆9000億円弱（2024年5月22日現在）なので、国内リート市場の規模の大きさがわかります。

リートは、ミドルリスク・ミドルリターンの金融商品と言われます。とくにJリートは、原則として為替リスクを伴わないため（一部、海外物件を含む不動産投資法人もあります）、不動産投資をしたいが現物不動産はハードルが高いという方や、ある程度まとまった資金がある方には、分配金目当てで投資するのに適しています。

第9章

金投資―投資商品の基礎知識⑥

9 1 金の資産としての特徴

無価値経験ゼロの安定感

株式や債券は、それ自体に価値があるわけではなく、発行する企業や国の信用・業績によって価値が決まります。その価値は、経済の状態によって大きく変動し、好景気のときは価値が上がりやすく、不景気のときは下がりやすいという特徴があります。

一方、金は**現物資産**であり、歴史の中で一度も「無価値」になったことがない、安定性の高い資産です。不景気のときに価値が上がりやすいという特徴を持っています。

金について特筆すべきことは、ここ数年の相場の動きです。世界情勢の影響により1980年をピークに徐々に下落していましたが、2000年からはITバブルの影響で再び上昇し、近年は新型コロナウイルスの影響やロシアのウクライナ侵攻の影響でさらに価値を上げ続けています。たとえば、2000年の金価格は、1グラム約1000円でした。しかし2023年には、1グラム約10000円と10倍に高騰しています。

このような背景から、金は安全な投資と広く認知され、需要が高まっています。無価値になったことのない資産であるため、持ち続けることで、さらに価値が高まる可能性も考えられます。価値が青天井なので、どこまで高まるのかは未知数です。そこに魅力を感じる人も多いでしょう。

砂金と金の違い

砂金は、金とは別物です。金が純金100%であるのに対し、砂金には銅や鉄など他の金属が混じっています。もちろん、砂金にも価値はあり、量によってはある程度の価格が付きます。しかし、金とは比べ物になりません。

ただし、1グラムを超える「ナゲット」と呼ばれる珍しい砂金は、金価格よりも高い価値があり、1グラム数万円で取引されることもあります。

たとえば、1980年にオーストラリアで発見された27・7キロのナゲットは、価格が100万ドルに上ったそうです。

近年、金が世界的に大きく脚光を浴びたのは、新型コロナウィルスが経済に大きな打撃を与えたことが理由です。「有事の金」とよく言われるように、価値が下がりにくい金は、経済不安が叫ばれるタイミングで注目を集めます。

図1 金相場30年の動き

国内の小売価格を見ると、1978年時点で1,000 ～ 1,500円でしたが、2024年には1万円を超えています。専門家によると、価格は今後もさらに上昇していく見込みとされており、株式や債券などの紙資産より注目されています。

長期推移_金価格
海外価格（US$/toz）／国内小売価格（¥/g）_月間平均価格

図2 現物資産の種類について

現物資産と呼ばれるものは、金だけではありません。プラチナや不動産のほか、絵画なども、現物資産として世界中で価値が計られています。古いお酒やアンティークコイン、腕時計なども現物資産として扱われています。

実物資産

実物資産とは、形を有し、その物自体に価値がある資産

9

2 金投資のメリット

金の価値の大きさと持つべき理由

金が選ばれる最大の理由は、その安定性です。短期で利益を出すことは難しいですが、価値が下がりにくく、景気に左右されないため、株式や債券などの金融資産よりも安全と言えます。

株式は企業が倒産すれば紙切れ、つまり無価値になりますが、金は長い歴史の中で無価値になったことは一度もありません。

金はインフレや災害、世界情勢の混乱期に価値が上がる傾向があるため、リスク回避の切り札として購入を検討する人も多いです。

金に価値がある理由は、その希少性です。地球上の金の埋蔵量は限られており、採掘できる量にも限界があります。採掘にも莫大な時間とコスト、労力がかかります。

金は宝飾品として、日本でも大仏や金閣寺などに金が使われていることはよく知られています。

装飾以外にも、工業用品や医療用品など、多くの用途で必要とされています。

食用として、金箔がスイーツやお酒に使われることもありますし、着色料や食品添加物として厚生労働省にも認定されています。食用の金箔は、不純物を取り除いているため、食べても健康上の問題はありませんが、味があるわけではなく、美味しいとは言えません。

実用品としての金の価値

金が工業用品や医療用品に使われているのは、電気抵抗が少なく、電気を通しやすい性質のためです。ＰＣやスマートフォンなど電子機器の基盤には、金が使われています。

また、金はアレルギーを引き起こしにくく、耐酸性があるため、歯の治療などにも使用されています。

このように、金はその希少性と多様な用途から、非常に高い価値を持つ資産として認識されています。

金は宇宙産業にも貢献しています。人工衛星やスペースシャトルの外側を覆う膜として使われており、その理由は赤外線を跳ね返す特性を持っているからだそうです。宇宙服の一部や通信機器にも使われているそうです。

図1　金投資のメリットと金が重宝されている理由

金はその希少性（価値）、審美性（宝飾として）、安定性（金属として）のため現物資産としての価値が高く、また、無価値経験ゼロという安全性を持っています。これらが、投資に適している理由です。

金投資のメリットと金が重宝されている理由

1. 価値が下がりにくく、景気に左右されない
2. 長い歴史の中で「無価値」になったことがない
3. 他に多々ある金属の中でも希少性が高い
4. 機能的であり、金属としての用途が多い
5. 今後も価格が上がっていく可能性が高い
6. 有事のリスク回避として有効

図2　「金」が使われているもの

金は、携帯電話やパソコン、ゲームソフトのチップなど、身近なものにも多く利用されています。耐久性と電気抵抗の少なさから、医療機器や宇宙事業などにも広く使われています。

「金」が使われているもの

- 携帯電話（ICチップ）
- パソコン（基盤）
- ゲームソフト
- クレジットカード
- LANケーブル
- 金歯
- 器機マーカー
- 人工衛星・スペースシャトルの一部
- 仏具
- 文房具（万年筆など）
- 楽器（管楽器など）

3 金投資のデメリット

金投資をすすめない人の言い分

金投資には多くのメリットがあるため、資金があれば購入を検討する方も多いでしょう。

しかし、専門家や有識者の中には、金投資をすすめない、さらには絶対に買わない方がよいと言う人も少なくありません。その理由は金投資のもつデメリットにあります。

金投資で得られる利益は、**値上がり益**のみです。金融資産であれば、値上がり益に加え、利子や配当金も得られますが、金投資の場合は、値上がり益しか得られる利益がありません。つまり、購入した金額以上に価格が上がらなければ、永遠に利益は出ず、元本割れリスクが大きいのです。

さらに、現物資産として管理する場合、保管コストがかかります。自宅で保管するには耐火金庫や防盗金庫が必要ですし、銀行や専門業者に預ける場合も費用がかかります。堅牢な金庫の購入には数万～数百万円かかりますし、外部に預ける場合は預け入れ、引き出し、保管に手数料など、年間で数万円かかることもあります。

元本割れリスクが高い上に、こうしたコストがかかるのでは本末転倒です。金の価格以上にコストがかかってしまえば、持っている意味はなくなってしまいます。あくまで保管場所があって、資金に余裕がある方におすすめできる手段です。

購入時の注意点

現物の金を購入する際は、かかる費用に注意しましょう。まず、500g未満の金地金を購入する際は、**バーチャージ**という手数料が販売価格に加算されます。また、売却時に利益が出た場合は、**譲渡所得税**が適用されます。

なお、金の購入金額が200万円を超える場合には、販売業者は税務署へ支払調書を提出する義務があります。つまり、個人資産として税務署に把握されるということです。売却益が出た際には所得税の申告が必要であり、怠ると罰金の対象になります。

バーチャージは、500g未満の金地金を現物で購入する際にかかる手数料ですが、まれに免除する業者もいるようです。これは違法ではないので、敬遠する必要はありません。逆に、少しお得に買えたと喜ぶべきかもしれません。

図1 金投資のデメリットについて

金投資は、購入時の手数料や売却益にかかる税金など、売買時に費用がかかります。管理コストについても認識しておきましょう。なお、ここで紹介するデメリットは、現物の金を購入した場合についてです。

金投資のデメリットについて

- 現物の金を購入する際に手数料がかかることがある
- 利息や配当を得ることはできない
- 売却益に対する税金がかかる
- 管理コストがかかる（盗難・損失リスク）
- 価格下落リスクもある

図2 金購入時の注意点について

購入する金の量によって、手数料の有無や額は異なります。また、金価格は米ドル価格で決まるため、日本円で購入する際は、ドル円相場が大きく関係します。そのため、購入の際は為替相場の確認が必須となります。

金購入時の注意点について

- 500g未満の現物を購入する際に手数料がかかる（バーチャージ）
- 500g未満の現物を売却して利益が出た際には、譲渡所得税が適用される
- 200万円を超える現物を購入すると税務署に個人資産として登録される
- 200万円を超える現物を売却し、利益が出た場合は所得税の申告が必要になる
- 上記の申告を怠ると、追加徴税・罰金の対象になる
- 購入時の為替相場をチェックする必要がある

4 金投資の5つの方法

投信でも金が買える?

金投資の方法は、現物を購入する以外にも、いくつかあります。具体的には、**投資信託**、**ETF**、**先物**、**CFD**です。それぞれ特徴とメリット・デメリットが異なりますので、順に見ていきましょう。

①投資信託

金の投資信託は、ほかのファンドと同様に、運用をファンドマネージャーに一任する形になります。少額から始められるため、初心者でも手軽に始められることが大きなメリットです。

ただし、購入時には購入手数料、保有時には運用管理費用、売却時には信託財産留保額といった手数料がかかります。

②ETF(上場投資信託)

ETFも投資信託の一種ですが、投資信託との違いは、上場しているかどうかです。ETFは投資信託よりも手数料が安く、リアルタイムで売買することができます。

ただし、分配金が自動で再投資されないことや、24時間いつでも取引できるわけではないことには注意が必要です。

その他の投資方法

現物や投資信託以外にも、CFDや先物といった方法で金を取引することができます。

③CFD(差金決済取引)

金CFDは、現物を保有せずに売買する方法です。発生した損益(差金)のみを受け取ります。レバレッジをかけることができるため、大きな利益を出せる反面、リスクも高いことが特徴です。

④先物取引

先物取引は、満期月や価格を事前に決めて取引する方法で、価格変動リスクを回避できることが最大のメリットです。

しかし、取引期限が決まっているため、自由度の高い取引ができないことがデメリットです。

先物取引などの信用取引で用いられる「追証(追加保証金)」とは、委託保証金を追加で入れる義務が発生するということです。ルールでは、委託保証金率が20%を下回ると追証になります。「お金が足りないから入れてくれ」という意味になります。

図1 金取引の特徴とメリット・デメリットについて

それぞれ特徴とメリット・デメリットは大きく異なり、購入できる場所にも違いがあります。投資ビギナーは、少額から可能で、デメリットの少ない投資信託から始めるのがおすすめです。先物やCFDは、上級者向けです。

投資方法	現物投資	投資信託	ETF	CFD	先物
購入場所	三菱マテリアルなどの貴金属販売会社	・証券会社 ・銀行 ・郵便局	証券会社	証券会社	証券会社
特徴	グラム単位で購入できるが、別途手数料が発生する	運用会社の運用成績に応じて、利益が分配される	証券会社のみの取引	発生した損益(差金)のみを受け取る	取引時に予め満期月や価格を決める
メリット	長期保有が可能	少額から取引を始められる	リアルタイムでの売買が可能	レバレッジを活用した取引が可能	価格変動リスクを回避できる
デメリット	・取引コストが高い ・保管コストが発生する	・リアルタイムでの売買ができない ・元本保証ではない	・分配金が自動で再投資されない ・24時間取引ができない	・配当金がもらえない ・ファイナンシングコストが発生する	・自由度の高い取引ができない ・追証がある

図2 投資期間とリスク許容度について

最もフラットなのはETFです。ETFは、投信よりも手数料が低く、リアルタイムでの売買が可能というメリットがあります。しかし、証券会社が開いている時間しか取引できないため、会社員にはやや不向きと言えます。

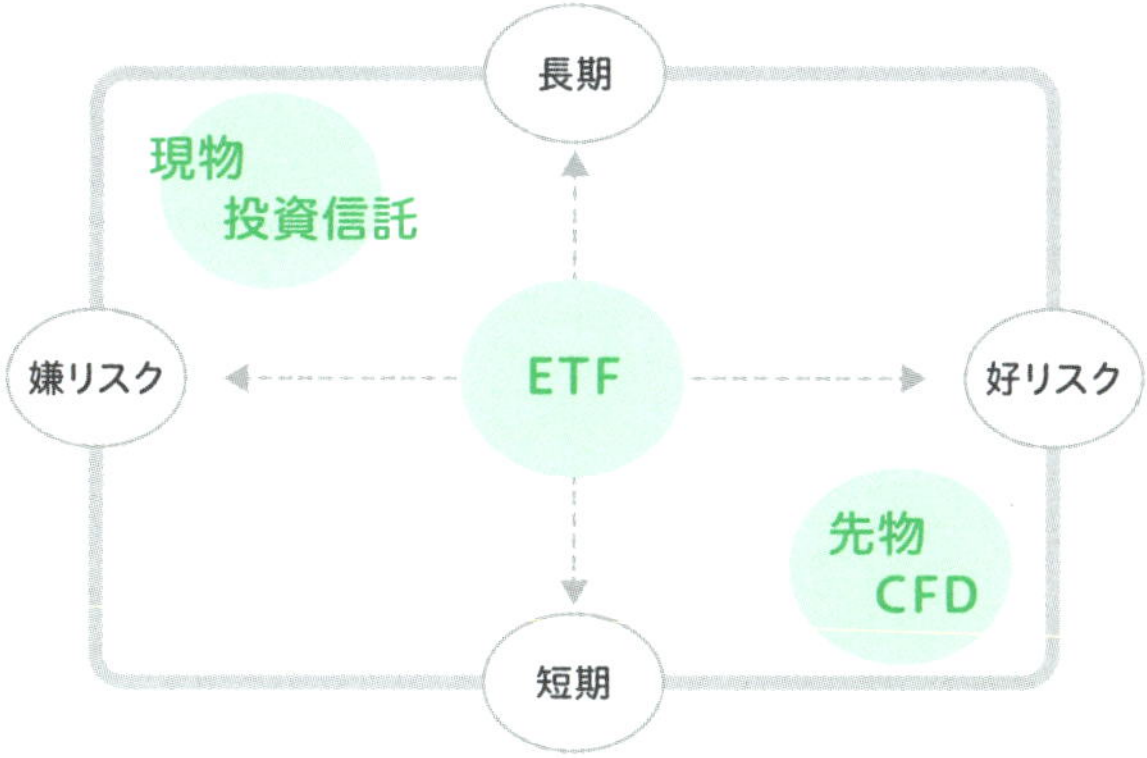

貴金属投資はバラエティに富んでいる。売買頻度やリスク許容度に応じて選択する

9

5 金投資に向いている人・いない人

金投資に向いている人

金投資が向いている人の特徴は以下の通りです。

①リスクヘッジを求める人

株式、債券、不動産などのリスクを分散するために、金をポートフォリオに組み込みたい方に向いています。金はインフレが起きても価値が下がりにくく、逆に価値が上がりやすいため、インフレ対策としても有効です。

②長期投資ができる人

金は短期間での利益が出にくいため、長期間保有する忍耐力がある投資家に向いています。じっくりと時間をかけて運用できる方に適しています。

③大きな値動きが苦手な人

金の価格変動は比較的緩やかです。株式のように大きな値動きに一喜一憂するのが苦手な方に適しています。

④資産を守りたい人

現状の資産を守りつつ、安定した運用を望む方に向いています。金は「守りの資産」としての役割が強いため、大きな利益を期待するよりも、資産を安全に保ちながら微増を狙うスタンスが合っています。

⑤忍耐力・決断力がある人

資金面で余裕があり、忍耐力と決断力がある方。また、価格の高騰に一喜一憂しない冷静さが求められます。

⑥情報収集が得意な人

漏れなくしっかりと情報収集ができる方。金投資には長期的な視点での情報分析が必要です。

なお、ファンドに投資をする場合、現物を買うよりも手数料が安く、少額から始められるため、潤沢な資金は必ずしも必要ではありません。

向いていない人

逆に、金投資が向いていない人の特徴は以下の通りです。

あくまで予測ですが、2023年時点でグラム1万円程の価格は、2030年になると3万円を超える可能性があると言われています。新型コロナやウクライナショックのような突発的な事件もあるので、あくまで予測ですが……。

①利益第一主義の人

短期間で大きな利益を狙う方には向いていません。金は長期保有で確かな利益を得る資産であり、株式投資やFXのように瞬発的な利益を求める方には適していません。

②投資初級者

金投資はマネーリテラシーが中級以上の方に向いています。外国為替や米ドルの動きに対する知見が必要だからです。理論的に金とドルは概ね逆相関であり、米ドルの価値が上がれば、金価格が下がります。

③海外情勢に疎い人

米ドルの動きや海外情勢に対して敏感でない方には向いていません。金投資は海外の経済動向に影響を受けるため、その動きを理解し、適切に対応できる人に適しています。

図1 金と米ドルの関係性について

図のように、ドルが下がれば金が上がるといったように、金とドルは逆相関になっています。よって、ドルの動きはもちろん、世界の動きにも敏感である必要があります。マネーリテラシーが低い方だと、金投資はやや難しいと思われます。

米ドル指数と金価格の相関図

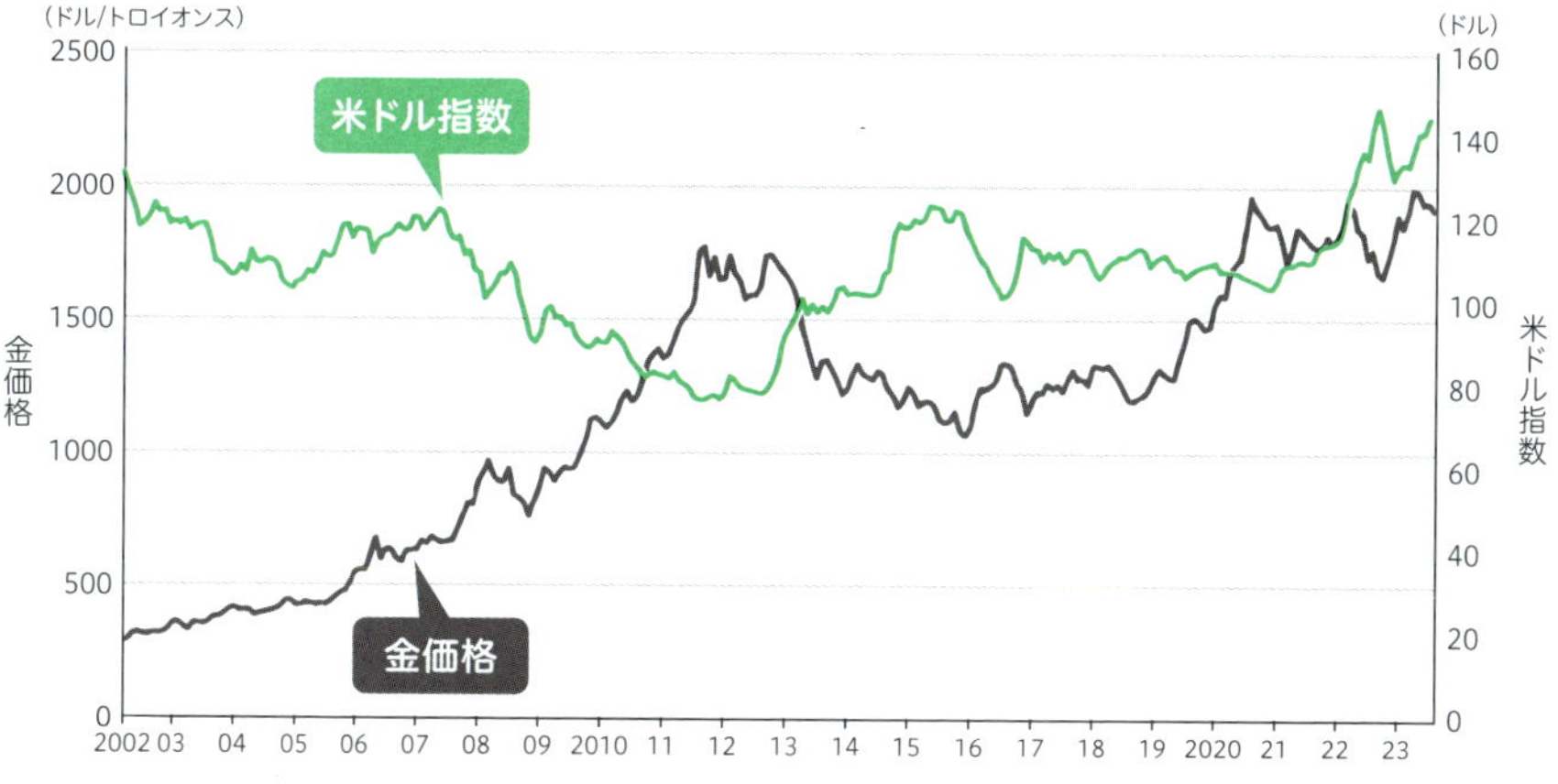

コラム

9 金投資が人気の理由

採掘量に限界アリ？

最近、金（ゴールド）が人気を博しているのをご存じでしょうか。「有事の金」と言われるように、戦争などが起こると、安全資産として金が買われることがあります。2024年5月現在、ロシア・ウクライナ戦争や中東のガザ紛争などの影響もあり、金の価格が史上最高値を更新することが増えています。

たとえば、2019年1月の金の取引価格は1グラムあたり約4600円でしたが、2024年5月22日現在の価格は約13400円まで上昇しています。2000年の頃は1グラム1100円にも満たない価格だったので、24年で12倍になったということです。

ここまで高騰すると、金に投資するのが不安になるかもしれませんが、地球上に埋蔵されている金の量は限られており、残りは5万トン程度と言われています。現在までに採掘された金は23万トンとされ、この5万トンの採掘はあと20年ほどで終わると予測されています。それだけ希少価値が高いので、金の価格は今後さらに高騰するのではないかと推測されています。

純金積立から始めるのが◎

金に投資する場合は、毎月決まった資金でコツコツと金を購入していく「純金積立」が良いのではないかと思います。純金積立であれば、3000円程度から始めることができますし、価格変動があるため長期投資に向いた商品となります。

将来、金を受け取る際に、コインやバー以外にも、アクセサリーにするサービスを提供している会社もあります。たとえば、女児が誕生した際に純金積立を始めて、成人を迎えたのお祝いにプレゼントをしたり、結婚10周年記念などに奥様に贈ることも喜ばれるでしょう。

金の価格は、大幅に下落する可能性が低いため、老後資金や教育資金の一部として長期積立をしても良いでしょう。金はスマホや電気製品など、様々な機器にも使用されているため、需要は今後も続きます。

なお、金には利息が発生しません。価値が購入時と比べて上昇し、売却して現金化したときに、初めてその値上がり益に対して税金が発生します。現物で保有している限りは課税されないので、その点は安心です。

第10章

ケース別運用スタイル

⑩

1 20代は時間を最大限に活用できる

20代のメリットとデメリット

20代の投資におけるデメリットは、投資資金が低いことです。調査*によると、20代の金融資産保有額の平均は179万円、中央値はわずか20万円です（金融資産を保有していない世帯を含む）。実際、20代の多くの方にとって、投資に回せる資金は限られています。

とはいえ、月2万円を投資に回せると仮定し、オルカンやS&P500などの株式**インデックスファンド**を活用して60歳まで投資を続けた場合、いくらになると思いますか？

過去の平均データを元に、年利10％と仮定すると、何と1億2600万円を超えます。投資元本は、年24万円×40年＝960万円です。途中で投資額を増やしていけば、2億円や3億円の資産を形成することはそれほど難しくないということです。NISAの投資元本枠（1800万円）を活用すれば、パフォーマンスはさらに高まるでしょう。

20代のメリットは、長期投資が無理なくできることです。つまり、時間を味方につけることができるのです。このメリットを活かすためには、できるだけ早いうちから投資を始めることです。年齢を重ねるほど不利になるので、最大限にこのメリットを活かしましょう。

20代は株式投資にも注目

この年代は、時間を味方にできるため、大きなリスクを取る必要もありません。早期リタイア、いわゆる**Fire**（ファイヤー）を目指す場合は、株式インデックスファンドだけでなく、個別株式投資にも注目することをおすすめします。

株式インデックスファンドは投資信託なので、1つの商品でも分散投資の効果があり、リスクは制限されます。一方、個別株式は、投資信託に比べると、価格変動が大きく、リスクも高くなります。

しかしながら、たとえば日本株の場合、値幅制限はありますが、1日

20代からファンドや個別株への投資を始めるなら、資金よりも先に知識を蓄えるべきです。銘柄の選び方や市場分析などは、一朝一夕に身に付きません。Fireを目指すなら、それ相応の資金だけでなく、投資に関するそれなりの知識を蓄えることもマストです。

＊『家計の金融行動に関する世論調査［単身世帯調査］（令和3年）』

で5～10%上がるものはざらにあり、日によっては15～20%以上上昇する銘柄もあります。これが株式投資の醍醐味でもあります。

日本株は、基本的に100株単位(単元株)ですが、今は単元株未満(100株未満)での投資も可能です。1株あたりの株価が下がっているため、単元株でも買いやすくなっています。外国株式の場合、値幅制限がない国も多く、たとえば米国株では1日で50%を超える銘柄もあります。こちらは日本株と違い、もともと1株から購入できます。

国内外の個別株に投資するには分析力が必要となりますが、早期リタイアを目指すなら、時間を味方にしてチャレンジしてみても良いでしょう。

図1 主要国の株式インデックスファンドデータ

以下の図は国別の株式インデックスファンドデータをまとめたもの。注意書きにもあるように、これを書いている2024年7月時点では、為替が円安に推移していることが優位に働いていると言えるため、時期によって若干数値に変動します。

投資先	国旗	1年	3年	5年	10年	15年	20年	30年
全世界株式		46.20%	19.90%	20.30%	17.40%	22.10%	16.50%	14.00%
全米株式(VTI)		40.20%	18.80%	20.30%	16.00%	17.50%	11.60%	–
S&P500		38.40%	20.40%	20.90%	16.90%	18.00%	11.80%	12.00%
NYダウ		34.70%	19.20%	16.90%	15.40%	15.40%	10.80%	11.10%
NASDAQ総合		46.70%	16.20%	22.10%	18.90%	19.20%	12.80%	12.20%
NASDAQ100		50.80%	20.70%	25.70%	21.70%	21.70%	15.20%	15.20%
日経平均		34.50%	11.30%	12.80%	11.60%	11.50%	7.10%	3.10%
TOPIX		36.40%	15.90%	13.80%	11.50%	10.60%	6.40%	3.50%
インドSENSEX		21.90%	14.50%	13.40%	12.10%	12.90%	13.40%	10.30%

※全て円ベースで換算しています。現状、為替が円安に推移していることが優位に働いているといえます
データ出所：GFS調べ

⑩

2 30代はお金の出入りが激しい時期

30代も長期積立運用で

調査*によると、日本の平均初婚年齢は、男性31・0歳、女性29・4歳、初婚累計（夫または妻が一定年齢までに結婚した割合）は、男性は31歳時点で66％、女性は30歳時点で70％です。30代は結婚や出産、育児、マイホームの購入、転職など、様々なライフイベントが重なる時期です。仕事もプライベートも忙しくなり、収入も増えますが、出費も増える年代です。

この時期の資産設計において重要なことは、まず月々のお金の収支を把握し、早いうちから蓄財する力を養うことです。30代で蓄財力を養っておけば、この後にあわてずにすみます。

ただし、単に預貯金をしていても資産は増えません。まずはＮＩＳＡのつみたて投資枠を活用して投資を始めましょう。投資額は、毎月３万円以上を目標にするのが理想です。毎月３万円を30年間継続してつみたて投資した場合、投資元本の累計は１０８０万円ですが、オルカンやＳ＆Ｐ５００を活用することで、約６７８０万円強になる計算です。さらに運用期間を５年伸ばし、同じ投資額を継続した場合、１億１３９０万円弱になります。

つみたて投資は、運用期間が長期化するほど運用効果が大きくなります。30代でも株式インデックスファンドに継続的に投資することで、「億り人」になれる可能性もあります。

教育資金のつくり方

子供が生まれたとき、学資保険がよいのか、別の手法がよいのかを考えましょう。

学資保険のメリットは、保護者が亡くなった場合、その後の保険料の支払いが不要になり、保険金も支払われることです。また、子どもの進学に応じて祝い金が出るなどのメリットもあります。しかし、資産増額はあまり期待できず、１００万円の満期保険金をもらっても、総額で手にできる保険金は支払った保険料とほぼ同じです。

そのため、学資保険の代わりに、

30代は教育資金を貯め始めたり、マイホーム購入を検討したりする方も多いと思います。収入と支出をしっかり把握することで、投資に回せるお金を上手に捻出しましょう。

＊ 厚生労働省『人口動態統計（2020年）』

長期積立で投資信託を活用する方が効率的です。万一の時には、保険料の安い都道府県の共済に加入しておけば、不測の事態にも十分に対応できます。共済は年齢に関係なく、保障内容に合わせて保険料が決められている点が優れています。

　長期積み立てを使って教育資金を作る場合、まずは「年利何%の商品にいくら積み立てていけば、目標額に到達するのか」をシミュレーションツールなどを使ってあらかじめ計算しておくことをおすすめします。

　もちろん、シミュレーション通りの結果が出るとは限りませんが、目標に対する目安だけでなく、どんな商品を購入すれば良いのかも把握することができます。

図1　学資保険の加入件数の動き

2014年をピークに加入件数が減少し、現状では全体の4～5割程度の加入率です。加入者が伸びない理由には、「積み立てた資金を簡単に引き出せない」ことや、「途中解約したときに受け取れる解約返戻金が、支払い金額を大きく下回る可能性がある」ことなどがありそうです。

学資保険の加入件数の動き

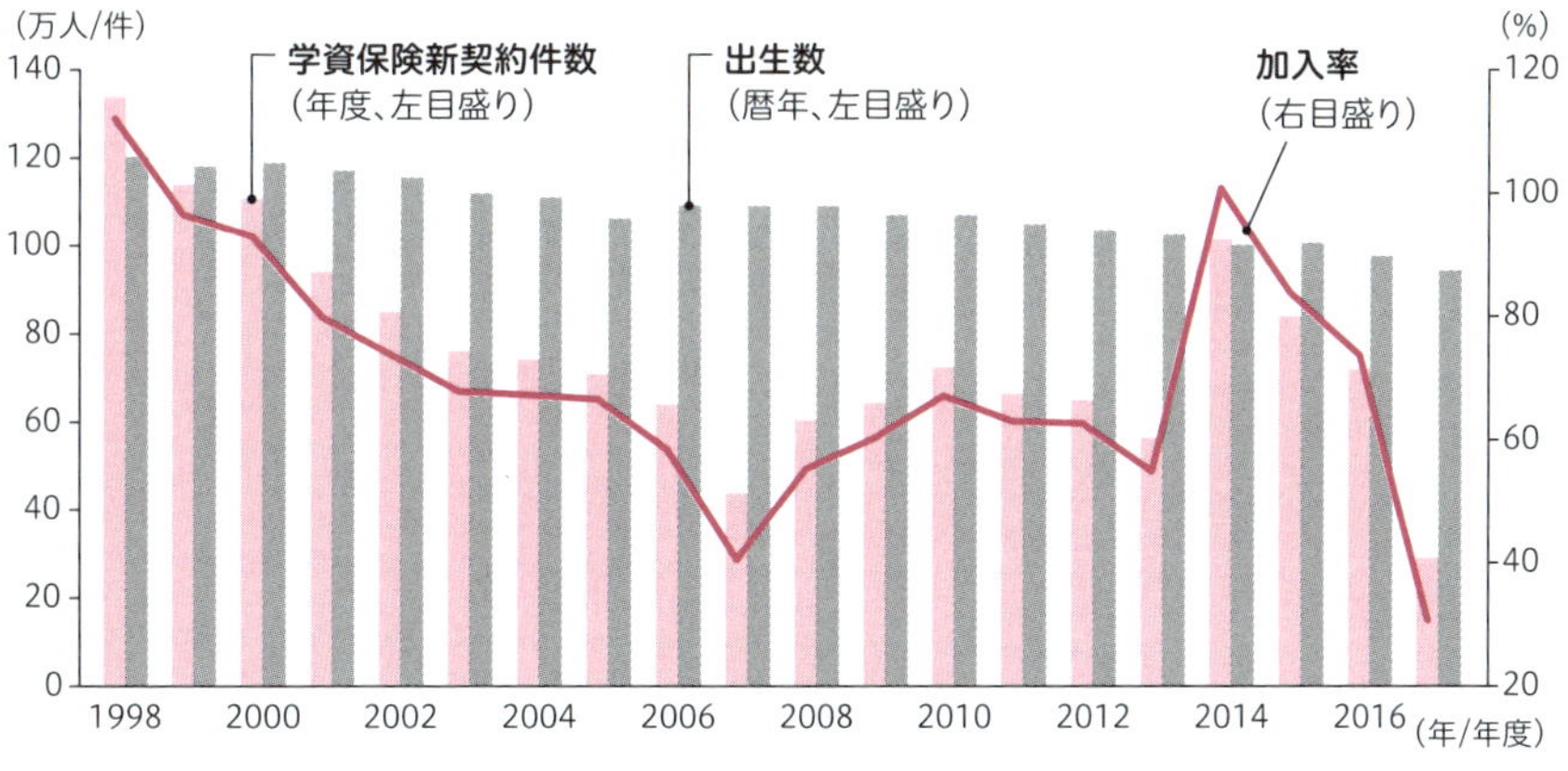

教育資金を貯める手段として最もおすすめなのは、「学資保険＋ファンドの長期積立」の合わせ技です！

⑩

3 40代は老後資金を考え始める時期

40代は積立投資がベース

40代は、少子高齢化が進む中、自分の年金受給額がどのくらいになるのか、年金と預貯金だけで老後を過ごせるのかを考え始める時期です。

厚生年金加入者の年金額（国民年金＋厚生年金）は、平均で男性が月額16万3380円、女性が月額10万4686円です＊。国民年金だけの場合は、月額5万6000円です。夫婦二人の年金額の合計は、厚生年金加入者で月額約26万8000円、国民年金のみの場合で11万2000円となります。

老後の生活スタイルによっても変わりますが、老後に豊かに暮らすには、夫婦で月額約38万円が必要と言われています。つまり、単純に11万円ほど足りないことになります。65歳から年金生活を送るとして、その後30年分の生活費を捻出するためには、単純に4000万円ほど足りない計算になります。

40代から4000万円を作るには、積立投資がベースになります。非課税のNISA口座を活用し、毎月3万円を25年間、主要な株式インデックスファンド（年平均利回り10％と仮定）で運用すれば、25年でほぼ達成できます。毎月5万円ずつ積立投資をすれば、5年ほど期間を前倒しして4000万円に達成し、25年間運用すれば6600万円超まで資産を増やせる可能性があります。

もし夫婦共働きで投資額を多く回せる場合は、この年代からでも「億り人」を目指すことも十分可能です。

インドのファンドに注目

毎月の投資額が3万から5万円になると、投資商品を分散する人も増えますが、どのように分散するとよいでしょうか。

まずは、世界の中心となる米国のS&P500か全米株式に50％、ハイテク銘柄の多いナスダック100指数に30％、インド株に20％の比率で投資することを考えてみましょう。

2023年末現在、GDP（国内総生産）で世界第5位のインドは、2027年にはドイツと日本を追い越して世界第3位になる予定です。

40代の子供一人世帯の理想年収は約800万円と言われている中、平均年収は511万円とかなり下回っているのが実状です。老後資金はもちろんですが、子供の教育資金などにもお金がかかる時期なので、余裕資金にもよりますが、許される範囲の中で積極的に投資をする時期と言えます。

＊ 厚生労働省統計（令和3年）

　インド一国に不安を感じる場合は、成長が期待される新興国株ファンドを選ぶと良いでしょう。ただし、投資比率は最大でも30%、通常10〜20%程度に抑えておきましょう。新興国は政治不安があり、株式市場も乱高下しやすいのが特徴です。成長国であっても、地政学リスクを考慮して低めに抑えておくことで、万が一のときのリスク分散になります。

　ちなみに「地政学リスク」とは、特定地域が抱える政治的、軍事的、社会的な緊張の高まりが、地域や関連地域の経済に影響を与えるリスクのことです。もし気になるファンドが見つかったら、新聞やニュース等でその地域の情勢に目を光らせておくべきでしょう。

図1　老後の最低日常生活費とゆとりある老後生活費

老後の生活費は、貯蓄額や年金支給額によって大きく異なります。40代だと年金支給額はもちろん、どのくらいの資金が自由になるのかはわかりません。積立額・貯蓄額から余裕資金を割り出しておくことはもちろん、ローンの残高がどのくらい残るのかも調べておくべきです。

老後の最低日常生活費

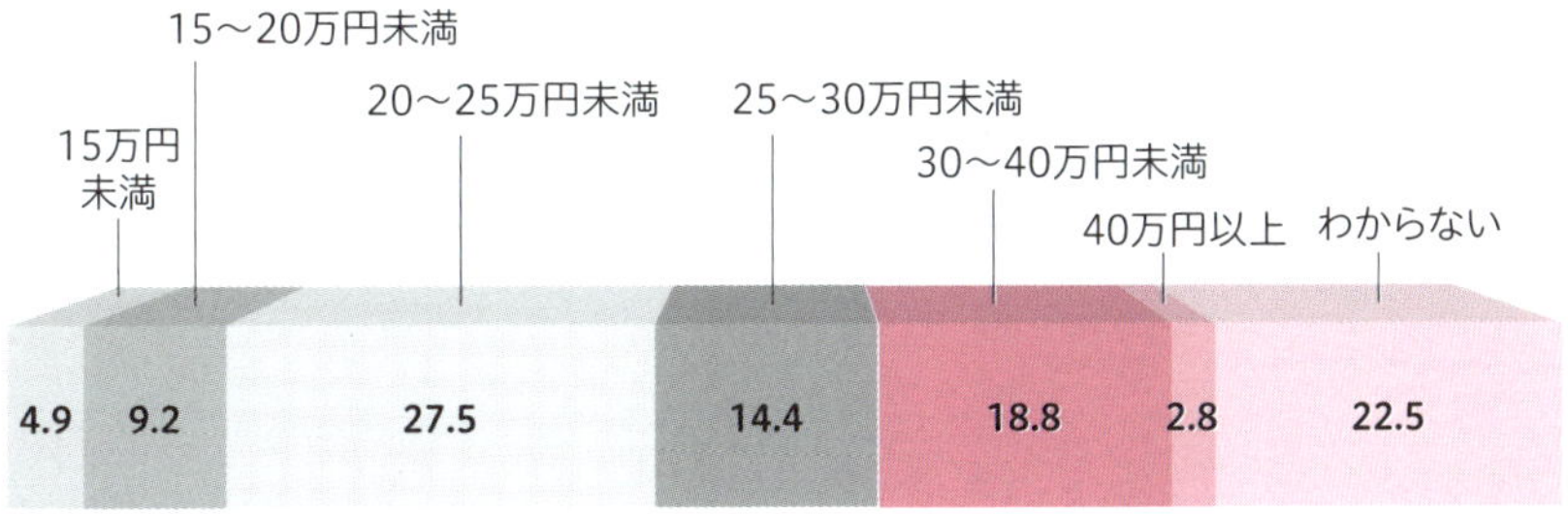

N：4,844（平均 23.2万円）

生命保険文化センター「生活保障に関する調査」2022（令和4）年度

ゆとりある老後生活費

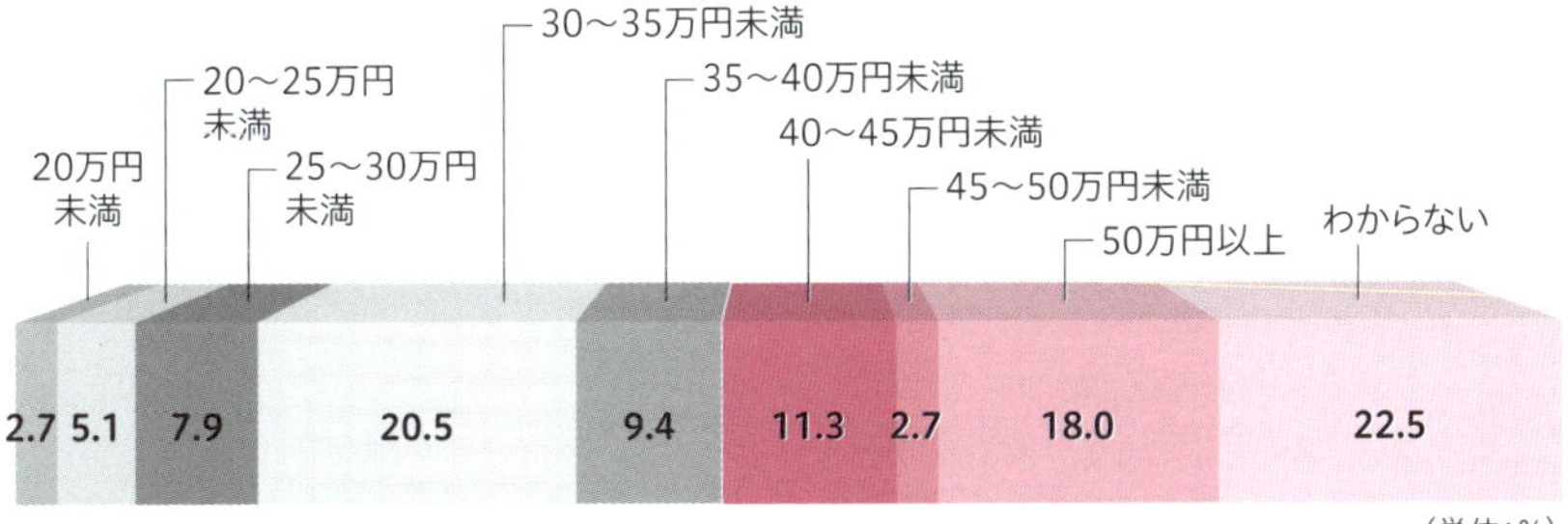

N：4,844（平均 37.9万円）

生命保険文化センター「生活保障に関する調査」2022（令和4）年度

10

4 50代から3000万円の老後資金を作る

50代が意識するべき投資術

50代は、日本経済を牽引してきた世代であり、最も脂の乗った時期です。人生100年時代の中で、折り返しを迎え、どのようなセカンドライフを送るのかを考え始めている人も多いのではないでしょうか。日本人の健康寿命は現在、男性72・68歳、女性75・38歳です*。そのため、元気なうちに旅行に行きたい、趣味に没頭したいと思っている人も多いでしょう。

1970年代に定年年齢が55歳から60歳に引き上げられ、現在は65歳となっています。この後、70歳という時代が来るかもしれません。ただし、生涯現役！という人もいれば、70歳まで働きたくないという人もいます。

仮に65歳からセカンドライフを迎えるとして、50代だと運用期間は15年程度あります。運用期間が10年以上ある場合は、年代に関わらず、基本的に積立投資が推奨されます。50代はある程度の預貯金を保有していると思いますので、その一部を投資元本に回して運用することをおすすめします。ゼロから運用するよりも効率的に資産形成ができる可能性が高いです。

実際にシミュレーションをしてみましょう。投資元本が240万円、毎月の投資額が5万円、年利10%で計算すると、15年後の資産は約3140万円になります。

上手な資産の取り崩し方とは

3000万円を作った後、この資産を30年間かけて取り崩すことを考えましょう。

年金受給額は人によって異なりますが、厚生年金保険に加入者の夫婦二人の場合、老後もらえる年金の平均は月額20万円程度です。これでやっていける世帯もあれば、もっと必要な世帯もあります。

3000万円の資産があった場合、この資産を運用しながら取り崩すと、どのくらいの金額を取り崩せるでしょうか。仮に年利10%で運用した場合、毎月取り崩せる金額は26万3000円です。26万3000円×12

老後を強く意識し出す世代が50代。セカンドライフを楽しく、より豊かに過ごすためには、年金受給額だけでは足りないのが現実です。ある程度まとまったお金を作り、そのお金を運用しながら崩していけば、年金受給額以上のお金を使うこともできます。

＊ 厚生労働省統計（令和元年）

か月×30年≒9500万円となります。つまり、3000万円の資金を作れば、運用次第で1億円近くの資金を年金以外に使えるということです。

一方、3000万円を預金に入れて取り崩した場合、金利がほぼゼロ%と仮定すると、30年間で毎月の取り崩し額は8万3000円となります。

まずは50代の方、3000万円の資産形成を目指しましょう。

図1 積立投資は10年以上の投資期間でしっかりゴールに近づく！

初期投資240万円、毎月の積立金額5万円、年利10%で運用を行った場合、15年後は約3,140万円になります。投資元本の合計は約1,140万円に対し、運用益は約2,000万円になるため、老後からの資産形成も十分可能なことがわかるでしょう。

● 運用利回り年10%、初期投資240万円、毎月の積立金額5万円、積立期間15年間として運用した場合

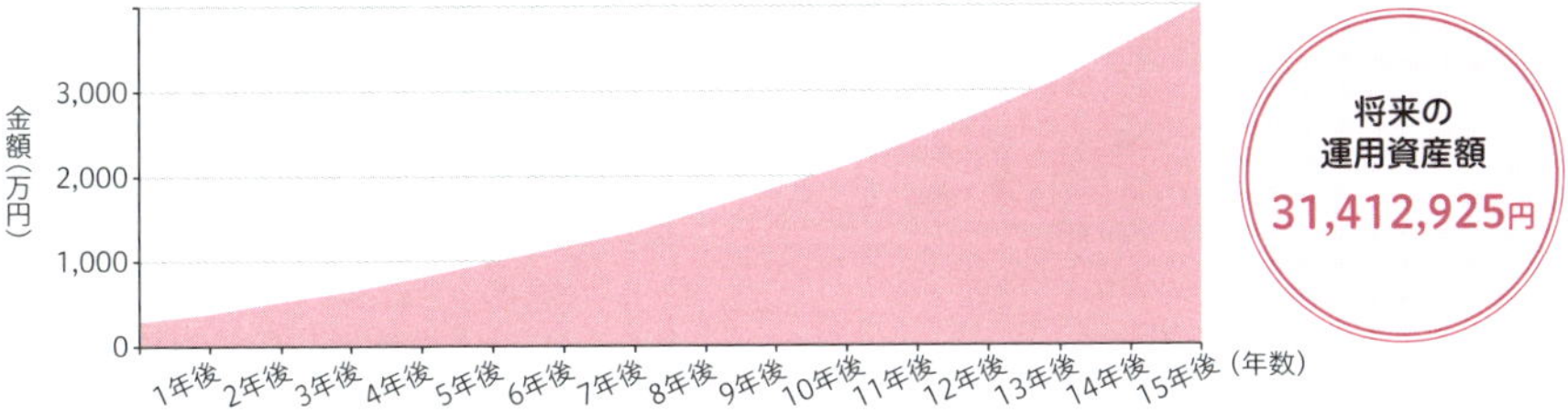

図2 3,000万円を10%／年で運用しながら取り崩すとどうなる？

仮に3,000万円の資産を作ることができた場合、年率10%で運用しながら資産を取り崩すと、毎月取り崩せる金額は約26万円です。夫婦2人の年金の平均受給額は約20万円のため、時折旅行などを楽しんでも十分ゆとりを持って生活できるでしょう。

● 3,000万円を30年間かけて取り崩す場合

※本シミュレーションのいかなる内容も、将来の結果を予測、または保証するものではありません。

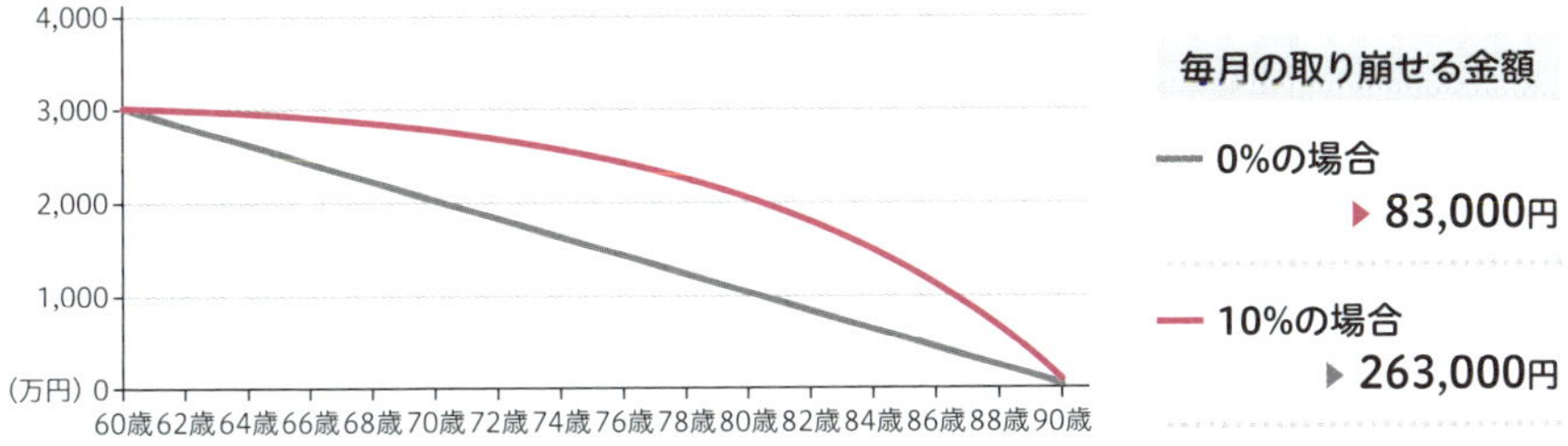

10

5

60代から押さえるべきNISAのポイント

65歳までにやるべきこと

60代は、いよいよセカンドライフを迎える時期です。働き続ける人がいる一方、仕事を引退して年金生活に入る人も多くいます。

では、60歳から65歳までにNISAをどのように活用すればよいのでしょうか。この年代の多く人は、ある程度の資産を預貯金などで保有していると思いますので、その資産を効率的に運用する方法を考えてみましょう。

まず、60歳から5年間、NISA口座で運用することを考えます。株式インデックスファンドを活用し、成長投資枠に年間240万円、つみたて投資枠に毎月10万円を投資します。2年目以降は、4年間、つみたて投資枠で毎月30万円ずつ運用を続けると、資産は約2300万円に達する可能性があります。5年間の投資額は1800万円で、NISA枠をすべて使い切る計画です。

この運用で、約500万円のリターンを目指し、その後は2300万円を年金プラスアルファの資産として取り崩していきます。90歳までの取り崩しを想定し、運用が年平均10%で続く場合、毎月約20万円を取り崩すことができ、最終的な受取額は約6270万円になります。ただし、運用には波があるため、これはあくまで過去の平均値に基づいたシミュレーションです。

取り崩しながら運用継続

より保守的に計算すると、年間4%の運用である場合、月々の取り崩し額は約12万円になります。一方、全額を預貯金に預け、金利がほぼゼロ%と仮定すると、月々の取り崩し額は約7万6000円になります。取り崩し期間は20年以上あるため、運用を続けることで将来の手取り額を増やすことが可能となります。

このように、数千万円の資産さえ作れれば、取り崩しながらも長期運用ができます。60代でも2000万円から3000万円を目指した運用を行いましょう。取り崩し開始までの期間は短いですが、取り崩し期間

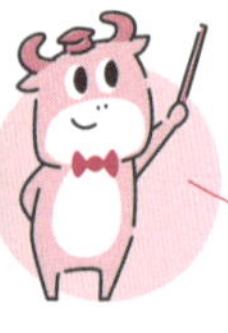

60代からの運用において重要なのは、定年で積み立てを止めるかどうかです。おすすめなのは、やはり本文中にもあるように「取り崩しながらも運用を続ける」方法です。万が一「使いすぎて70歳以降の生活がピンチ！」なんてことを防ぐためにも、スパッとやめてしまうのは危険だと思います。

は20年以上あるため、長期運用に適した商品を選ぶことが得策です。

過去20年ほどの株式インデックスファンドを見てみると、米主要株価指数の中で、ハイテク銘柄の比率が多いナスダック総合指数のうち、さらに優良な企業100社で構成されている**NASDAQ100指数**が有望です。これに加えて、S&P500や全米株式、全世界株式型（オールカントリー、通称オルカン）を半分ずつ組み合わせると良いでしょう。

日本株に期待が高い場合は、ポートフォリオの3割程度を日本株（日経平均株価指数または東証株価指数）で運用しても良いと思います。バランスの良い投資を心がけましょう。

図1 60代はちょっと控えめ、でもしっかりと計画して資産を取り崩そう

2,300万円を25年間にわたって運用しながら取り崩す場合、年利4%の場合は約12万円、年利10%の場合は約21万円を毎月取り崩すことができます。毎月の収支の状況やリスク許容度に合わせて自身に合った利回りを狙える運用を行いましょう。

● 2,300万円を25年間かけて取り崩す場合

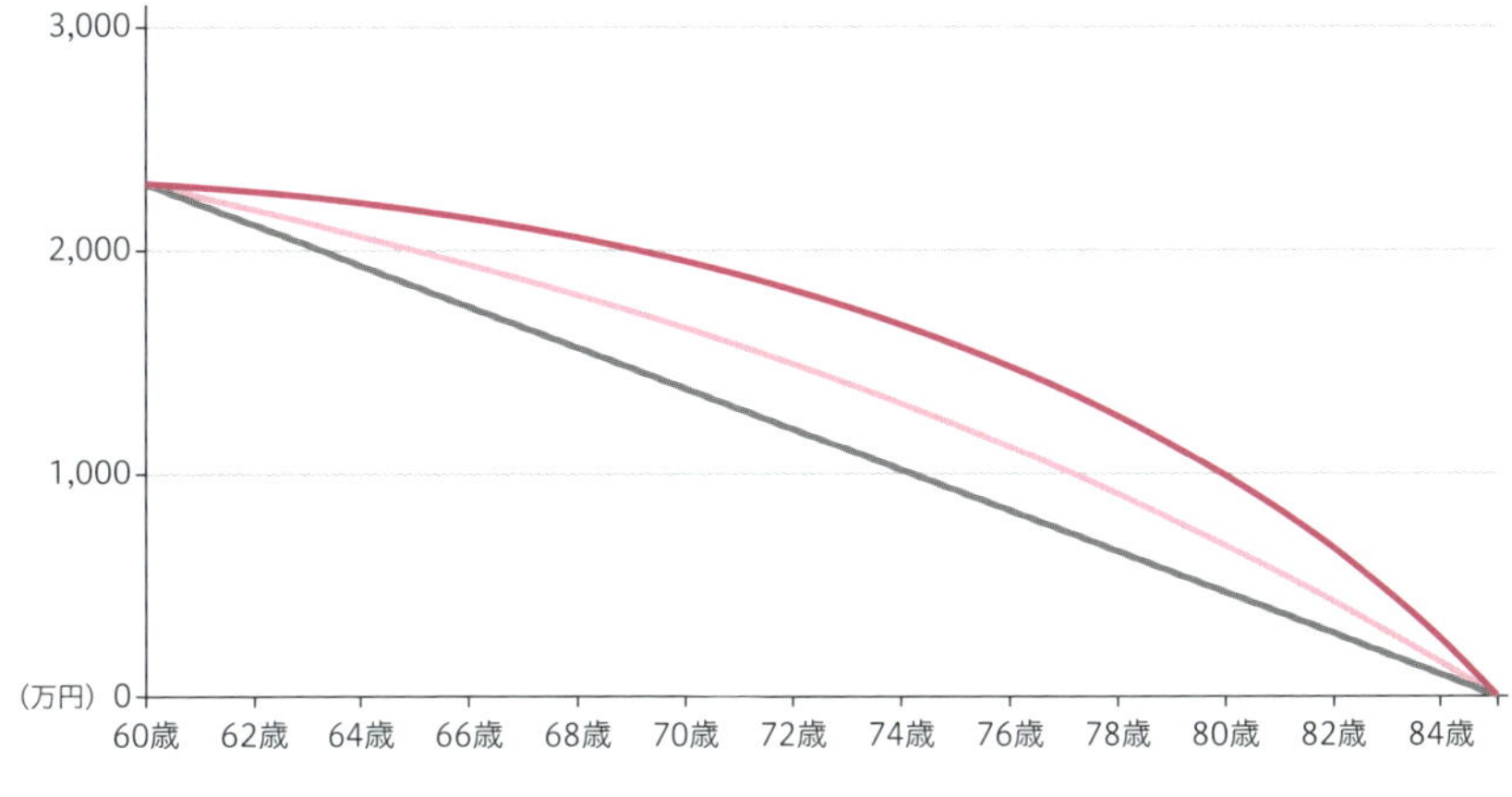

毎月の取り崩せる金額

— 0%の場合 ▶ 76,000円　— 4%の場合 ▶ 121,000円　— 10%の場合 ▶ 209,000円

※本シミュレーションのいかなる内容も、将来の結果を予測、または保証するものではありません

⑩

6 70代はリスクを押さえた運用が重要

70代も預貯金だけではNG

「人生100年時代」と言われますが、健康寿命を考えると、元気に障害なく生活できるのは、一般的には70代半ばぐらいまでと言われています。もちろん、70代半ばを超えても元気な人もいますが、体に無理なく旅行や趣味に対して夫婦でお金をかけられる期間は、あと10年くらいというのが現実的でしょう。

70代の強みは、これまでにそれ相応の貯蓄をしてきていることです。統計*によれば、70歳代以上世帯の平均貯蓄額は2411万円で、2000万円を大きく超えています。今の70代の人の中には、全く投資をしておらず、資産のほとんどが預貯金という人も多くいます。

すでに年金を受給しながら貯蓄を崩している方も多いと思いますが、夫婦で今後30年、この平均的な貯蓄額に頼るとすると、どのくらい取り崩しが可能でしょうか。仮に預貯金で金利がゼロ%と仮定した場合、月々の取り崩し可能額は約6万6000円です。

REITを上手に利用しよう

では、70代からNISAを活用するのは、遅すぎるでしょうか。決してそんなことはありません。平均年利を4%とかなり低めに見積もった場合でも、運用により毎月の取り崩し可能額は約11万5000円になります。

年利4%で、比較的リスクを押さえた運用商品には、たとえば**不動産投資信託**（REIT）があります。日本のREITであるJ-REITは、2024年5月10日現在で平均分配金利回りが4・45%となっています。個別商品の中には、5～6%の利回りを持つものもあります。REITは、為替の影響を受けずに、比較的安定した分配金を受け取れることから、まとまった資産を持つ高齢者世帯に非常に人気があります。

また、REITを対象にした一般の投資信託（リートファンド）もあります。国内のリートだけでなく、海外のリートにも投資可能であり、かつ日本円で投資できるのが魅力で

70代は、60代よりも下の世代と比較して、安定したパフォーマンスの商品選びが大事になります。しかも、為替の影響を少なくしたい場合は、相応にパフォーマンスのある商品の一つとして、国内の不動産投資信託、J-REITなども検討してみるとよいでしょう。

＊ 総務省統計局『家計調査報告(貯蓄・負債編) ―2022年（令和4年）詳細結果―（二人以上の世帯)』

す。

これらは、NISA口座を活用すれば、分配金に対しても、値上がり時の譲渡益に対しても、課税されることはありません。安定した分配金を出し続ける毎月分配型の商品に投資を行い、年金の一部にしている世帯も多いので、ぜひ参考にしてください。

ほかにも、比較的リターンの高い米国債に投資する方法もありますが、残念ながらNISA口座で米国債を購入することはできません。しかし、特定口座で運用するか、一般の投資信託を通じて米国債などの外国債券ファンドを購入することで、非課税の恩恵を受けることができます。過去の運用実績や運用方針を踏まえて、商品を選んでも良いでしょう。

図1 70代はリスクを控えて、ゆとりのある資金計画を

約2,400万円を30年で取り崩す場合、運用無しと年利4%の運用では、約1.8倍の差が生まれます。年利4%であれば、低リスクな運用でも狙うことは十分可能です。バランスファンドやREIT、先進国の債券等の低リスクな金融商品を賢く活用しましょう。

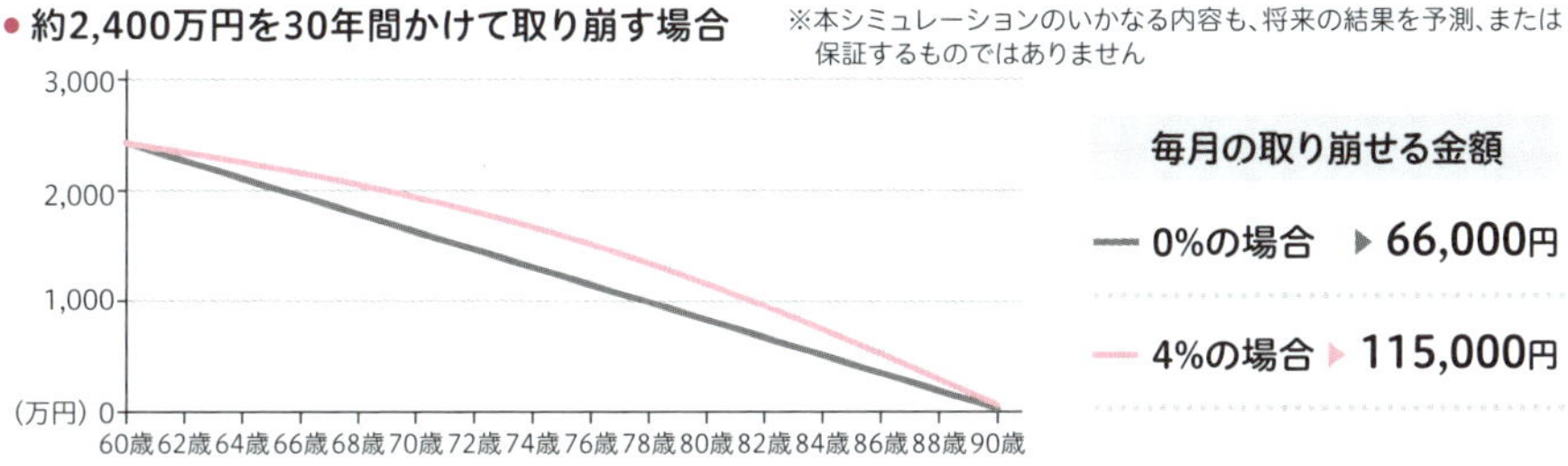

図2 REITの投資口価格・利回りの推移の一例

REITは比較的安定した分配金を受け取れることから、とくに定期収入のない多くの高齢者からすると魅力的な運用先の一つです。それに加えて、相場の下落局面では、投資口価格が下がることで分配金利回りが上昇し、下落時の下支え要因となることもあります。

出所:JAPAN-REIT

コラム 10

資産運用はここに注意！

商品の見直しはマスト

本書をここまでお読みになって、資産運用の重要性は十分ご理解いただけたと思います。日本の銀行に預けてもほぼ金利はつきませんし、それどころか、物価上昇に伴い実質の資産は目減りする一方です。そのために資産運用が重要になります。

ただし、資産運用を開始したら、継続的にしなくてはいけないことがあります。それは、資産運用における商品の見直しです。

積立投資を行う際、一度選んだ投資信託は、ほったらかしにしておいて良いと言われることがあります。たしかに、株式インデックスファンドの一部はこれに該当します。たとえば、日経平均株価（日経225）やＳ＆Ｐ５００、ナスダック１００などの指数に連動するファンドは、自動的に採用銘柄が入れ替わるため、ほったらかしにしておいてもある程度の安定性があります。

世の中の動きを常にチェック

しかし、ＮＩＳＡで利用できる商品は、今後も増えていくと思われます。手数料が安く、運用利回りが期待できる商品も、新たに登場するはずです。

ＮＩＳＡのつみたて投資枠を利用する場合、金融庁が選定した商品から選ぶことになりますが、新しく設定された投資信託がすぐに追加されることはなく、一定の実績を経てから認められます。したがって、今まで選んでいた商品よりも良い商品が出てくる可能性が高いのです。

個別株についても、近年はＩＴ業界が時代を牽引してきました。これは今後も続くと思いますが、時代はすさまじ勢いで流れています。スマートフォンやハイブリッド車に代表されるように、技術革新は驚くほど速く、また新たな技術が次々と登場しています。

このように、時代に合わせて投資する銘柄を選ぶためには、常に最新の動向を把握し、学び続ける必要があります。投資信託も株式も、ほったらかしでいいということは決してありません。1年に一度は最低限見直しを行うようにしましょう。

第11章

市川校長おすすめ！マル秘運用テクニック

11

1 年金以外に5000万円の生活費を使う方法

老後の使えるお金を増やす

老後、年金以外に5000万円を使えるとしたら、どうですか？ 多くの人は「自分たちには無理だ」と思うかもしれません。

まず、老後資産を計算する必要があります。たとえば、国民年金だけの場合、夫婦二人で年間約160万円が支給されます。30年間受け取ると、合計4800万円です。これと同じくらいのお金を自由に使えるとしたら、ワクワクしませんか。もちろん、そのための元手資金を作る必要があり、最低でも1500万円の資産が必要となります。

では、なぜ1500万円が5000万円になるのでしょうか。それは、1500万円を年利10％で運用していけば、毎月13万1000円を引き出せるのです。これは国民年金とほぼ同じ額で、合計4700万円になる計算です。つまり、国民年金だけの年金収入の人でも、年金と合わせて毎月26万円強の生活費を使えることになります。

安心した老後を迎えるには……

総務省の統計によると、夫婦のみの毎月の生活費の平均は約27万円となっています。また、調査*によると、夫婦二人が老後のゆとりある生活を送るには、毎月37万9000円が必要とされています。

1500万円の資産を作って運用した場合、毎月約13万円を引き出せるので、生活費は合計で約40万円になります。つまり、夫婦二人でゆとりある生活が可能になります。

さらに、2000万円の資産を作ることができ、それを年利10％で運用できたとすると、毎月17万5000円を引き出せる計算になります。30年間の合計は、6300万円です。これで、老後資金の心配はさらに減るでしょう。厚生年金保険に加入している人では、さらに豊かな生活が送れるはずです。

安心した老後を迎えるためには、できるだけ早く資産形成を始めることが重要です。老後を迎えてからではなく、今のうちから学び、実践するようにしましょう。

2019年に老後資金2,000万円問題が話題になりましたが、これは老後30年間、夫婦で生活する資金が2,000万円足りないというものでした。しかし、これはあくまでも月々の取り崩しの合計です。30年間の長期運用を続けながら取り崩せば、生涯より多くの資産を使えるようになります。

＊ 生命保険文化センター『2022年度 生活保障に関する調査』

図1 タンス預金と運用ではこんなに違う！

1,500万円を年利10%で運用しながら取り崩す場合、毎月の取り崩し額は約13万円で受け取るお金の合計は4,700万円になる計算です。運用を行わない場合は、当然1,500万円のままですから、タンス預金と運用を行うのとでは大きく差がつきます。

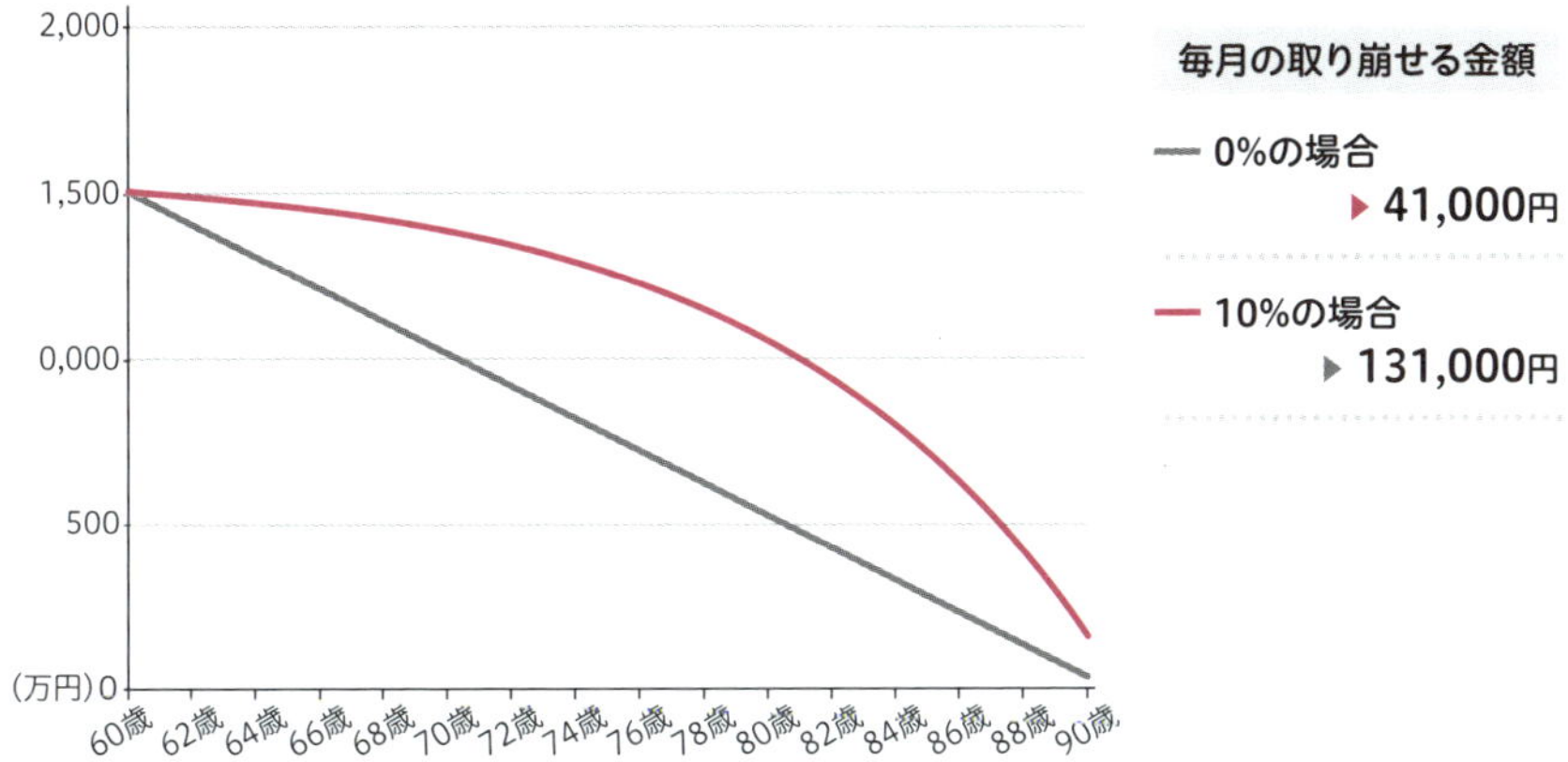

※本シミュレーションのいかなる内容も、将来の結果を予測、または保証するものではありません

図2 取り崩して生涯使える資産

年金だけで月27万円の出費はかなり大きいので、「年金＋切り崩し分」を使いながらも、資産が枯れてしまわないように、少額ずつでも積み立てておくのがベストです。

取り崩して生涯使える資産

13万円 × 12ヶ月 × 30年 ≒ 4,700万円

年金と同じような感覚で切り崩すべき。
無駄遣いは厳禁！

11

2 運用利率を平均4%目指す投資手法

インデックスは怖くない

老後資産を運用する際、個別株や株式インデックスに投資をするのは「なんだか怖い」と感じる方もいるかもしれません。

これまで述べたように、10年以上の長期運用をした場合、株式インデックスで資産がマイナスになる可能性は極めて低いと言われています。とはいえ、運用中にコロナショックやリーマンショックなどが起こり、株価が下落すると、大きな不安にかられます。

そこで、株式投資以外でリスクを抑えつつ、年利4%を目指す運用手法について考えてみましょう。

実は安定運用が可能

過去10年以上にわたって目標値を超える運用実績を誇る商品の1つに、不動産投資信託（REIT）があります。REITは少額で投資でき、分配金も高いことが特長です。

日本のREIT（J-REIT）は、利益の90%超を投資家に分配金として支払うことで法人税を免除されるため、税金分も分配金として享受できます。また、REITの主要な収益源は賃貸料であり、多くの物件は契約満了までの賃貸料が見込めるため、収益の安定性が高く、株式投資よりも安心感があります。2024年5月10日現在、J-REITの平均分配金利回りは4・45%です。東証リート指数も一定のレンジで推移しているため、安定感があります。

J-REITに投資する場合、東証リート指数の上場投資信託（ETF）や、REITだけを対象とする一般の投資信託を利用する方法があります。また、個別の不動産投資法人に投資する方法もあります。まとまった資金があるならば、日本のREITで運用することで、為替の影響を受けずにリターンを得られます。

たとえば、3000万円の資産をJ-REITに投資した場合、4・45%の分配金を受け取るとすると、特定口座で運用しても、税引き後に毎月約10万円を手にすることができます。投資元本は取り崩していないため、安心感も得られます。

多くのメリットを持つJ-REITですが、当然リスクも孕んでいます。元本や利回りが保証された商品ではない上に、金利変動によるリスクや自然災害によるリスク、上場廃止によるリスク、J-REIT自体が倒産するリスクなどもあることを覚えておきましょう。

図1 J-REITの個別銘柄の利回りランキングベスト5

以下の図は、J-REITの個別銘柄の利回りランキングをまとめたものです。6%強の利回りを誇る「いちごオフィス」は、中規模オフィスに特化した「オフィス特化型J-REIT」。利回りの差はもちろんですが、扱う物件の特徴を個々に調べてみるのも面白いです。

J-REITの個別銘柄の利回りランキングベスト5

順位	コード	投資法人名	利回り
1	8975	いちごオフィス	**6.35%**
2	3470	マリモ	**5.42%**
3	3492	タカラリート	**5.29%**
4	3451	トーセイ	**5.21%**
5	3249	産業ファンド	**5.19%**

2024年5月10日現在

図2 J-REITの平均利回り

本文中でも解説した通り、J-REITの平均利回りは4.45%。これを下回ると割高です。高まれば、割安と判断して良いでしょう。また、REITの時価総額は15兆円強。これは、米国のREIT市場に次いで、世界第2位に位置する規模だと言われています。

J-REITの平均利回り

REIT平均分配金利回り	4.45%
REIT時価総額合計	15兆4,508億

2024年5月10日現在

世界的に見ても、J-REITはかなり大きな市場だということがわかります。

⑪

3 日本株への時間の分散投資で資産を作る方法

途中で止めてはいけない

2024年にNISA制度が新しくなったことで、積立投資を始めた人も多いと思います。ところが、市場の乱高下に怖じ気付いてしまい、途中で資産を売却してしまったという話もよく耳にします。

しかし、長期投資を目指しているなら、どんな状況でも投資を続ける強い意志が必要です。たとえば、毎月1万円を日経平均株価に連動するインデックスファンドに1991年1月から2023年末まで積立投資していた場合、どうなっていたでしょうか。

投資元本は年間12万円、31年間で合計372万円です。この31年間には、2007年のサブプライムローン問題から始まった金融危機や、2008年のリーマンショック、直近のコロナショック、ロシア・ウクライナ戦争、中東紛争など、さまざまな経済問題がありました。

しかし、結果として投資評価額は728万8365円になっています。この間に投資を続けていれば、95・9%、つまり356万8365円の含み益を得ていたことになります。

もし、毎月3万円を日経平均株価に連動する投資信託に投資していた場合、投資元本は1161万円、元利合計で2186万5095円になり、1000万円以上の含み益を得ていたことになります。30年間、毎月3万円の投資により、低迷が続いた日経平均でも、2000万円の資産を作れたということです。仮に5万円投資していたら……ぜひ計算してみてください。

数十年後に資産が大きく膨らむことを想像してみてください。もちろん、その通りに行く保証はありませんが、経済は成長を続けます。

「知識」がないと難しい

ところで、投資を行う上で大切な計算式があります。それは「投資資金×年数×利回り×知識」です。投資期間が長いほど有利なことがわかります。投資期間が短い場合は、投資額や利回りを上げる必要があります。

時間分散には、「ドルコスト平均法に代表される投資タイミングの分散」と「長期間投資することによって、1年当たりの価格変動のブレが小さくなる効果を期待する」という二つの意味があります。

しかし、最も重要なのは「知識」です。知識がゼロだと、おそらく失敗の確率が高まります。しっかりと学び、知識を高める努力をしましょう。

どれくらいの資産を投資に回せるかわからない場合は、**エイジスライド方式**を参考にしてください。これは、「120－自分の年齢＝投資可能な資産割合」と計算します。たとえば、50歳の人は70％の資産をリスク性商品に投資できると考えてください。

皆さんの投資可能な資産は、どれくらいでしょうか。

図1　日本を代表する225社に31年間、毎月1万円を積み立てるとどうなるか？

31年間、毎月1万円を日経平均株価に連動するインデックスファンドに積み立てていた場合、運用資産総額は約728万円（内積立総額372万円）になりました。数々の経済問題があったものの、経済成長の恩恵や配当の再投資によって資産が膨らんだ結果です。

トータルリターン　+3,568,365円　|　+95.9%

積立総額　3,720,000円

将来の運用資産額　7,288,365円

投資期間：1991年1月～2023年12月末

※本シミュレーションのいかなる内容も、将来の結果を予測、または保証するものではありません

11

4 グローバル投資で世界的な成長を享受する方法

オルカンのメリット・デメリット

現在では、日本株へコツコツ積立投資するよりも、グローバル投資の方が主流となっています。

一国に偏るのでなく、広く世界の成長に投資したいと考え、全世界株式（通称「オルカン」）のインデックスファンドに投資する人が増えているのです。とくにNISAの積立投資枠では、オルカンが圧倒的な人気を誇っています。

オルカンのメリットは、世界中の企業に投資できることや、国の分散投資によって一国の下落局面に強いことです。一方、デメリットは、分散投資により、一国の経済成長の恩恵が薄れることです。

オルカンの中身は、実際にはその半数近くは米国企業となっています。米国が世界の株式市場で圧倒的な上場数と時価総額を持っているためです。ちなみに、第2位は日本です。オルカンでは、日本を除く投資も可能です。

人気の『eMAXIS Slim（イーマクシス・スリム）』シリーズのオルカンでは、上位10銘柄のうち9銘柄が米国企業で、全体の約16％を占めています。したがって、米国経済が不調になると、オルカンの指数も下落します。

ただし、オルカンのインデックスは状況に応じて構成を調整できるため、これは一つのメリットと言えます。

世界経済は米国中心

世界経済の中心国は米国であり、米国企業は日常生活にも深く浸透しています。

とはいえ、米国以外の国の成長も享受したいという理由で、オルカンの人気が高いのでしょう。好きではない国が含まれてしまうこともありますが、総合的に見れば分散効果が最も高いと言えます。米国企業だけに投資したい場合は、S&P500やナスダック100を選びましょう。

大切なのは、自分で納得して投資することです。SNSで人気があるという理由だけで、中身を知らずに投資しないようにしてください。

たとえば、情報関連では『Google』『Microsoft』『iPhone』。日常の消費材では『ファブリーズ』『アリエール』『JOY』などの製品は、いずれも米国企業P＆Gのものです。米国企業は私たちの生活に密接に関わっており、これは日本だけでなく世界中でも同じです。

図1 『eMAXIS Slim 全世界株式』の特徴と動きについて

三菱UFJアセットマネジメントのサイトで閲覧できる『eMAXIS Slim 全世界株式』の月次レポートの抜粋。基準価額の推移や騰落率などのほか、どんな業種のものが入っているのかまで、組み入れている銘柄の詳細を確認することができます。「全世界」たる所以が見て取れます。

MUFG 三菱UFJアセットマネジメント

eMAXIS Slim 全世界株式（オール・カントリー）

月次レポート 2024年04月30日現在

追加型投信／内外／株式／インデックス型

■基準価額および純資産総額の推移

・基準価額は、運用管理費用（信託報酬）控除後の値です。
・信託報酬率は、後記の「ファンドの費用」に記載しています。
・ベンチマークは、MSCI オール・カントリー・ワールド・インデックス（配当込み、円換算ベース）です。
詳しくは、後記の「本資料で使用している指数について」をご覧ください。
・ベンチマークは、設定日を10,000として指数化しています。

■基準価額および純資産総額

基準価額（1万口当たり）	24,470円
前月末比	+373円
純資産総額	31,595.87億円

■分配金実績（1万口当たり、税引前）

決算期	決算日	分配金
第6期	2024/04/25	0円
第5期	2023/04/25	0円
第4期	2022/04/25	0円
第3期	2021/04/26	0円
第2期	2020/04/27	0円
第1期	2019/04/25	0円
設定来累計		0円

・運用状況によっては、分配金額が変わる場合、あるいは分配金が支払われない場合があります。

■騰落率

	過去1ヵ月	過去3ヵ月	過去6ヵ月	過去1年	過去3年	設定来
ファンド	1.5%	10.9%	27.7%	40.0%	64.2%	144.7%
ベンチマーク	1.4%	10.9%	27.5%	40.0%	63.8%	143.9%

・実際のファンドでは、課税条件によってお客さまごとの騰落率は異なります。
また、換金時の費用・税金等は考慮していません。
・設定来のファンドの騰落率は、10,000を起点として計算しています。
・分配金実績がある場合は、分配金（税引前）を再投資したものとして計算しています。

■資産構成

	比率
国内株式	5.5%
先進国株式	84.1%
新興国株式	10.3%
コールローン他	0.0%

・比率は純資産総額に対する各マザーファンド受益証券の割合です。

■組入上位10ヵ国・地域

国・地域	比率
1 アメリカ	61.7%
2 日本	5.5%
3 イギリス	3.5%
4 フランス	2.7%
5 カナダ	2.7%
6 スイス	2.1%
7 ドイツ	2.0%
8 インド	1.8%
9 台湾	1.7%
10 オーストラリア	1.6%

■組入上位10業種

業種	比率
1 情報技術	22.7%
2 金融	15.6%
3 ヘルスケア	10.7%
4 一般消費財・サービス	10.7%
5 資本財・サービス	10.6%
6 コミュニケーション・サービス	7.5%
7 生活必需品	6.3%
8 エネルギー	4.6%
9 素材	4.2%
10 公益事業	2.5%

■組入上位10銘柄

組入銘柄数: 2,772銘柄

銘柄	国・地域	業種	比率
1 MICROSOFT CORP	アメリカ	情報技術	3.9%
2 APPLE INC	アメリカ	情報技術	3.5%
3 NVIDIA CORP	アメリカ	情報技術	3.0%
4 AMAZON.COM INC	アメリカ	一般消費財・サービス	2.3%
5 ALPHABET INC-CL A	アメリカ	コミュニケーション・サービス	1.3%
6 META PLATFORMS INC-CLASS A	アメリカ	コミュニケーション・サービス	1.3%
7 ALPHABET INC-CL C	アメリカ	コミュニケーション・サービス	1.2%
8 TAIWAN SEMICONDUCTOR MANUFAC	台湾	情報技術	0.8%
9 BROADCOM INC	アメリカ	情報技術	0.8%
10 ELI LILLY & CO	アメリカ	ヘルスケア	0.8%

※三菱UFIアセットマネジメント資料より、秀和システム作成

巻末資料

ビギナーでもわかる 投資関連用語集

【あ行】

●青空銘柄
証券取引所では取引されていない非上場、未公開の銘柄のこと。証券会社は規則によってこの種の銘柄を顧客に勧めることはできない。ただし、顧客がそうした銘柄の売買を注文した場合は受け付けることができる。

●悪材料
個々の銘柄や相場全体にとって、株価を押し下げる、または、押し下げるであろう要因のこと。企業の業績のような経済的なものだけでなく、国際関係の摩擦や緊張のような政治的なものもある。

●アクティブ運用
投資信託などにおいて、パッシブ運用と対になる運用スタイルの一つ。日経平均株価のような株価指数をベンチマークとして設定し、それを上回ることを目標とする。

●アクティブ運用型ETF
ETFは、Exchange Traded Fund（上場投資信託）の略で、投資信託の一種。通常のETFは、日経平均株価や東証株価指数などの指標に連動する。それをアクティブ運用するものをアクティブ運用型ETFという。

●アクティブファンド
ファンド（投資信託）の中でも、設定されたある指標を上回る運用成績を目指すもの。運用担当者が市場調査や分析を行い、独自に判断して、銘柄の選定など運用先を決める。

●あく抜け
株価を下げる悪材料が出尽くし、株価が下がるところまで下がって、落ち着いた状態を指す。また、底値から上昇に転じることまで含んで使われることもある。なお、あく抜けの「あく」は、調理の際の灰汁からとも言われる。

●悪目買い
「相場が下がっている」など売りが優勢な状況にも関わらず、あえて買いに走ること。同様の言葉に「逆張り」がある。

●アセットアロケーション
Asset（資産）のAllocation（割り当て）のこと。日本語では「資産配分」と言われる。異なった投資先に分散することで、リスクの軽減や全体としての収益の安定化を望むことができる。

●アセットオーナー
資産の運用を委託した顧客から資金を預かり、顧客の利益のために、その管理と運用を行う組織のこと。銀行や保険会社といった金融機関や年金基金、財団といったものが該当する。

●アセットスワップ
運用成績の向上やリスクヘッジのために行われるスワップ取引。持っている債券などの資産（アセット）の金利を交換（スワップ）する。金利スワップや通貨（為替）スワップなどがある。

●頭打ち
これまで上昇傾向にあった相場が、伸び悩んでいる状態。もうそれ以上は上がらずに下げに転ずるのか、まだ上昇の途中なのかの判断が求められる。

●後入先出法
棚卸資産の評価方法の一つで、後から仕入れたもの（後入り）から先に販売する（先出し）という想定で行われる。後入先出法は、国際会計基準では認められていなかったために、国際基準に倣って廃止されている。

●アニュアルレポート
株式を上場している企業が、年度末が終わった後に、その経営内容に関してまとめた一年間の報告書。年次報告書とも呼ばれる。主に企業から株主への情報公開という趣旨で制作される。

●アモチゼーション
会計手法の一つ。債券を額面の金額より高く取得した場合、それが償還された際には損失が発生する。その損失を一度にまとめず、債券保有期間に応じて分散して損失を計上することをいう。

●アルゴリズム取引
コンピューターを使用して、売買のタイミングからどれだけの量を売買するかまで、それらを自動的に行う取引のこと。アメリカの機関投資家（大勢の個人の拠出した資金を運用する法人などの組織）を中心に広まった。

●アンダーライター
証券取引において、株券などの有価証券を発行元から売り出す目的で引き受ける者。日本においては、証券会社をはじめとした認可を受けた金融機関のみがこの業務に従事できる。

●アンダーライティング
証券会社などの、有価証券の引受や売出しの業務のことを指す。アンダーライティングは売り出す目的で引き受けるが、仮に売れ残ることがあっても責任を持って全て引き取ることになるので、資金調達が確実になる。

●安定株主
ある企業の発行した株式を、株価の変動等の短期的な損益で売買することなく、長期間にわたって保有し続ける株主のこと。主にその企業の経営層や従業員持ち株会、取引関係にある企業や金融機関が該当する。

●安定配当
株式から得られる配当金、または配当支払率（配当性向ともいい、純利益における配当金の割合）が、長期間にわたって一定の水準を保って安定していること。

●委託者報酬
資産の運用や管理を任された委託会社が、任せた者（投資家）から受けとる報酬のこと。運用の指示や報告書の作成費などが挙げられる。また投資家側からすると、資産運用のコストになる。

●委託手数料
投資家が、証券会社などに金融商品取引所での有価証券などの売買を委託した際、その業務が行われたことに対して発生する手数料。

●委託売買
証券会社などが投資家からの注文・依頼を受けて（委託されて）、金融商品取引所で売買を行う取引方法。委託売買と対になるものとして相対売買（取引所を通さない当事者間の取引）がある。

●委託保証金
信用取引をする投資家が、委託先の証券会社等に入れる担保のこと。先物取引、オプション取引などの際にも求められ、その際は委託証拠金ともいう。現金のみでなく一部の有価証券も担保として認められている。

●一般信用取引
顧客の投資家と証券会社で完結する信用取引。そのため、取引条件を両者の間で自由に決めることができる。貸付金や株券等を借りて、信用売り（カラ売り）信用買い（カラ買い）ができ、大きな利益が見込めるが損失も大きくなる。

●移動平均線
株式や為替など、一定期間内の価格の平均値を出して折れ線グラフ化したもので、相場のトレンド（傾向・動向）を把握したり、今後の予測をたてるのに用いられる。

●インカムアプローチ
企業の価値を評価する手法の一つ。文字通り、その企業の予測される収益やキャッシュ・フローという観点からのアプローチで企業価値を計るというもの。

●インカムゲイン
保有する資産から得られる収入のことを指す。例としては、預貯金の利息や債券の利子、株式の配当、不動産の賃料といったものがあげられる。安定的、継続的なリターンがある。

●インサイダー取引
まだ公けにされていない株価などに影響を及ぼす情報を知り得る立場にある人間が、それを利用して取引を行うこと。法律違反となる。また、経営層からアルバイト、またそうした人から情報を得た人まで広く対象となる。

●インデックス運用
インデックスは市場の動きを表す指標のことで、日経平均株価やTOPIX（東証株価指数）などがある。このような一定の指標に連動させるようにして行う運用のこと。アクティブ運用の対義語のパッシブ運用に当たる。

●インデックスファンド
株式であれば日経平均株価やNYダウといった株価指数のような、特定の指数に連動させるファンドのこと。対象とする指標に合わせるため、運用側の手間がよりかからず、運用コストは比較的抑えられる。

●インフラ関連株ファンド
インフラとは、人が社会生活を営むにあたって必要不可欠な電気・水道・ガス・道路・通信といった社会基盤のことで、それに関与する企業の株式に投資するファンドをインフラ関連株ファンドという。

●インフレリスク
インフレ（インフレーション）とは、物価が継続的に上昇し続けている状態のことをいう。そのインフレにより、金融商品の価値が実質的に下がる恐れがあることをインフレリスクという。

●インフォメーションレシオ
投資信託の運用実績を評価するための指標の一つ。投資に際してとられたリスクに対し、どれだけ大きなリターンがあったのかを測るもので、アクティブ運用の評価によく使用される。

●ウォーレン・バフェット
数百億ドルの資産を持つ世界有数の著名な投資家で、世界最大の投資持ち株会社、バークシャー・ハサウェイの会長兼CEO、同時に筆頭株主でもある。長期的な投資を基本とし、株式の時価でなく内在価値を重視するといわれる。

●受渡日
株式や債券などの金融商品を取引した際、その売買が成立して決済を行う日のことを受渡日という。国内の上場株の場合、注文が成立した約定日から3営業日後に決済され、実際に株式を保有することになる。

●売り崩し
株価の変動は売買の需要にもよる。それを利用して、特定の銘柄の株価を下げるために、大量に売り注文を出すことを売り崩しという。不公正取引の相場操縦行為とみなされることもある。

●売り気配
市場において、買い注文の数に見合うよりもはるかに多くの売り注文がついて、売買が成立せずに値がつかない状態のことをいう。

●売り抜け
株式など保有する資産の価値が下がる前に、タイミングよく売却すること。また、他の投資家に知られないように売却してしまうことも売り抜けと言います。

●運用報告書
投資信託の運用実績などについて、投資信託の保有者（投資家）に提出される報告書。決算期ごとに交付されるように法律で義務付けられている。運用報酬の明細や資産配分等も報告書に記載される。

●運用報酬
運用報酬とは資産を実際に運用した会社（運用会社・委託会社）へ支払われる報酬のことで、投資家がファンドの運用に対して支払うコスト。投資信託であれば委託者報酬となる。

●営業利益
企業がその営業活動から得た利益のことで、売上高から売上原価を差し引いた売上総利益から、さらに販売費・一般管理費を差し引いたもの。もし赤字であれば、営業損益という。

●エマージング市場
今後、成長していくとみられる新興市場のこと。またはその市場がある国・地域を指す。具体的には東南アジア・中南米・東欧が該当する。発展途上にあるため、大きなリターンが見込めるが、政変や不安定な通貨等といったリスクも少なくない。

●MSCI指数
株価の指数の一つ。MSCI（モルガン・スタンレー・キャピタル・インターナショナル）が出す指数の総称で、国際的な株式投資でベンチマークとしてよく用いられている。

●円安圧力
円安とは、日本円が海外の通貨と比較して、相対的に価値が下がった状態のこと。円安圧力は、円安の状態に持って行くような政財界からの発言や情報、それらが円安に作用すると受け止められる状態のこと。

●黄金株

株主総会などで、重要事項の議決を拒否する権利が付いた株式のこと。敵対的買収に対する防衛策とされる。近年は規制の対象とされる傾向にあり、海外の証券取引所では発行が禁止されていたり、廃止の方向にある。

●大口取引

取引所以外での取引において、一銘柄あたりの取引額が5000万円を超える取引のことを大口取引という。50億円を超えると超大口取引という。また300万～5000万円を準大口取引、それ以下を小口取引という。

●押し目買い

上げ基調の相場が一時的に下がったタイミングで購入すること。株式であれば、株価が上昇傾向にある銘柄を、利益確定の売りによって株価が一時的に下がるを見計らって買うことをいう。

●オプション取引

ある商品を、あらかじめ決められた期日や期間内に、時価に関係なく、あらかじめ決められた価格で買う権利、売る権利を売買すること。買う権利をコール・オプション、売る権利をプット・オプションという。

●思惑買い

噂や予測・憶測といったあやふやな判断材料をもとに買い取引が増加して、相場が上昇して行く状態。または、そうした予測で買うこと自体を思惑買いという。

●オルタナティブ投資

オルタナティブとは、二者択一から転じて既存のものの代替となるという意味で使われる。具体的には伝統的な投資対象である株式や債券ではないもの、オプションやスワップなどへの投資を指す。

●終値関与

終値とは、その日の取引で最後に成立した値段のことで、上場会社株式の評価に用いられる。終値関与は、その終値を取引終了間際に売買注文を出すことで意図的に高くしたり安くする行為。刑事罰の対象である相場操縦取引となりえる。

●オンショア市場

国内金融市場のこと。取引の当事者が双方共に国内の投資家や金融機関であり、その国の取引ルールや税制が適用される。その対となるのが、税制等で非居住者が優遇されているオフショア市場と呼ばれる国際金融市場。

●オーダードリブン

別名、オークション方式とも呼ばれる取引を成立させる方法。市場に集まる注文に対して、価格優先・時間優先の原則のもと、売買を成立させる。東京証券取引所をはじめ、ニューヨーク証券取引所など世界の主要な市場で用いられる。

●オーバーウェイト

資産配分を行う際、基準となるベンチマークよりも配分比率を大きくすることをいう。逆に比率を基準よりも小さくすることをアンダーウェイト、同程度にすることをニュートラルという。

【か行】

●買い上がり

相場操縦と見做される取引。特定の銘柄に対して大量の買い注文を出すことで意図的にその価値をあげ、相場が上昇しているように見せかけること。その逆を売り崩しと呼び、同様に相場操縦と見做される。

●回帰トレンド

トレンドを把握するための分析手法の一つ。ある期間の値動きの真ん中を通る直線（統計学で用いられる回帰直線）を引き、その上下に値動きの標準偏差から求めた各二本の直線を引く。その線の傾きや幅からトレンドを把握する。

●買い気配

市場において、買い注文に見合うだけの売り注文がなく、売買が成立せずに値がつかない状態のことを買い気配という。その逆で売買の需給が合っていない状態のことは売り気配という。

●会社型投資信託

投資信託の形式の一種。投資を目的とした投資法人を設立して、投資家は投資法人が発行する投資証券を取得して、配当という形で運用の成果を得る。

●買付手数料

株式や投資信託などを購入する際に、銀行や証券会社といった販売会社に対して発生する手数料のこと。販売会社や商品ごとに価格が決まっている。買付手数料のほかに、販売手数料、申込手数料とも呼ぶ。

●解約請求
保有する投資信託を換金するときのやり方の一つ。販売会社を通じて委託会社へ信託の解約を請求する。投資信託の換金方法としては、他に買取請求がある。

●顔合わせ
面合わせともいい、株式や商品先物など、相場が前につけたものと同じ価格の高値や安値になることを指す。一度下がった（上がった）ものが値上がり（値下がり）して、以前と同じ値段をつける相場の節目とされる。

●価格変動リスク
投資した資産の価値が変動することによって生じる損益の不確実性のこと。市場全体の動向によるものと個別商品の特性によるものの影響を受け、リターンが大きなものはリスクも大きく、投資対象により価格変動リスクは変わる。

●格付け
国や企業など債券を発行した債務者がどれだけ債務を履行できる能力があるかを評価したもの。元金や利息に充当できるキャッシュフローや安定性・収益性・成長性の指標などが判断の材料となる。

●確定給付年金
予め給付する年金額を決めておき、それに合わせて掛金を決定する年金のこと。給付される金額は、加入期間や給与水準などにより、利回りなどの影響はない。厚生年金基金や確定給付企業年金がこれに相当する。

●確定給付企業年金
資産の利回りの影響を受けない確定給付型の企業年金。年金の拠出元の資産は一括して運用され、もし仮に運用成績が悪かったとしても、不足分は企業が埋めることになっている。

●貸株
信用取引で空売りを行う際に、証券会社から借りる株式のこと。その対価として貸株料（貸株金利）が発生する。貸し出される株式は貸株市場を通じて調達され、近年は貸株サービスの登場により一般個人投資家も貸株市場に参加可能になった。

●株価指数
株式市場の相場の変動を総合的に把握するための指数。市場の特定の銘柄グループ、または全体の株価の変動を一定の計算方法で算出した指数。さらに、株式取引の指標となるだけでなく、それ自体で金融商品となっている。

●株価指標
株式の個々の銘柄の値動きや平均などを数値化したもので、株式を売買する際の比較・評価をする材料となる。個々の銘柄を見る際の株価収益率や配当利回りなど、市場全体を見るための日経平均株価などが株式指標に該当する。

●株券オプション取引
株式そのものの取引でなく、株式を売却する権利や購入する権利の取引のこと。個別銘柄を対象とする有価証券オプション取引。取引で得るのは権利のため、配当などはない。

●株式累積投資
略して「るいとう」とも呼ばれる。毎月一定額ずつ購入していく積み立て方式の投資法。証券会社が選定した中から自分で銘柄を自由に選べる。中長期の運用向け。

●株主還元
企業がその営業活動を経て得た利益を株主に還元すること。形式としては配当や自社株買いがあり、双方の総額を合わせたものを総還元額といい、企業の株主への還元の度合いを測るものとして見られている。

●下方修正
企業が先に発表した業績の予想を下回ること。業績予想は企業自身によるものと証券会社などのアナリストによるものがあり、時間経過と共に当初の予想を下回ることが判明したときに下方修正がなされる。

●空売り
信用取引の一種で、株式を借りて、その時点では保有していない株式を（または保有株式を用いずに）売ること。株価の下落を予想して、現時点の株価で売り、借りた株を返すために値が下がったところで買い戻し、その差額を利益とする。

●為替オーバーレイ運用
外国株や外債といった外貨建の資産の内、為替の部分を切り離して専門の業者に運用を任せること。原資産の運用に、外部委託した外国為替が関わる部分の運用が上乗せされる形になる。

●為替ヘッジ
為替変動によるリスクを回避すること。海外資産に投資する際、外貨の状態での収益が為替次第では円換算すると目減りする可能性がある。それを回避するために、外貨の先物取引などを用いる。

●為替リスク
為替変動リスク。変動相場制により、日本円と外貨の交換比率は外国為替市場で常に変動し続けている。そのため、外貨建て資産には為替変動による損益の可能性があり、それを為替リスクという。

●為替レート
外国為替市場における、ある国と別のある国との通貨の交換比率。自国通貨建てと外国通貨建ての表記パターンがあり、日本円と米ドルの場合、1ドル100円は日本から見て自国通貨建ての表記となる。

●閑散相場
読んで字のごとく、商いが極端に少ない状態の相場のこと。相場が動く材料がないと、様子見をする投資家が増えて売買高が減少する。そのため、相場の値動きも売買高に追従して少なくなる。

●カントリーリスク
一言でいうと、投資先の国の信用度。外国の資産に投資するときには、投資対象の個別の事情でなく、対象がある国の独自の政情や景気といったものの変化が、見込んだ利益の減収などを招く可能性がある。

●外貨準備高
政府や中央銀行など、通貨を管理する当局（日本で言えば財務省と日本銀行）が、対外債務の返済のような公的な対外支払いや外国為替市場に介入するために保有している準備資産。

●外貨建て投資信託
運用先が海外債券や海外株式などで、価格や分配金が外国の通貨で表示される投資信託のこと。外貨で取引されるため、例えば購入時より円高になれば為替差損になるなどの為替変動リスクを伴うことになる。

●基準価額
投資信託の値段、単位口数当たりの時価を表す。基準価格とも。株価などは刻々と変動する市場価格に対し、基準価額は、営業日ごとに算出する。算出方法は、資産総額から運用コストを差し引いた純資産総額を求め、総口数で割る。

●規制銘柄
ある銘柄の信用取引があまりにも増加した場合、証券取引所が取引を規制するときがある。そうして規制された銘柄のことを規制銘柄という。取引を抑制するために、委託保証金率の引き上げなどが行われる。

●期待インフレ率
予想インフレ率とも呼称される将来の物価上昇率。消費者から企業、市場まで、物価がどの程度動くと予測しているのかを示すもの。期待インフレ率は、実際のインフレ率に先行し、かつ連動する傾向がある。

●キャピタルゲイン
ある資産が価格変動によって値動きし、それによって得た収益をキャピタルゲインという。具体的には株式などの売却益、債券などの償還差益、為替差損など。また、損失が生じた場合はキャピタルロスという。

●キャリートレード
キャリー取引とも。金利の低い通貨で資金を調達して、それを金利の高い通貨に交換し、高金利で運用することによって利鞘をかせぐ。円で資金調達を行うものを、円キャリートレードと呼ぶ。

●金融政策
日本銀行が行う経済政策のこと。景気の刺激・抑制や物価の安定など、経済の安定と発展を目的としている。また、政府の財政政策に対し、日銀の金融政策は金融市場によりダイレクトに影響を与える。

●金利リスク
金利の変動によって生じるリスクのこと。とりわけ債券は金利の変動による影響を受けて価値が上下する。たとえば、債券を満期前に売却して換金する場合、市場金利がより高いと債券は売られて価値が下がる。

●逆指値注文
株式の売買において、あらかじめ指定した株価よりも高いときに買い、低いときに売ると予約しておく注文方法。ストップ注文とも呼ばれる。また、この逆にあたる売買の注文を指値注文という。

●逆張り
相場が上昇しているときに買う、相場が下がっているときに売るといった、市場のトレンドに逆らうような売買のこと。トレンドに沿った売買は順張りという。

●業績相場
企業の業績が良く、それを材料に株価が上昇する局面のこと。また、好景気により企業の業績の向上が見込まれることで株価が上昇する局面も意味する。

●繰上償還
期限前償還のことで、投資信託など、償還期日が来る前に償還すること。投資信託においては、運用資産が少なくなるなどして運用が途中で困難になったときなど、償還条件に基づき運用が中止され償還される。

●繰延資産
企業の支出の内、一年以上の将来に亘って利益に貢献すると看做される支出のこと。具体的には開発費や開業・創立費などがこれに当たる。流動資産や固定資産と違い、現金化はできない。

●クロス取引
一つの証券会社が、同じ一つの銘柄に対して同時に同量の売買注文を証券取引所に出して取引を成立させること。

●グロース取引（※グロース投資？）
企業の成長性を重視して行われる投資。その時点では割高でも、その企業の成長・業績の伸びに伴って株価の上昇を期待する。別名、成長株投資とも呼ばれる。

●グローバル株式
グローバル・エクイティともいい、日本を含む世界各国の株式のことを指す。個人でグローバル株式に投資するのは煩雑で難しいが、グローバル株式を対象としたファンドを買うことで、個人投資家でもグローバル投資に参加できる。

●契約型投資信託
投資信託の形式で、投資家から預かった信託財産の保管や管理を行う信託銀行などと、ファンドを実際に運用する投資信託会社の間で信託関係を結ぶ形式のこと。このほかには会社型投資信託がある。

●決算公告
決算情報の開示のことで、会社法によって義務付けられている。定時株主総会で承認された貸借対照表またはその要旨を株式会社は広く一般に知らせなくてはならず、官報や新聞紙面への掲載、電子公告などで行われる。

●決算短信
上場企業が決算や四半期決算を出すときに、その内容をまとめたもの。証券取引所の自主的な規則で、発表の様式も証券取引所が定めている。

●気配
株式などを売買する際に、売り手のどれくらいの価格で売れそうか、買い手のどれくらいの価格で買えそうかの売買の目安となる値段。買い注文だけが多い場合を買い気配、売り注文だけが多い場合を売り気配（ヤリ気配）という。

●堅調
相場が上昇基調にあること。相場全体と個別銘柄の双方に使用される。逆に下降基調にあることは、軟調という。

●権利確定
保有する上場株式において、その株式にある権利が確定すること。権利には配当や株主優待、増資、株式分割などがある。また、権利が確定するためには、その株式を権利確定日まで保有しておく必要がある。

●現実買い
文字通り、現実的な視点で買うこと。たとえば実際に企業の業績が良いことや、相場が上昇局面にあるというのが買う理由になる。対になる言葉として理想買いがある。こちらは将来への期待感から買うことを指す。

●公開買付
株式市場外で不特定の株主から株を買い付けることで、TOBともいう。買い付け期間や価格、買い付ける数量などを公けに提示して実施される。また、買い付ける株式の対象企業の賛同を得ずに行うことを敵対的TOBという。

●高配当株ファンド
キャピタルゲイン（株価の上昇による売却益）ではなく、インカムゲイン（株式の配当による利益）を重視した投資信託。株価が下がったときには配当利回りが上がるため、リスクヘッジの面もそなえる。

●国内ETF
ETFは上場投資信託のことで、国内ETFは日本国内の金融商品取引所に上場している投資信託のことを指す。投資信託ではあるものの、株式のように売買することができる。（一般投資家は受益証券を購入することで参加できる）

●後場

日本の証券取引所での午後の時間をいう。また、昼休みを挟んで、午前の時間を前場という。午後の取引開始の時間帯を後場寄り、後場が終わる（その日の取引が終了する）時間を大引けという。

●ゴールデンクロス

値動きを見る株式チャートにおいて、移動平均線がとる動きの一つ。短期の移動平均線が、長期の移動平均線と交差して、下から上に突き抜ける様相のこと。相場が下落基調から上昇基調に向かう目安とされる。

【さ行】

●債券格付け

国や企業などの債券の発行体が、どれだけ確実にあらかじめ定められた通りに元本と利息が支払うかの見込みを表している。債券発行体が第三者の格付け機関に依頼する場合と、格付け機関が独自に行う場合がある。

●最終利回り

債券投資において、債券を保有したときから償還するまで持ち続けた場合、一年当たりの受取利息と償還差益（額面金額から購入金額を引いたもの）から、投資元本に対して何％の利回りになるかを表したもの。

●指値注文

現在の価格ではなく、値動きを予想した上で売買価格を指定して注文を入れること。相場が自身の予想したように動いた場合は取引が成立するが、そうでなければ取引が成立しない可能性がある。リミット注文とも呼ばれる。

●サスティナブル成長率

平たく言えば持続可能な成長率のことで、企業の活動におけるそれは、外部からの資金調達を行わずに内部の投資だけで可能な成長率のことを指している。この成長率は、内部に再投資した資本（内部留保）と収益性から割り出される。

●資産運用

所有する資産を維持し、増やそうとすること。具体的な手法としては、預金といった貯蓄から多種多様な金融商品を購入する投資まで様々なものがあげられる。

●市場型間接金融

資金調達の形態の一つで、市場から資金を調達する直接金融と銀行の融資などの間接金融の中間に位置するものとされる。ファンドなどの金融商品を投資法人が提供し、それを市場を通じて売買することで資金を調達する。

●市場リスク

市場に投資することで発生するリスクのこと。市場価格の変動をはじめ、金利や為替レートなどの変動も含まれる。リスクの分散のために、異なる性格のマーケットに分散投資するのが基本。別名マーケットリスク。

●失念株式

株式を購入して株主になるには、名義を書き換える必要がある。名義の書き換えを忘れると、その株式は失念株式となる。株主名簿上では元の持ち主が株主だが、名義の書き換えがなくても株主の地位は今の持ち主である譲受人にあると看做される。

●仕手株

仕手筋の投機的な取引の対象になった銘柄のこと。仕手筋とは人為的に相場を作ることで、短期間に大きな利益をあげようとする投資家のこと。発行株数が少ない、株価が安い、空売りが可能といった銘柄がターゲットになる。

●四半期配当

四半期（3カ月）ごとに、株式会社が剰余金の配当を行う制度のこと。かつては年に2回までしか認められていなかったが、現在は取締役会決議により、回数に制限なくいつでもできるようになっている。

●社債

事業債とも呼ばれる、民間企業が資金調達のために発行する債券のこと。株式と違い、企業は社債の保有者に返済の義務がある。また、償還期日までの利息というインカムゲインを狙うもので、株式よりリスクが小さいとされる。

●シャープレシオ

投資の効率性を測るための指標の一つ。安全資産から得られる利益と比べて、リスクのある資産運用で得た利益がどれだけ上回ったかを比較したもの。同リスクであれば、リターンが大きいものが高くなる。

収益分配金
投資信託の分配金のことで、決算期ごとに受益者に分配される収益金。株式における配当金のようなもの。委託会社が運用益から経費を引いた後に分配する。

償還金
投資信託の分配金のことで、決算期ごとに受益者に分配される収益金。株式における配当金のようなもの。委託会社が運用益から経費を引いた後に分配する。

証券金融会社
証券会社との貸借取引（制度信用取引の決済に必要な資金や株式の貸し付け）が主な業務の会社。その他、法人や個人に有価証券を担保にした資金の貸し付けも行う。現在あるのは日本証券金融のみ。

証券取引所
有価証券（株式や債券など）が集中的に取引されるところで、証券会社などの資格を持った取引参加者が有価証券の売買をそこで行う。なお、金融商品取引法により、法律上では金融商品取引所と言うようになった。

証券取引法
文字通り、証券の取引についての諸々を定めた法律。投資家の保護や不正な取引の防止により、公正な市場にすることを目的とする。金融先物取引法など他の法律と統廃合し、現在は金融商品取引法という名前になっている。

証拠金
先物取引やオプション取引の際、証券会社にいれる担保のこと。担保にされるのは現金だけでなく、有価証券で代用が認められることもある。委託証拠金とも呼ばれる。

職場つみたてNISA
事業主などが、役職員（役員・職員）の資産形成を手助けする制度。事業主などと契約したNISA取扱業者を通じ、給与からの天引きなどで役職員が定期的に定額で金融商品を購入する。通常のNISA同様、少額投資非課税制度の対象。

ショートカバー
ショートポジション（ショート、売りポジションとも）を解消すること。信用取引の空売りなど、未決済の売り注文の取引状態（持ち高）を買い戻して清算することで行われる。

新株
増資や株式分割、合併、株式交換によって発行された新しい株式のこと。子株ともいう。それに対して、既に発行されたものを旧株、親株と呼ぶ。なお、決算期中に新株が発行された場合、決算が終わるまで別の銘柄扱いになる。

申告分離税
所得税の制度。申告分離課税の名前の通り、他の所得とは切り離して、自分で確定申告する税制。上場株の配当や譲渡益などへの課税は、この制度の対象となっている。

信託報酬
信託財産から、委託会社（運用会社）の運用、受託会社（信託銀行）の管理・保管、販売会社（金融機関）の代行といった業務への対価として支払う報酬。

信用買い残・売り残
信用取引における未決済状態の残高のこと。売りと買いの双方をまとめて信用残と呼ぶ。信用取引は証券会社などから顧客が資金や株式を一定期間借りる形で行うので、その期間内に反対の売買を行って決済する必要がある。

信用取引
委託保証金を担保にすることで、証券会社から貸付代金・売付証券を借り、信用買い・信用売りを行うこと。少ない資金で大きなリターンというレバレッジ効果が期待できるが、リスクも高い。

信用リスク
債券の発行先の業績不振や倒産などで、元本や利息の支払いが遅れたり止まるかもしれない可能性。デフォルトリスク、クレジットリスクとも。

CDS指数
CDSはCredit default swapを略したもので、信用リスクを金融商品として売買すること。CDS指数は、その保証料の指数のこと。デフォルトの損失が保証されるのには何パーセントの保証料（プレミアム）が必要かを示す。

受託銀行
委託者である顧客から、信託業務を受託した銀行、主に信託銀行などのこと。投資信託において、信託財産を預かり、運用会社の指示（運用指図）に従って管理する役目を担っている。

●成長株

別名、グロース株。現在だけでなく、将来に亘っても持続的な成長が予測される、期待できる銘柄のこと。この成長株に対し、業績の割りに低い株価に留まっている銘柄を割安株という。

●制度信用取引

信用取引の一つで、証券会社が独自にルールを定める一般信用取引と違い、決済の期限（最長で6ヵ月）や品貸料、取引可能な銘柄などが証券取引所によって定められている。

●絶対収益追求型投資信託

ベンチマークに連動、または相対的に利益を出すことを目指す通常の投資信託と違い、名前の通り、市場の動向がどうであっても、プラスのリターンを目標にした投資信託。但し、目標であり、必ず利益が出るわけではない。

●ゼロサムゲーム

参加者全員の得失点の総合計が常にゼロになるゲームのことで、ゲーム理論の概念の一つ。誰かが勝っていれば、同じだけ誰かが負けている状態。「零和ゲーム」とも呼ばれる。投資においては、外国為替の取引が該当する。

●相関係数

変動するふたつのものの間にどのような相関関係があるかを表す数値。-1～1までの数字で表される。投資においては、銘柄間、ファンド間に見られる値動きの関係を示すものとして活用されている。

●相場

一般には、市場において売買された取引価格を指して使用される言葉。また、市場そのものを指して用いられる場合もある。その他にも、投機的取引（価格変動を予想し、差額による利益を目指す取引）を指す言葉としても使われる。

●底入れ

相場が下がるだけ下がって、最も下落した状態である大底が確認され、下げ止まった状態のこと。業績、景気などに対しても用いられ、同様の言葉として底を打つ、底をつくという表現もある。

●増配

配当が前の期よりも増えること。増配には業績向上に伴う普通増配のほか、その企業の創立周年による記念増配などがある。また、増配が可能なのは業績が良いと看做され、株価が上昇する傾向がある。

【た行】

●高値覚え

過去に経験した高値が記憶に強く残り、それが普通の水準だと思い込んでしまうこと。そのため、相場が実際には下落基調にも関わらず、すぐに上昇すると考えて売買のタイミングを失い、損失を被る原因にもなる。

●立会外取引

証券取引所の立会内取引（立会時間内に行われる取引）ではない取引。単一銘柄取引（大口取引）、バスケット取引、終値取引などがある。似て非なるもので市場外取引があり、これは証券取引所を介さない。

●建玉

信用取引や商品先物取引、オプション取引などで、反対売買がなされずに未決済状態にある契約総数のこと。買建玉と売建玉がある。また、市場にある建玉の多さで市場規模や売買高を推し測ることもできる。

●単位型投資信託

募集されている期間内にしか購入できない投資信託。実際の運用成績を見て購入したくなっても、途中購入はできない。また一旦設定すると、償還日が来るまで資金の追加投入ができない。

●単元株制度

株式の取引における売買の単位を単元株といい、その一定株数を1単元として議決権の行使を単元ごとに認める制度。1単元未満の株式には認められない。

●単元未満株

1単元の株式数に満たない株式で、単元未満株には議決権がない。ただし、利益配当請求権や株主代表訴訟提起権などの権利は認められている。また、単元未満株の保有者は、発行会社にその買取請求や単元株に達するよう買い増し請求が可能。

単純平均株価

対象とする銘柄の株価の合計を銘柄数で割ったもの。現時点での株式市場の株価の水準の平均を見ることができる。連続性に欠けるため、指標として連続性が必要な場合は、日経平均株価のような修正平均株価が用いられる。

担保

株式の信用取引、先物取引、オプション取引などを行う際に必要となる委託保証金のこと。原則として、売買成立から3営業日目の正午までに証券会社に差し入れることになっている。有価証券での代用も可能。

単利

利息の計算方法の一つで、一定の元本に対してのみ利息をつけていく方法。（発生した利息を元本には組み込まない）債券の利回りは、基本的にこの単利で表されている。

ターゲットイヤーファンド

長期運用を前提とした、運用者の判断で自動的に投資配分を変えていくファンド。ターゲットデートファンド、ライフサイクルファンドともいう。目標年に向けて、リスクの高い資産から安全資産へ資産配分を変えていく。

ダイナミック・アセット・アロケーション

動的なアセット・アロケーション（資産配分）のこと。あらかじめ定められている一定の運用基準やルールのもと、保有する資産の価格変動に応じて、その資産配分の組入れ比率を機動的に変更する。

代用有価証券

信用取引などを行うときには、証券会社に差し入れる委託証拠金が必要になる。その証拠金の代用として、株式や公社債などの有価証券を用いることができる。これを代用有価証券という。

打診売り・打診買い

市場の反応を見るために小口の売り注文、または買い注文を出すこと。相場に動きが無く停滞しているときや、節目で行われる。市場の反応が良ければ、続けて大口の注文を出していくことになる。

地政学的リスク

地政学は、地理上の制約によって影響を受ける政治や外交関係を考察することをいう。そこから市場に対して生じるリスクには、主に戦争・紛争といった地域の不安定要素があげられる。

長期金融市場

金融市場の内、一年以上の長期資金を取引する市場の総称で、キャピタルマーケット、資本市場とも呼ばれる。株式や債券が取引される証券市場と金融機関が長期貸し付ける長期貸付市場がある。

長期金利

償還期限が一年以上ある金融資産に適用される金利全般を長期金利と呼ぶ。代表的なものとしては国債の利回り、一年以上の定期預金金利などがある。逆に一年未満の償還期限の場合は短期金利と呼ぶ。

直接利回り

公社債（国債・地方債といった公債や社債の総称）の購入価格（投資元本）に対して、1年間でどれだけ利息があるのか、その割合を示したもの。償還差損益や売却損益を考慮せずに、毎年の利息収入を見る際に用いる。

賃上げETF

企業の内部留保を原資にした賃金上昇を促す狙いから、そう呼ばれている上場投資信託。積極的に設備・人材への投資を行う企業の株式を組み入れた指数を日銀が作成し、それに連動するETFの買い入れを決定したのが嚆矢。

追加型投資信託

単位型投資信託とは異なり、運用が始まった後からでも購入できるタイプの投資信託。オープン型投資信託、オープンファンドとも呼ばれる。投資家の判断したタイミングで売買できる。

通貨選択型投資信託

株式や債券などへの投資に加えて、通貨への為替取引を行うことで収益の上乗せを狙う投資信託。為替の金利差（為替ヘッジプレミアム）や為替変動による収益が、投資先の資産の価格変動の収益にプラスされる。

月足

値動きを視覚的に分かるようにしたローソク足のことで、相場を見る期間を一ヵ月にしたもの。当該月の高値、安値、始値、終値を一つにまとめている。期間により、日足、年足と呼称が変わる。

積立投資
複数回にわけて投資して行くこと。逆に一度にまとめて投資することを一括投資という。積立投資は少額からでもでき、また投資のタイミングがばらけることで、高値掴みの可能性を低くなることが期待される。

テクニカル指標
統計的、心理的な面から市場の動向を分析・予測するための指標。移動平均線、株式チャートなどの値動きのデータをグラフ化したもので表される。この指標を用いた分析をテクニカル分析という。

テクニカル分析
チャート分析とも呼ばれる。過去の値動きや出来高などの情報を元に、今後の市場の値動きを予測する分析方法。投資家心理は市場価格の形成に反映されており、そのため市場価格には全ての情報が織り込まれているという考えに基づく。

手口
証券取引所の取引における売買の状況を示す言葉。どの証券会社がどの銘柄にどれだけの売買を行ったかを表す。売るのを売り手口、買うのを買い手口という。

転換点
株式などの相場の変動を表す時系列のチャートで、トレンドが変わるタイミングのこと。具体的には、下げ止まって上向きに変わるのを底入れ地点、上げ止まって下降に変わるのを天井地点という。

店頭市場
売り手と買い手が金融商品取引所を介さずに売買の取引を行う市場。価格や数量など相対した双方の合意で決めて取引を行う。銀行、証券会社といった金融機関の店頭カウンターでの取引が言葉の由来といわれる。

テーマ型ファンド
世間で話題に上っている物事をテーマとしたファンドのこと。食糧需要の話題をもとに農業をテーマにしたなら、農産物の生産加工に関わる企業からその物流まで、農業関連企業の銘柄を運用する農業ファンドとなる。

デイトレード
1日の中での相場変動で、キャピタルゲインを得ようとする取引手法のこと。その日の内に取引を完了させて、翌日には売り買いのポジションを持ち越さない。

出来高
金融商品取引（証券取引所）や商品取引所で取引された売買の量のこと。売買高ともいう。出来高と株価の関係は大きく、両者の動きを注視する必要がある。株式市場では市場全体のものと個別銘柄のもの、二通りの味方がある。

デッドクロス
株価変動をグラフ化したチャートにおいて、短期の移動平均線が長期の移動平均線が、上から下に突き抜ける形でクロスした状態のこと。相場が上昇トレンドから下降トレンドに入った兆候とみなされる。

投機
短期間でキャピタルゲインを得るために行われる取引のこと。投資との明確な区分は難しいが、一般に信用取引の短期売買は投機とされ、現物取引の中長期的な株式保有は投資の範疇とされる。

投資信託協会
金融商品取引法上の認定金融商品取引業協会の一つで、投資者の保護や投資法人の健全な発展を目的とした自主規制機関。国内設定の全投資信託の基準価額の公表などの投資家への情報公開も行う。

投資ファンド
投資家たちから資金を募り、その資金を基金にして投資を行い、得た利益を分配する仕組み。投資信託としての形と投資事業組合としての形があるが、一般に投資ファンドといえば投資信託のことを指すことが多い。

TOPIX
東京証券取引所の市場第一部に上場している全上場企業を対象とした株価指数。「東証株価指数」とも呼ばれる。日経平均株価との違いは、全銘柄が対象であることと、時価総額荷重型という指数の算出方法がとられていること。

取引報告書
証券会社が顧客に提出する書類の一つで、顧客が注文した売買の取り引きが成立する度に送付される。送付の形式は郵送または電子書面。金融商品取引法により、この取引報告書の送付は義務付けられている。

【な行】

●内需関連株

内需とは個人消費、民間住宅投資、民間企業設備投資、公共投資などの国内需要のことで、その内需の影響を大きく受ける業種の株式を内需関連株という。対義語は外需株。

●凪相場

凪（なぎ）とは風が吹かずに海面（水面）が穏やかで波が立たない状態のことで、そこから出来高が少なくて相場の値動きがあまり見られない状態のことを指している。

●投げ

相場が下がっている状態で、さらに下落が続きそうな場合、保有する株式などの損失がさらに拡大する恐れがある。そう判断して、損になるのを承知の上で売ることを投げという。

●ナスダック100指数

アメリカのナスダック市場（NASDAQ）に上場している百銘柄で構成される株価指数。百銘柄には、金融セクター以外で時価総額と流動性の高い銘柄が採用されている。計算方法は時価総額加重平均方式。

●ナスダック総合指数

アメリカのナスダック市場（NASDAQ）に上場している全ての上場銘柄で構成される株価指数。計算方法は時価総額加重平均方式。アメリカの代表的な株価指数の一つとして知られる。

●夏枯れ相場

夏期において相場があまり動かなくなること。理由としては、国内外で夏季休暇と時期が重なって市場参加者が減少し、それに伴って出来高も減少、結果として相場の動きが減るからとされている。

●なでしこ銘柄

なでしこは日本人女性の美称である「やまとなでしこ」のことで、女性の活躍を重視し、そのための環境整備などを積極的に推進する取り組みを行っている企業の銘柄。経済産業省と東京証券取引所が選定・公表している。

●成行注文

価格を指定せずに、銘柄と数量だけの指定で売買の注文を出すこと。その時の実勢価格で取引されるため、価格を指定する指値注文よりも優先されて、売買が成立しやすい。ただし、予想以上の高値・安値の取引になることもある。

●馴合売買

金融商品取引法で規制されている相場操縦行為の一つ。あらかじめ示し合わせた複数人で、同じ有価証券を売買する。それにより、出来高を実態以上に大きく見せる手法。

●軟化

市場において、株価や為替レートなどの相場が安くなること。

●ナンピン

保有する株式などが予想していたのとは逆の動きをしたとき、同じ銘柄を買い増すことで購入した平均価格を下げる、または売り増すことで売却価格の平均を上げる手法。

●日経225オプション

日経平均株価（日経225）を対象とした株価指数オプション取引のこと。あらかじめ決められたタイミングで、決められた価格で日経平均株価を売買する権利を取引するもの。取引単位の価格を下げたミニオプションもある。

●日経株価指数300

より少ない銘柄で市場の実勢を的確に表すことを目的に開発された、時価総額加重型の株価指数。東京証券取引所のプライム市場に上場している中から選ばれた300銘柄で構成されている。

●日経配当指数

日経平均株価を構成する225の銘柄の配当額の動きを表す指数。1月～12月まで保有した場合に受け取れる配当金を積み上げて指数化している。

●日経平均株価

日本経済新聞社による日本の株式市場の代表的な株価指数。東証プライム市場上場銘柄から選ばれた225の銘柄から構成されることから、日経225ともいう。毎年定期的に構成銘柄の見直しが行われる。

●日中足

足は、ある一定期間の値動きを視覚的に分かりやすく表したローソク足のことで、日中足は一日の間の値動きを示したもの。期間によって月足、4時間足、1時間足、30分足と呼び方が変わる。

●日本取引所グループ

東京証券取引所、東京商品取引所、大阪取引所などを傘下に持つ金融商品取引所持株会社。東京証券取引所グループと大阪証券取引所が経営統合して発足した。アルファベット表記の略称でＪＰＸと記されることもある。

●日本国債

国債は国が発行する債券で、日本国債は日本政府が財源不足を補うなどの理由で発行する。償還期限により長期・中期・短期などの種類があり、また、利息が受け取れる利付国債と、額面以下で購入し額面で償還する割引国債がある。

●日本証券業協会

全国の証券会社を構成員とする社団法人。目的として、協会員（証券会社）の行う有価証券などの取引を公正かつ円滑ならしめることや業界の健全な発展を図ること、それによる投資者の保護を掲げている。

●日本版４０１Ｋ

４０１Ｋはアメリカで始まった確定拠出年金制度で、その日本版になる。確定拠出年金とは、毎月の掛け金があらかじめ決められており、積立金の運用次第で将来の年金支給額が決まるというもの。

●入札

国債の流通に関わる仕組み。まず銀行や証券会社、保険会社などの金融機関が入札方式で国債を国から購入し、それを機関投資家や個人投資家へ販売する形態となっている。

●任意償還

随意償還とも呼ばれる。債券の発行者、発行から一定期間後に、任意で一部または全ての債券を償還することをいう。一部を途中償還する場合、公平さを期するために償還先を決める抽選が行われる。

●認知バイアス

一般的に、経験や直感による先入観で不合理な判断を下すことをいう。投資の分野においては、最初に接した情報に偏るアンカリング、既に行った投資が惜しくて、撤退できずに損失が拡大するコンコルド効果などが有名。

●値洗い

保有している資産を時価で損益の計算をして再評価すること。先物取引、オプション取引、信用取引などの場合、保有する建玉から未決済の損益を割り出して評価を更新する。

●値がさ株

株式市場において、株価の水準が高い銘柄のこと。値がかさむ（他に比べて程度が勝る）ことから。その時々の相場の水準によって決まる相対的な表現。他に、中ほどの水準を中位株、低い水準を低位株という。

●値付率

市場の活況度合いを測るための数値で、高ければ活況と判断できる。金融商品取引所の立会時間中（取引時間内）に売買が成立して約定値段が付いた銘柄の割合のこと。

●値幅制限

一日の相場の値動きの上限と下限を決めて制限すること。相場が急に大きく変動することで投資家が損害をこうむる恐れがあるため、その抑制策として前日の終値を基準として変動の幅が定められる。

●値ぼれ買い

値段に惚れて買うこと。ある銘柄の値段が本来の水準に見合うものよりも安く思われて、その銘柄を買うこと。株式投資などで基本の「安く買って高く売る」に合致していて、よく行われる。

●年足

一年間の値動きを視覚的に分かりやすく表したローソク足のこと。価格変動を見る期間によって月足、日足、４時間足、１時間足、30分足と呼び方が変わる。

●年金資産

企業年金制度のもと、従業員と企業の間の契約により、退職給付のために積み立てられた特定の資産のこと。退職給付以外の使用は不可であり、事業主やその債券者から法的に分離されているなどの条件がある。

●年初来高値

文字通り、その年の初め（年初）から現在までの間に行われた取引の中で、最も高値であること。なお、１?３月の間は比較できるデータが少ないので昨年１月から現在までを見て最高値を出す。

●年初来安値

その年の初め（年初）から現在までの間に行われた取引の中で、最も安値であること。なお、１～３月の間は比較できるデータが少ないので昨年１月から現在までを見て最安値を出す。

● ノッチ
格付けにおいて用いられる「+」や「-」の記号（単位）。同程度の対象に対して、より細かく上下をつけるために用いられる。たとえば、同じAAでも - が付けば、AA+やAAよりもAに近い評価となる。

● NOMURA-BPI
野村・ボンド・パフォーマンス・インデックスの略で、日本の公募債券流通市場の動向を知るための指数。債券投資における主要なベンチマークとして、多くの投資信託などに採用されている。

● ノン・デリバラブル・フォワード
為替の価格変動による損失の可能性を回避するために利用される取引方法。あらかじめ決めておいた取引価格と決済時の実勢価格との差額を米ドルで決済する。フォワード取引とも呼ばれる。

● ノーロード
販売手数料（買付手数料）を取らない投資信託のこと。（通常、投資信託の購入時には販売手数料がかかる）ノーロード投資信託とも呼ぶ。

【は行】

● ハイテク株
俗に言うハイテク企業、高度な最先端技術を持つ企業の発行する株式のこと。半導体、電子部品、精密機械、IT技術などに関する銘柄が該当する。国内外に広い事業展開や高収益により、優良株が多いとされる。

● 配当起算日
配当計算の開始日のこと。なお、平成18年施行の会社法において、株式を保有したタイミング（以前の配当起算日）に関わらず、配当基準日に株式を持っていさえすれば、その保有数に応じた配当を受け取れるよう改定された。

● 配当控除
所得税の控除の一種。法人（法人税）と個人（所得税）、二重に課税されないために調整する制度。給与などの収入と配当を合わせて総合課税で確定申告する際、課税対象所得を減額できる。（申告分離課税の場合は不可）

● 配当利回り
株価に対する年間配当金の割合のこと。株価で一株あたりの年間配当金を割って求める。インカムゲインで株式を見るときに有用な指標となる。

● ハイブリッド社債
債券と株式、両方の性質を併せ持つ社債のこと。劣後債とも呼ぶ。普通社債との違いは、元本利息共に弁済順位が低いことと償還期限が長いこと。そのため、債務不履行のリスクが高いとされ、かわりに利回り高めに設定される。

● ハイ・イールド債
イールドは利回りの意味で、直訳すれば利回りの高い債券。ただし、高利回りの替わりに格付けが低く、デフォルトリスクが高い。別名でジャンク債、投機的格付債とも呼ばれる。

● 計らい注文
証券会社の担当者に一定の裁量権を持たせた株式売買の注文方法。指値の幅や売買の数量など、あらかじめ定めた条件内で、取引を担当者に一任する。大口の取引を行う機関投資家向けで、個人投資家は原則禁止されている。

● 始値
市場が開いて、その日の最初の取引でついた値段のこと。読みは「はじめね」、寄り付き、寄付き値ともいう。始値は前日の大引けからの様々な株価に影響を与える情報が集約されたものとして、相場の方向性を示すものでもある。

● 発行市場（株式）
資金調達のために企業から新たに発行された株式を投資家が購入する市場のこと。具体的な場所を指すものではなく抽象的な概念。別名でプライマリー・マーケットともいう。

● 初値
非上場の株式が金融商品取引所に新規上場して新規公開株となり、最初の取引が成立したときに付いた株価を初値という。新規公開株は、上場前に公募価格で売り出される、人気の有無で初値が公募価格より上下する。

● 反発・反落
相場の値動きに関する表現。反発は下げ基調だったものが上がることで、反落は上げ基調だったものが下がること。値動きの度合いによって、小さければ頭に「小」がつき（小反落など）、大きければ「急」がつく（急反発など）。

● **売買手数料**
投資家が株式などの売買を行う際、証券会社などに支払う手数料。金融商品取引所で取引に参加できるのは、金融商品取引業者（証券会社）などの有資格者のみ。従って、取引には必ず売買手数料が発生する。

● **パッシブ運用**
可能な限り、株価指数などのベンチマークにした指標に連動するような運用のこと。インデックス運用とも。パッシブ運用では、市場の平均的なリターンを求めることになる。

● **日足**
一日の間にどれだけ値動きがあったかを視覚的に分かりやすく表したローソク足のこと。価格変動を見る期間によって年足、月足、4時間足、1時間足、30分足などと呼び名が変わる。

● **引指注文**
通常の指値注文に、引けのときにのみ行われるという条件を付けた注文。引けは、取引所の前場（午前）と後場（午後）双方の取引で最後の取引のこと。

● **ファイナンシャル・プランナー**
顧客に資産の運用について助言を行う専門家。住宅ローン、各種保険の見直しや相続など、顧客の人生設計に応じて幅広く具体策を提案する。公的資格としてファイナンシャル・プランニング技能士が必要。

● **含み損益**
損益とは損失と利益のことで、含み損益はまだ現実のものとなっていない損益のこと。具体的には、保有している資産を取得した価格と、その現時点の市場価格との差のことを指す。

● **複利**
利息の計算方法。発生した利息を元本に組み入れ、それを元本として次の利息が計算される。利息が組入れられる期間により一年複利、半年複利などと呼ぶ。また逆に、最初の元本に対してのみ利息が発生するものは単利という。

● **普通分配金**
追加型投資信託の分配金の種類の一つで課税対象となり、源泉徴収される分配金。分配金を支払った後の投資信託の基準価額が、その投資信託を購入したときの値段（個別元本）を上回る場合、普通分配金となる。

● **不成注文**
執行条件付き注文の一つ。最初は通常の指値注文で、寄り付きと引けの間（ザラ場）に注文した売買が成立しなかったとき、自動的に成行注文に変わる注文方法。指成注文ともいう。

● **物価指数**
物価の動きを把握するための指数。消費者が購入する段階での商品やサービスの価格動向を消費者物価指数といい、物価面でのインフレの動向を示す指標となる。それとは別に、企業間で取引される商品を対象にした企業物価指数もある。

● **ブルベア型**
ブル型ファンド、ベア型ファンド、これらを併せてブルベア型と呼ぶ。ブル型は相場が上昇するとき、ベア型は下降するとき、指数を変動幅の数倍の利益が出るように設計された投資信託のこと。

● **ブロックトレーディング**
株式の取引において、証券会社を通じて一度に大量に同一銘柄を売買すること。市場に大きな影響が出ると予想されるため、主に立会外取引（時間外取引）で行われる。

● **分散投資**
価格変動リスクを分散するために、投資の対象（銘柄、業種、国、金融商品の種類など）や投資を行う期間を分散する投資の手法。それとは逆に少ない銘柄、一度に投資することを集中投資という。

● **分配型**
一定期間の決算ごとに、運用収益が出たら分配金が支払われるタイプの投資信託のこと。（収益が出なければ分配金も出ない）分配金の頻度の高いものでは、毎月決算型のものもある。

● **分配金**
投資信託（ファンド）の運用によって収益が生じたとき、決算日に受益者に対して還元される金銭のこと。分配金には課税対象の普通分配金と非課税の特別分配金の2種類がある。

● **プライム市場**
東京証券取引所の市場区分が2022年に再編された際

に新たに設定されたもので、最上位の市場区分となる。グローバルな投資家との建設的な対話を中心に据えた企業向けの市場とされる。

●プログラム売買

一定のルールに従って取引を行うよう、あらかじめ設定されたコンピュータ・プログラムによって、一度に一定数以上自動的に売買を行うこと。東京証券取引所では一度に25銘柄以上を売買した際は、取引内容の報告義務がある。

●平均取得単価

株式などの価格変動があるものを複数回購入したとき、購入に要した総額を総保有数で割った数値。また、売却時の譲渡益税の計算にも用いられる。

●ヘッジファンド

アメリカ発祥の私的な投資組合。一般的な投資信託（ファンド）と違い、機関投資家や富裕層から資金を集めるファンド。また、投資した金融資産のリスクを回避するような運用の特色から、ヘッジファンドの名前が付いた。

●変動相場制

為替レート（ある国の通貨と他の国の通貨の交換比率）を、固定相場制のように一定の比率に固定せず、外国為替市場の需給により自由に変動させる制度のこと。

●ベンチマーク

資産運用をする際に、運用実績を相対的に比較・評価するための基準のこと。日本国内の株式運用では、日経平均株価やTOPIXが代表的。

●棒上げ

相場の急激な上昇、または一本調子で上がる状態を棒上げという。ローソク足の陽線が棒の様に伸びる様から、名前がついたという。棒上げとは逆に、急激に下がる状態は棒下げという。

●ボラティリティ

価格の変動性のこと。不確実性の度合いともいえる。通常、ボラティリティは標準偏差で数値化され、数値が大きければ価格変動が大きく、リスクが高いと見做される。

●ポートフォリオ運用

いわゆる分散投資のこと。株式なら性格の異なる複数の銘柄、金融商品全般でいうなら株式や債券など複数の異なるものに投資することで、リスクを分散し、より安定した収益を目指す運用方法。

●ポートフォリオマネージャー

様々な資産、または銘柄の組み合わせのことをポートフォリオといい、その運用管理をする人のことをポートフォリオマネージャーという。ファンドマネージャーとほぼ同義の言葉。

【ま行】

●マイナス金利

金利がマイナスになること。通常は貸し手が利息を受け取るが、マイナス金利では逆になる。

●マザーファンド

親ファンドとも呼ばれ、複数の投資信託（ベビーファンド）をまとめたもの。一般の投資家達が購入したベビーファンドを別の投資信託であるマザーファンドにまとめて運用する。この形態をファミリーファンド方式という。

●マーケットインパクト

市場に出した自身の売買注文が、価格の変動を呼び起こすこと。大量の売買注文を行ったり、市場の流動性が不十分なときに起こりうる。マーケットインパクトが起きた場合、売り値が下落するなど、自身に不利なように価格が動く。

●未公開株式投資ファンド

プライベート・エクイティ・ファンドともいい、投資家・機関投資家から資金を集め、未公開株式への投資を行う投資ファンド。こうしたファンドを利用することで、一般投資家にとって困難な未公開株式への投資が可能になる。

●未公開株式

上場していない株式、非公開株式とも、プライベート・エクイティとも呼ばれる。上場していないため、金融商品取引所では取引できないが、譲渡価格などの取引条件に合意できれば、当事者間での売買は可能。

●ミニ株

ミニ株投資の略。通常は単元株数単位のところ、ミニ株は単元株数の1/10単位で、その整数倍で売買できる。また取引できるのは、証券会社が用意した銘柄のみ。

●ミニゴールデンクロス

値動きをグラフ化したチャートにおいて、中期の移動平均線を、短期の移動平均線が下から上に突き抜ける様相のこと。ゴールデンクロスと同様に、相場が上昇する兆候とみられる。

●無額面株式
1株当たりの額面金額を定めずに発行される株式。かつて存在した額面株式（額面の金額が定められた株式）の対義語。なお、2001年の商法改正ですべての株式が無額面株式となった。

●ムーディーズ
アメリカにある格付け会社。財務調査を通じて、政府発行の国債、企業の社債の償還能力や利払いを評価している。S&P社と並ぶ、二大格付け会社として知られる。

●メイン市場
名古屋証券取引所の市場区分の一つ。「安定した経営基盤が確立され、一定の事業実績に基づく市場評価を有し、個人投資家をはじめとする多くの投資家の継続的な保有対象となりうる企業向けの市場」とされる。

●メープル債
カナダ市場において発行されるカナダドル建ての債券。なお、債券の発行体はカナダ国外（カナダから見て外国）の企業や国際機関。名前の由来はカナダ国旗の意匠であるメープル・リーフのメープルから。

●目論見書
有価証券の公募や売出しに際して、金融商品取引法にもとづき、その発行者が勧誘する投資家に交付する文書のこと。発行者の事業や経理の状況、有価証券の内容や販売条件などが記載される。

●持株制度
企業の従業員が自社株を購入できる制度。従業員の資産形成の支援という福利厚生の面もあれば、安定株主の確保、従業員の経営参加意識の涵養という面もある。上場企業の多くで、従業員持株会制度として導入されている。

●モデル・ポートフォリオ
投資信託を販売するときの資料のうち、上位組入銘柄、また組入資産の国別比率などの情報をまとめたもの。そのほかに、分散投資のアドバイスとして投資信託の組み合わせパターンのモデルを指すこともある。

●戻り足
下落基調の相場だったものが、上昇基調に再び戻ること。

●戻り売り
下げ相場で値下がりした株価が一時的に上昇に転じて値を戻したタイミングで売ること。同義語として、「やれやれの売り」「戻り待ちの売り」などがある。

●戻り天井
下落していた相場が反発して、上昇に転じてつけた最高値のこと。相場の節目とみなされる。これとは逆に上昇基調だったのが、下落してつけた最安値を戻り安値という。

●モメンタム株
モメンタム（Momemtum）には勢いという意味があり、モメンタム株は値動きに勢いがある銘柄という意味になる。勢いがあるため、株価が急騰したりと相場全体に影響を与える。材料株と同義。

【や行】

●約定日
売買の取引が成立した日のこと。これに対して、実際に買い手が購入した株式などを所有し、売り手が売却代金を受け取る日を受渡し日という。

●安値覚え
過去の経験に影響される投資家の心理。かつて相場が下落したときに見た安値の株価水準が記憶に強く残っていて、上昇しても値下がりするだろうと考えること。この逆は、高値覚えと呼ぶ。

●休むも相場
形勢が不利だったり、相場の先行きが不透明な場合などに、手仕舞いして様子見しながら次の機会をうかがうこと。相場の格言の一つ。

●ヤンキー債
アメリカ市場において発行される米ドル建ての債券。なお、債券の発行体はアメリカ国外（アメリカから見て外国）の企業や国際機関。米国市場の投資家にとり、米国外へ投資を分散する際の選択肢となる。

●有価証券報告書
金融商品取引法に基づいて、内閣総理大臣に提出が義務付けられている書類。有価証券の発行企業が、自社の事業の状況や財務の状態を外部に公開するためのもので、提出企業や財務局、証券取引所で閲覧が可能。

●有価証券届出書

一億円以上の有価証券の募集や売出しを行う際、その発行者が国に提出するのを義務付けられている書類。その有価証券の発行条件や会社の状況などの情報開示のために行われる。

●優先株式

普通株式の株主に対し、剰余金の配当や残余財産の分配をより優先して受けられる権利が認められている株式。そのかわり、議決権の行使には制限が掛けられていることも多い。

●優先市場

複数の証券取引所に上場している銘柄があるとき、市場の一つを代表とすること。通常、代表として選ばれるのは、ある一定期間でもっとも出来高の大きい市場。

●優先出資証券

協同組合などの預貯金取扱金融機関(協同組織金融機関)が、その会員以外から出資を募るために発行する証券。会員ではないので、出資者は出資者総会での議決権を一切有することができない。代わりに配当を優先的に受けられるなどで優遇される。

●有配株

定期的に配当を行っている企業の株式。これに対し、配当を行わない企業の株式を無配株という。

●ユーザンス金利

輸入代金を銀行が融資する際の金利のこと。また、ユーザンスは支払猶予のことで、貿易では、輸入業者の輸出業者への支払いが一定期間猶予される。

●ユーロ円債

日本国外で発行される円建ての外国債券の総称。日本以外の市場を一般に「ユーロ市場」と呼び、そこで発行される債券をユーロ債という。加えて、円建てならユーロ円債と呼ぶ。

●ユーロ建て債

ユーロとは1999年に導入された欧州連合（EU）の通貨のことで、そのユーロ建ての債券のこと。ユーロは米ドルに次いで取引量の大きい、世界で二番目の規模の国際通貨。

●与信

読んで字のごとく、相手に信用供与するという意味。具体的には証券会社の信用取引や金融機関の融資、クレジットカードの利用可能枠（ショッピング・キャッシング枠）が与信にあたる。

●預託

資産運用の分野において、株式などの有価証券を預けることを預託という。

●呼び値

証券取引所で提示される、債券や株式を売買するときの注文値段のこと。売り注文なら売り呼び値、買い注文なら買い呼び値という。また、銘柄の価格帯により、呼び値の刻み幅は変わる。

●寄り付き

取引所で、その日の最初に行われた取引のこと。また、その売買のときに付いた値段のことを指す場合もある。（始値または寄り付き値と同義）後場（午後）の場合は、別に後場寄りと呼ぶことが多い。

●寄指注文

執行条件付注文の一種で、前場と後場の寄り付きのときに限り、売買の値段を指定する指値注文が執行される注文方法。なお、寄り付き（前場）にした寄指注文は、前場寄り付きのときのみ有効。

【ら行】

●利落ち

通常、新規発行でない債券の売買では経過利子が発生するが、その利息が発生しない状況のこと。この利落ちという状況は、債券の受渡し日と利払日が同じ日に重なったときに起きる。

●利食い

有価証券などの保有している資産やポジションが値上がりした際、売却することで、その含み益を確定させること。また、利食いを目的とした売却を利食い売りという。

●リスク許容度

どれだけリスクを受け入れられるかの度合い。投資家それぞれの年齢や資産、収入、投資の知識で変わって来る。もし、リスク許容度が低ければ、ローリスクな金融商品への投資が向いているとなる。

● リターン
行った投資に対する収益率のことを指す。収益率が良ければ、リターンが大きいといった表現をする。また、リターンの不確実性はリスクと表現される。

● 利付金融債
特定の金融機関から発行される金融債のうち、定期的に利息が発生するものを利付金融債という。利付金融債のほかには、額面より安い金額で発行される割引金融債がある。額面の値段での償還され、差額が利益になる。

● リバランス
資産運用のスタイルの一つ。分散投資を行うポートフォリオ運用で、資産の配分比率が運用の結果で変化したとき、それを適宜再配分することをリバランスという。

● 利回り
投資金額に応じて、収益がどれくらいの割合なのかを表す数値を利回りという。「直接利回り」「最終利回り」があり、利回りとだけ言う場合は、一般的には最終利回り（全ての受取利息と償還差損益の合計を年で割る）を指す。

● 流通市場
証券市場は、発行市場と流通市場に機能面から分類される。そして、流通市場は、投資家達の間で既に発行された有価証券が取引される場所のことをいう。

● 流動性リスク
株式を売買しようとしても取引が成立しなかったり、不利な価格で取引せざるを得なかったり、資金繰りに窮したりといったリスクのこと。

● 利率
元本（元金）に対する利息（利子）の割合のこと。利率は通常、年利率で表される。また、債券から預金、保険、ローンと幅広く用いられる言葉でもある。

● レセプト債
レセプトとは医療の明細（診療報酬証明書）のことで、レセプト債は、健康保険組合などから診療報酬を受け取る権利を証券化した金融商品のこと。

● 劣後株式
利益の配当や残余財産の分配の優先順位が、通常の普通株式よりも後になる株式。引き受け手にとって、劣後株式にはメリットがないので経営陣などに対して発行される。後配株とも呼ばれる。

● レバレッジ効果
レバレッジとは、小さな力で大きな物を動かすテコの作用のことで、少ない資金でより大きなリターンが期待できる効果のこと。例としては、信用取引において、委託保証金の数倍の取引を行うのが相当する。

● レンジ相場
相場がある一定の幅（レンジ）の中で、上がったり下がったりを繰り返すことをレンジ相場という。ほかにボックス相場、往来相場という呼び方がある。

● レーティング（投資信託）
投資信託のパフォーマンスを評価すること。評価の仕方は一般的に5段階の星で行われ、五つ星が最も良い評価になる。また、評価機関により評価の基準が違うため、評価は異なって出る。

● 狼狽売り
狼狽（ろうばい）は驚き慌てふためくこと。予想しない相場の急な下落や、大きな悪材料の出現に狼狽して、売ることを狼狽売りという。

● ロスカット
含み損がある金融商品を売って、損失額を確定させること。それ以上の損失拡大を防ぐ目的がある。また、レバレッジを効かせた取引で、ポジションの評価損が設定された水準に達すると強制的に決済（ロスカット）する制度もある。

● ロボアドバイザー
名前の通り、ロボット（コンピューター）がファイナンシャル・プランナーの代役を務め、資産運用についてアドバイスするサービス。人件費がかからない分、手数料も低く抑えられるという。

【わ行】

● ワイド
かつて発行されていた固定金利の利付金融債。償還期間は5年で、半年複利で運用され、満期時には元金と利子を受け取れるようになっていた。

ワラント
新株予約権証券のこと。定められた期間内であれば、発行した会社の株式を一定の価格で購入できる権利を証券化したもの。

割高株
株価収益率や株価純資産倍率などの様々な投資尺度が市場平均よりも高い株式のこと。また過去の水準から見て高い株式も割高株と表現する。それらの逆は割安株という。

割引国債
途中の利払いは発生しないかわりに、額面より安い価格で発行される国債。償還したときに額面通りの払い戻しになり、購入費の差額が利益となる。

割引債
額面の金額よりも低い金額で発行される債券。利息はついておらず受け取れないかわりに、償還は額面通りの金額で行われる。額面より割り引いた発行額との差が利益になる。

割引率
将来受け取ることができる金融商品などの価値を、仮に現在受け取った場合には、どの程度の価値になるのかを表すもの。ディスカウントレートとも呼ばれる。

割り負け
似たような業種や同じような業績の他の銘柄に比べて、相対的に株価が安いことを割り負けという。また、株価収益率などの投資指標が、市場平均などと比べて低いのも割り負けと表現される。

割安株ファンド
株式の運用を主眼に据えたファンドの一種で、中でも割安株への投資を中心にしたファンドのことを割安株ファンドと総称する。バリュー・ファンドとも呼ばれる。

割安株
株価収益率や株価純資産倍率などの様々な投資尺度が市場平均よりも低い株式のこと。また過去の水準から見て安い株式も割安株と表現される。

監修・執筆

市川雄一郎（いちかわゆういちろう）

GFS校長
　グローバル・ファイナンシャル・スクール校長兼講師。1級FP技能士、世界24カ国のFP国際資格CFPR認定者。大学の客員教員としても教鞭を執り、また東京証券取引所から日本のお金の専門家「東証＋YOU応援団」として、全国の資産運用に関する講演活動に尽力。金融機関職員やそのお客様向けセミナーの講師も務める。物腰やわらかで明快な講義は絶品で、多数のファンがいる。著書に『はじめての資産運用』など。メディア出演も多数。

寺井友基（てらいゆうき）

GFS専任講師
　2級ファイナンシャル・プランニング技能士（FP)、日本証券業協会一種外務員。前職の金融機関（証券会社）での経験を活かして、金融や資産運用、ライフプランニングの講義を担当。生徒に寄り添った丁寧かつ実践的なスタイルで講義を提供している。ソフトな語り口が好評。学生時代はスポーツに打ち込んだ経験を持つ。趣味はボルダリング。

編集・執筆

上野慎治郎（うえのしんじろう）

株式会社Free Life Consulting

制作協力

Global Financial School（GFS)

　現在3.8万人（2024年8月末時点）を超える生徒数を誇る、投資に関する体系的な知識が学べるオンラインスクール。2023年東京商工リサーチ調べで、「生徒数」「講師数」「講義数」「講義時間」など6項目で日本一を達成。投資における世界的に著名な講師陣に加え、投資で実績を出している講師からの生の情報を、いつでもどこでも何度でも2000講義を超える講義が聴き放題という特徴を持つ。さらに一人に一人サポートもつき、まだ証券口座を持っていない投資未経験者から、株でさらに利益を伸ばしたい人まで対応したオンライン投資スクール。

●カバー・イラスト
mammoth.

新《しん》NISA《ニーサ》完全対応《かんぜんたいおう》！

ゼロから学《まな》ぶ投資《とうし》の教科書《きょうかしょ》

発行日　2024年 10月　1日　　第1版第1刷
　　　　2025年　3月 17日　　第1版第3刷

著　者　市川《いちかわ》　雄一郎《ゆういちろう》

発行者　斉藤　和邦
発行所　株式会社　秀和システム
〒135-0016
東京都江東区東陽2-4-2　新宮ビル2F
Tel 03-6264-3105（販売）Fax 03-6264-3094
印刷所　三松堂印刷株式会社　　Printed in Japan

ISBN978-4-7980-7274-6 C0033

定価はカバーに表示してあります。

乱丁本・落丁本はお取りかえいたします。

本書に関するご質問については、ご質問の内容と住所、氏名、電話番号を明記のうえ、当社編集部宛FAXまたは書面にてお送りください。お電話によるご質問は受け付けておりませんのであらかじめご了承ください。